AF549663

AVENGERS
ROTE ZONE

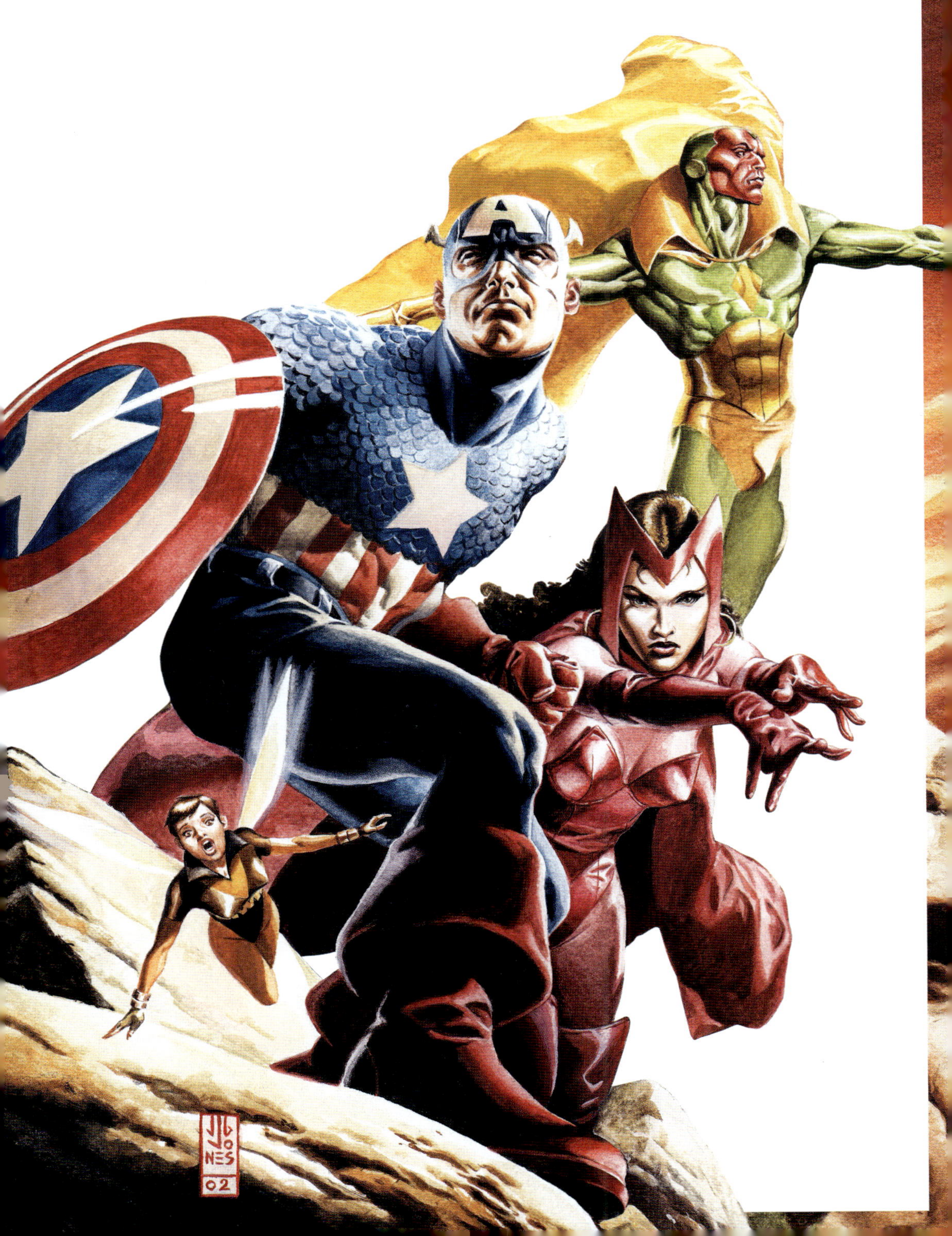

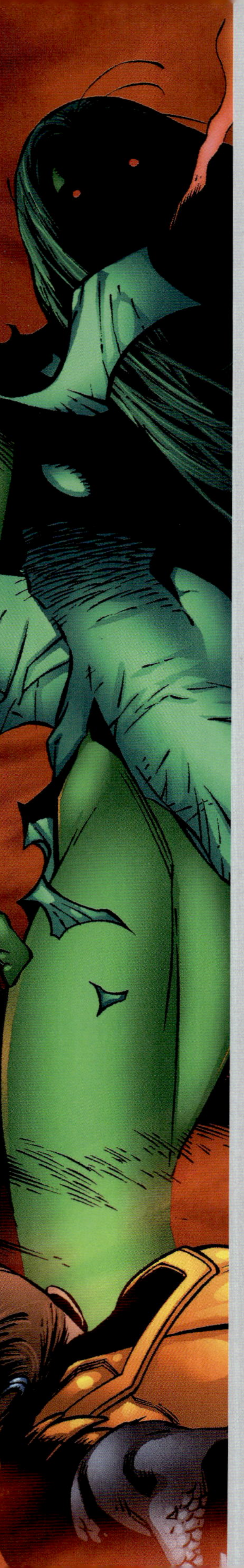

INHALT

MARVEL

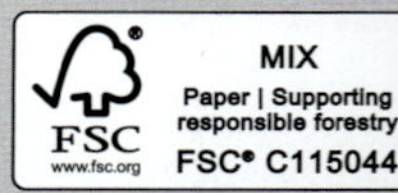
FSC
www.fsc.org
MIX
Paper | Supporting responsible forestry
FSC® C115044

AVENGERS
ROTE ZONE

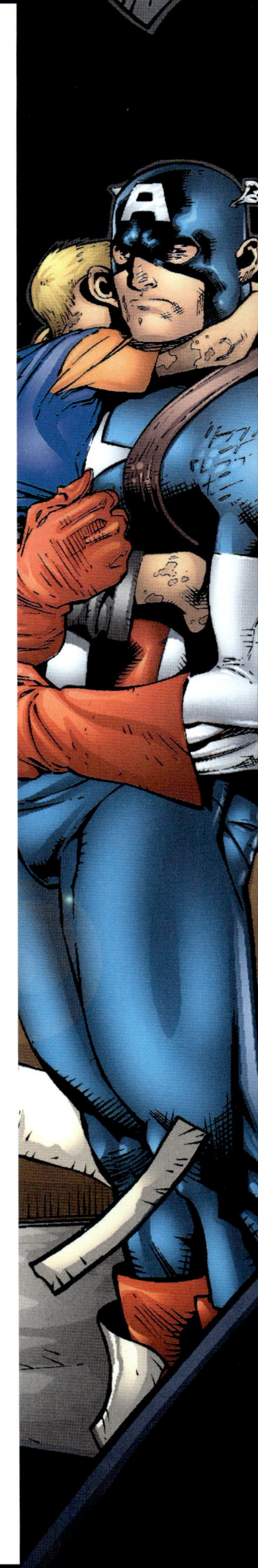

GEOFF JOHNS
STORY

OLIVIER COIPEL
ZEICHNUNGEN

ANDY LANNING
TUSCHE

CHRIS SOTOMAYOR
FARBEN

FABIO MAGLIOCCA
LETTERING

ALEXANDER RÖSCH
ÜBERSETZUNG

TOM BREVOORT
ANDY SCHMIDT
MARC SUMERAK
REDAKTION USA

C. B. CEBULSKI
CHEFREDAKTEUR USA

MARVEL MUST-HAVE: AVENGERS – ROTE ZONE erscheint bei **PANINI COMICS**, Schloßstraße 76, D-70176 Stuttgart. Druck: Lito Terrazzi S.r.l. – Prato. Pressevertrieb: Stella Distribution GmbH, D-22297 Hamburg. Direkt-Abos auf **www.paninicomics.de.** Anzeigenverkauf: BLAUFEUER VERLAGSVERTRETUNGEN GmbH, info@blaufeuer.com. Es gelten die Anzeigenpreise gemäß der Mediadaten 2023. Geschäftsführer **Hermann Paul**, Publishing Director Europe **Marco M. Lupoi**, Finanzen/Logistik **Felix Bauer**, Marketing Director **Holger Wiest**, Marketing **Fabio Cunetto**, Vertrieb **Alexander Bubenheimer**, PR/Presse **Steffen Volkmer**, Publishing Manager **Lisa Pancaldi**, Redaktion **Frieder Falk**, **Harald Gantzberg**, **Matthias Korn**, **Anja Seiffert**, **Kristina Starschinski**, **Ilaria Tavoni**, **Daniela Uhlmann**, Übersetzung **Bernd Kronsbein**, **Alexander Rösch**, Proofreading **Pia Oddo**, Lettering **Fabio Magliocca**, grafische Gestaltung **Marco Paroli** (coordinator), **Cinzia Morando**, **Barbara Sarti**, Art Director **Alessandro Gucciardo**, Redaktion Panini Comics **Annalisa Califano**, **Beatrice Doti**, Prepress **Cristina Bedini**, **Daniela Guidetti**, **Andrea Lusoli**, Repro/Packager **Alessandro Nalli** (coordinator), **Anna Boselli**, **Mario Da Rin Zanco**, **Valentina Esposito**, **Luca Ficarelli**, **Linda Leporati**. Deutsche Edition bei Panini Verlags-GmbH unter Lizenz von Marvel Characters B.V. Cover von **J. G. Jones**, *Avengers* (1998) 69.

Bibliografische Information der Deutschen Nationalbibliothek
Die Deutsche Nationalbibliothek verzeichnet diese Publikation in der Deutschen Nationalbibliografie; detaillierte bibliografische Daten sind im Internet über dnb.d-nb.de abrufbar.

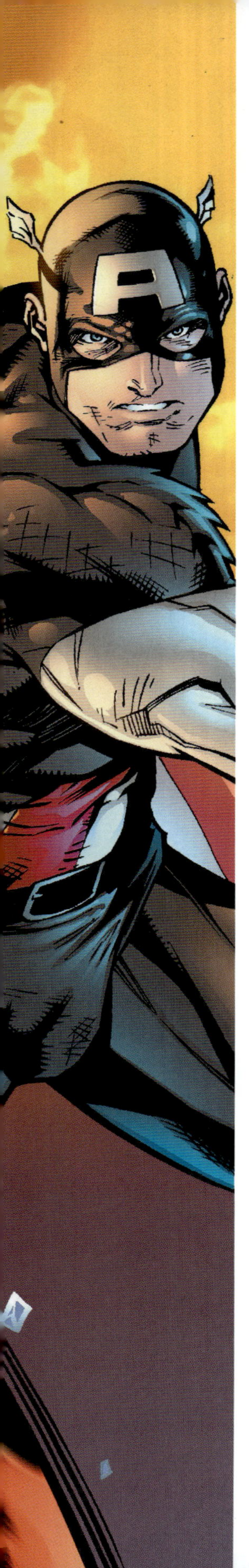

GEOFF JOHNS ÜBERNIMMT DAS RUDER

Fünf Jahre lang hatte Autor **Kurt Busiek** (ASTRO CITY, MARVELS) in den USA eines der Flaggschiffe von Marvel Comics, *Avengers*, auf Erfolgskurs gehalten. 2002 ging Busiek von Bord, und die Fans fragten sich, wer ihn nun ersetzen könnte. Die Befürchtungen, es könne mit „ihrer" Serie nach Busiek bergab gehen, erwiesen sich jedoch als unbegründet: Das Haus der Ideen landete einen regelrechten Coup und verpflichtete **Geoff Johns** als neuen *Avengers*-Autor! Zu jenem Zeitpunkt schrieb Johns zwar erst seit ein paar Jahren Comics und war noch nicht der Genre-Superstar, der er in späteren Jahren wurde und bis heute ist – dennoch, sein Stern war damals bereits im Aufgehen begriffen, und er erfüllte auch als neuer Steuermann der **Avengers** die in ihn gesetzten Erwartungen. Bereits in *Avengers* 57 (August 2002) brachte er seine erzählerischen Qualitäten zugunsten der mächtigsten Helden der Erde vollendet zur Anwendung, entwickelte die Serie in spannende neue Richtungen und verlieh den Figuren Ecken und Kanten, die das Team für das 21. Jahrhundert definierten, bei alldem kongenial unterstützt und ergänzt durch den französischen Zeichner **Olivier Coipel**.

Unter Johns' Federführung fanden sich die Avengers plötzlich in der Rolle einer „Weltpolizei" wieder, nach einer weltweiten Krise (9/11) erwarteten sich die Nationen der Welt von ihnen Schutz und Hilfe. Schon unter diesem massiven Druck knirschte es im Beziehungsgeflecht der Rächer, doch Johns legte noch einen drauf und besetzte das Team, um die Gruppendynamik weiter umzustrukturieren, mit zusätzlichen neuen Mitgliedern, die ihre ganz eigenen Schwierigkeiten mitbrachten. So standen die Avengers also keineswegs auf unverrückbar festen Beinen, als sie in der Folge einer Vielzahl von Problemen und Gefahren (gegliedert in drei große Handlungsbogen) ins Auge sehen mussten wie etwa der Konfrontation mit ihrem langjährigen Verbündeten **Thor**, der seine Macht als neuer Herrscher von Asgard überstrapazierte …

Geoff Johns injizierte „seinen" Avengers über die gesamte Strecke seiner Autorenschaft (er verabschiedete sich mit *Avengers* 76, Dezember 2003) genau jene kraftvolle Energie, für die seine Fans ihn schon damals kannten, und verjüngte die Serie mit knallharten, relevanten Themen. Er erschütterte die mächtigsten Helden der Erde in ihren Grundfesten und bescherte ihnen Abenteuer, wie es sie zuvor noch nie gegeben hatte.

Das bei den Fans beliebteste dieser Abenteuer liegt nun in diesem Band vor, und zum Geleit genügt so viel: **Captain America**, der Anführer dieser Avengers, hat es sich zur Mission gemacht, unter den Mitgliedern ebenso viel Vertrauen zu stiften, wie die Öffentlichkeit es dem Team als solches entgegenbringt – angesichts der vielen Alpha-Persönlichkeiten und ihrer grundverschiedenen Vorgeschichten kein leichtes Unterfangen … Derweil erhält **Henry Gyrich**, der Verbindungsmann der Avengers zu den Vereinten Nationen, vom amerikanischen Verteidigungsminister **Dell Rusk** den Befehl, in der Avengers-Botschaft für ihn Augen und Ohren offenzuhalten. Gyrich versucht, sich zu weigern, die Drohungen des Ministers machen ihn aber rasch gefügig. Unbemerkt von den beiden wird **Falcon** Zeuge des Ganzen …

Frieder Falk

ROTE ZONE, TEIL 1: PANIKATTACKE

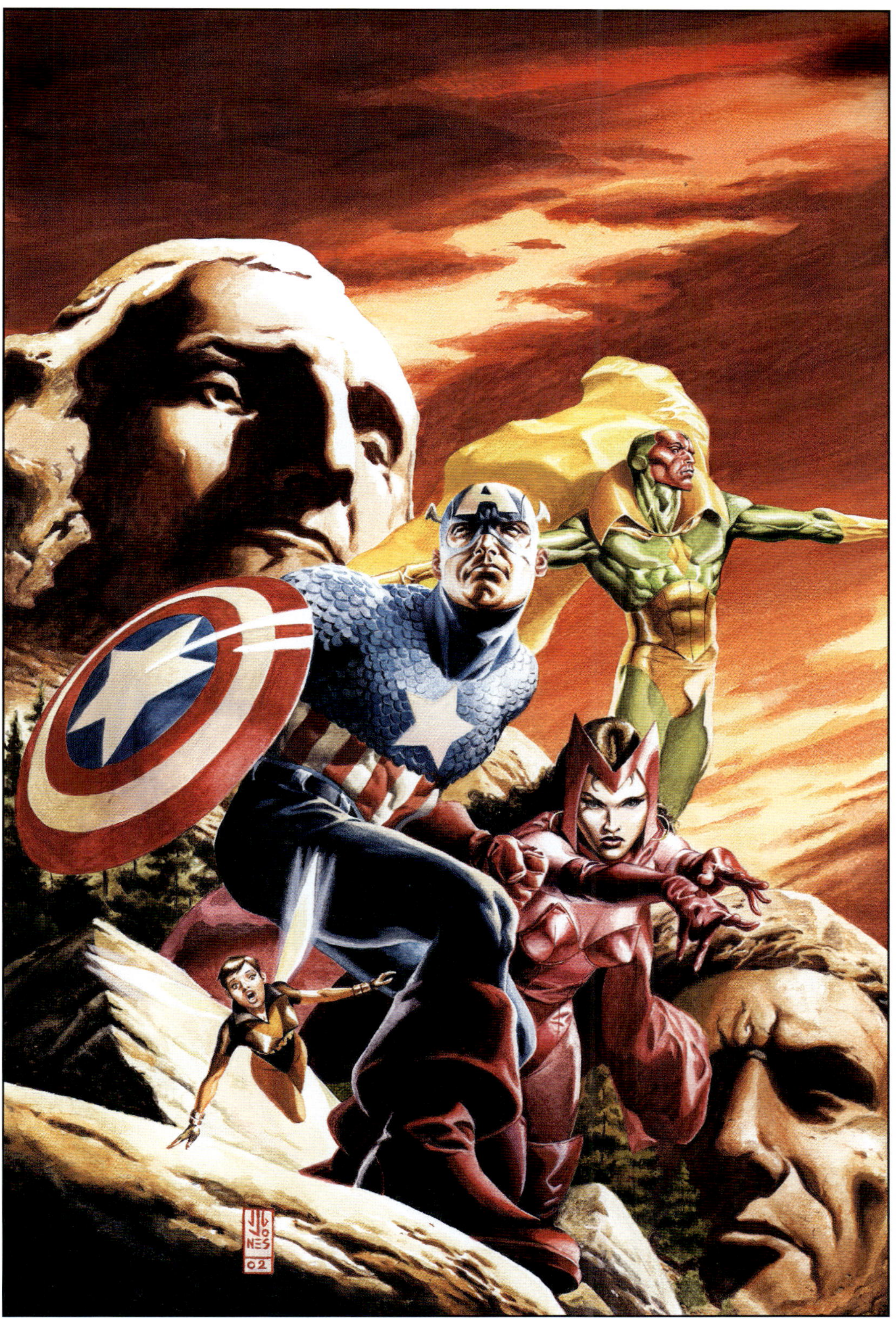

Avengers (1998) 65
Cover von **J. G. JONES**

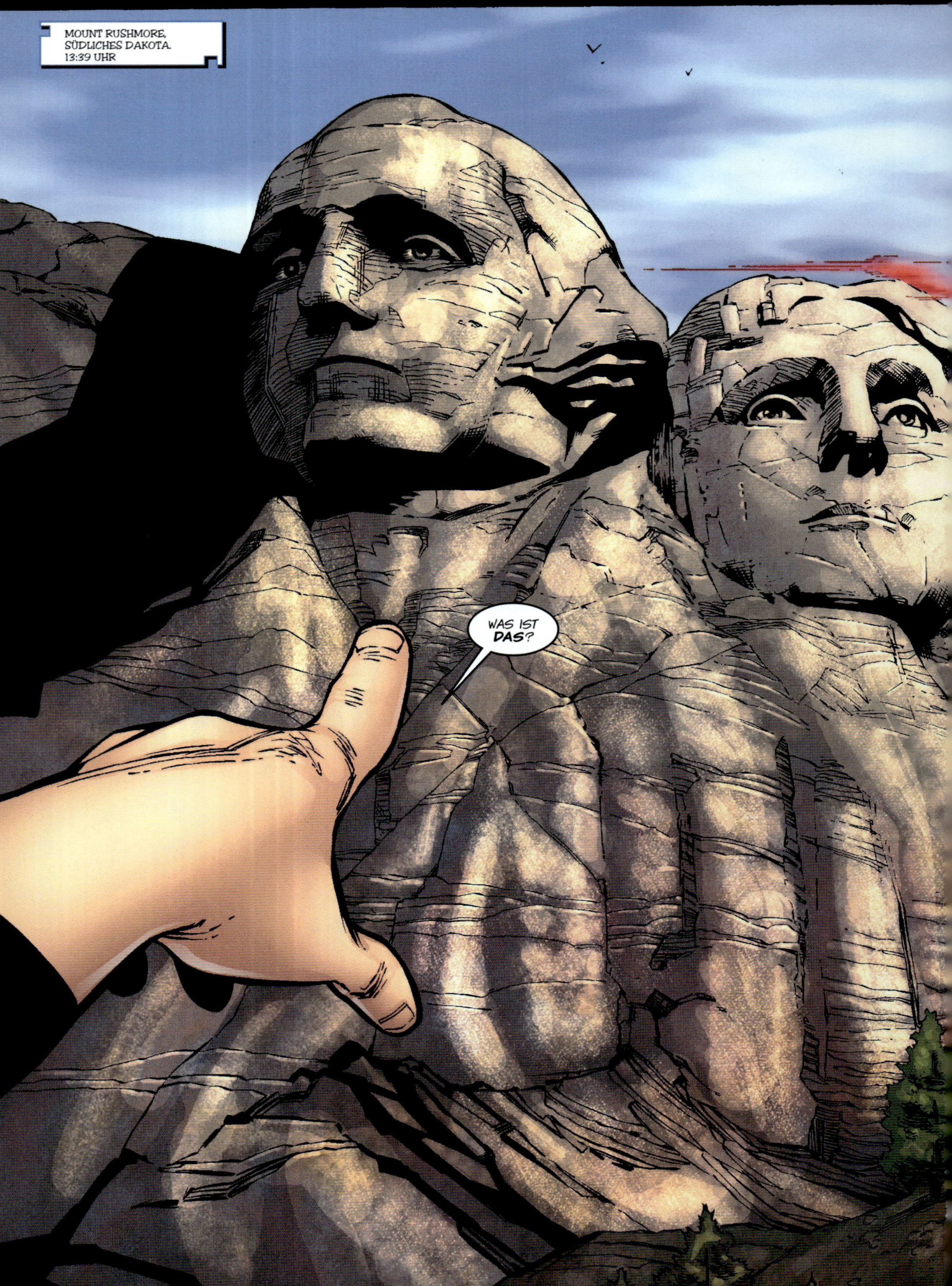
MOUNT RUSHMORE,
SÜDLICHES DAKOTA.
13:39 UHR
WAS IST DAS?

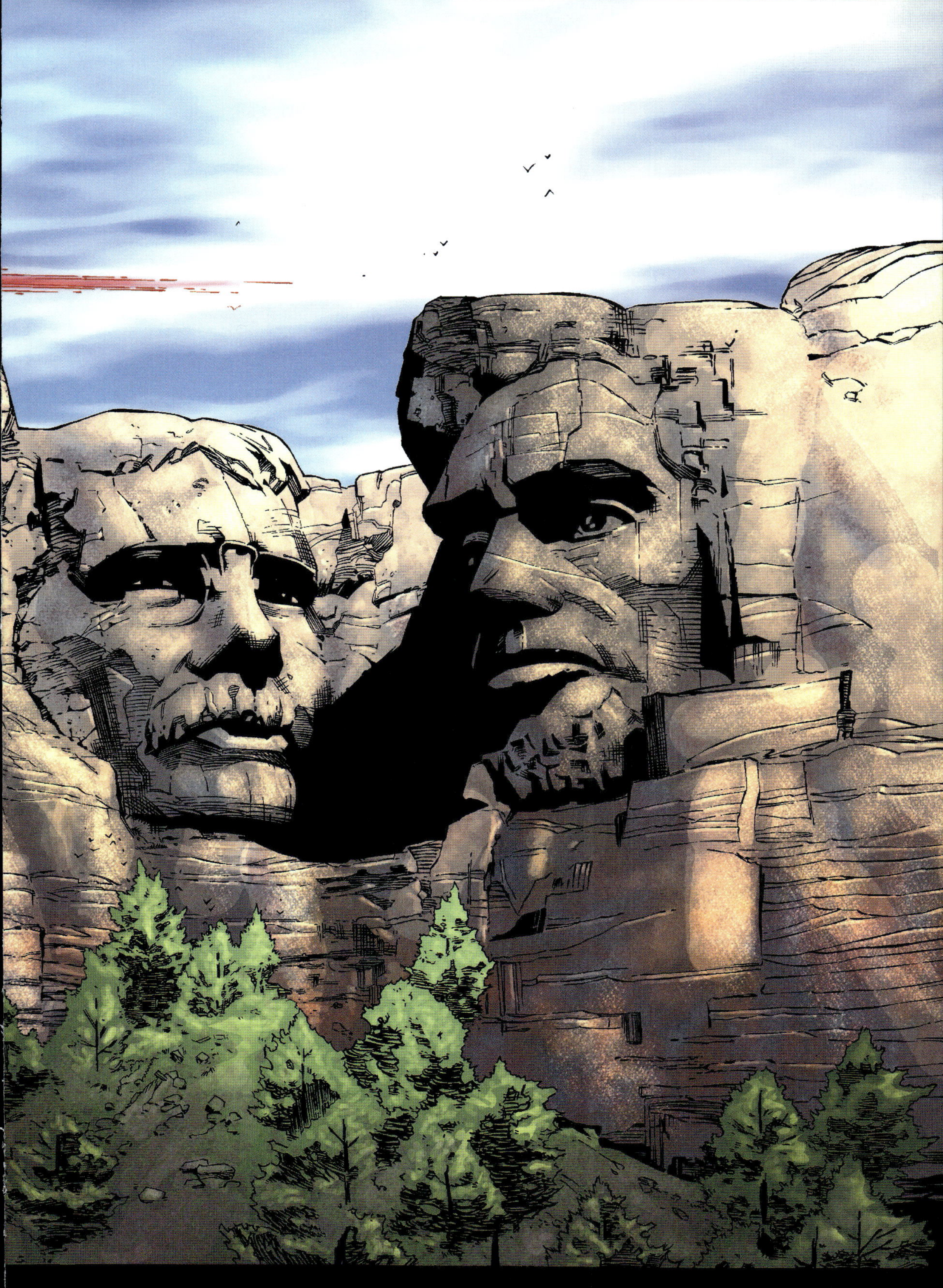

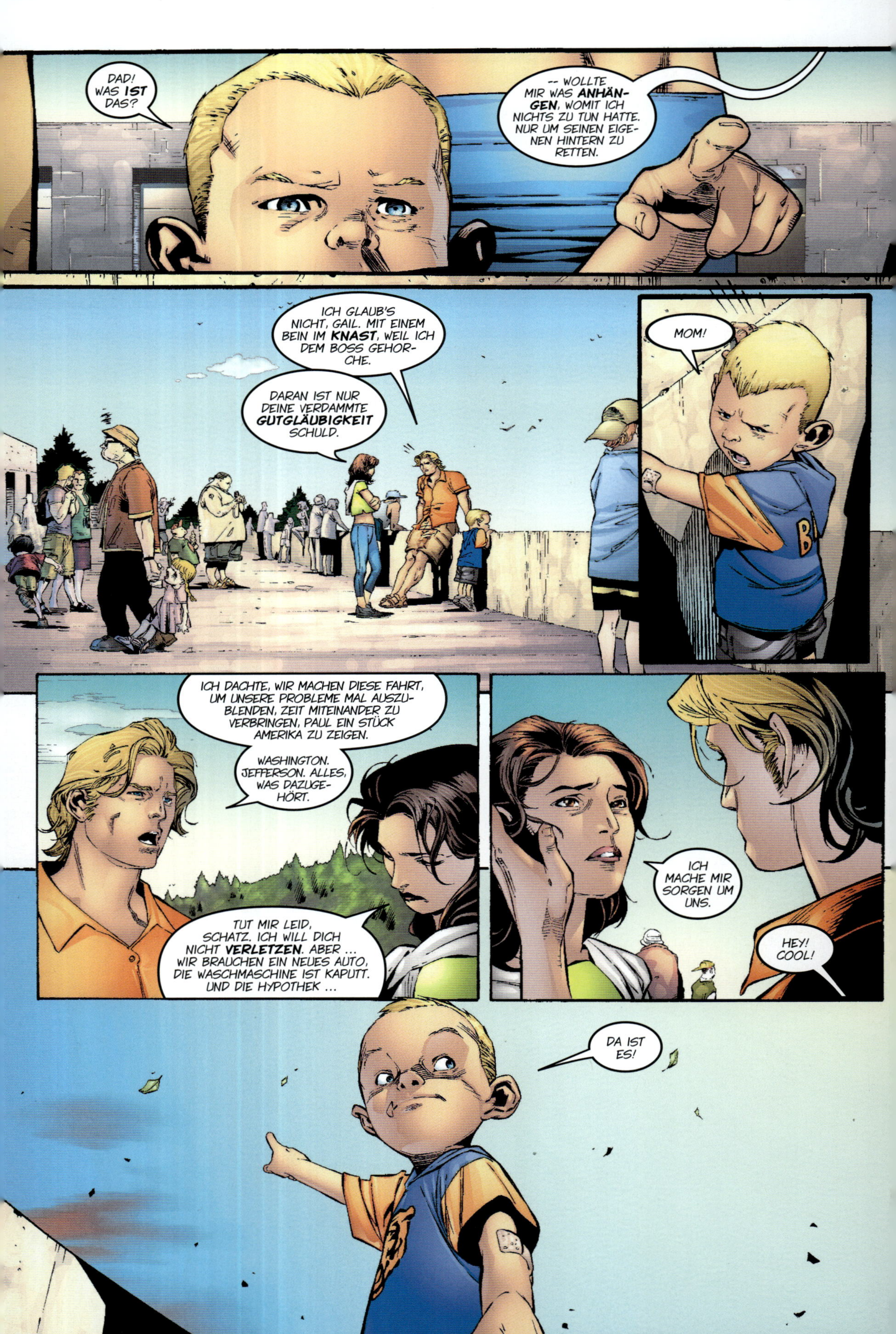
DAD! WAS IST DAS?
-- WOLLTE MIR WAS ANHÄNGEN, WOMIT ICH NICHTS ZU TUN HATTE. NUR UM SEINEN EIGENEN HINTERN ZU RETTEN.
ICH GLAUB'S NICHT, GAIL. MIT EINEM BEIN IM KNAST, WEIL ICH DEM BOSS GEHORCHE.
DARAN IST NUR DEINE VERDAMMTE GUTGLÄUBIGKEIT SCHULD.
MOM!
ICH DACHTE, WIR MACHEN DIESE FAHRT, UM UNSERE PROBLEME MAL AUSZUBLENDEN, ZEIT MITEINANDER ZU VERBRINGEN, PAUL EIN STÜCK AMERIKA ZU ZEIGEN.
WASHINGTON. JEFFERSON. ALLES, WAS DAZUGEHÖRT.
TUT MIR LEID, SCHATZ. ICH WILL DICH NICHT VERLETZEN. ABER ... WIR BRAUCHEN EIN NEUES AUTO, DIE WASCHMASCHINE IST KAPUTT. UND DIE HYPOTHEK ...
ICH MACHE MIR SORGEN UM UNS.
HEY! COOL!
DA IST ES!

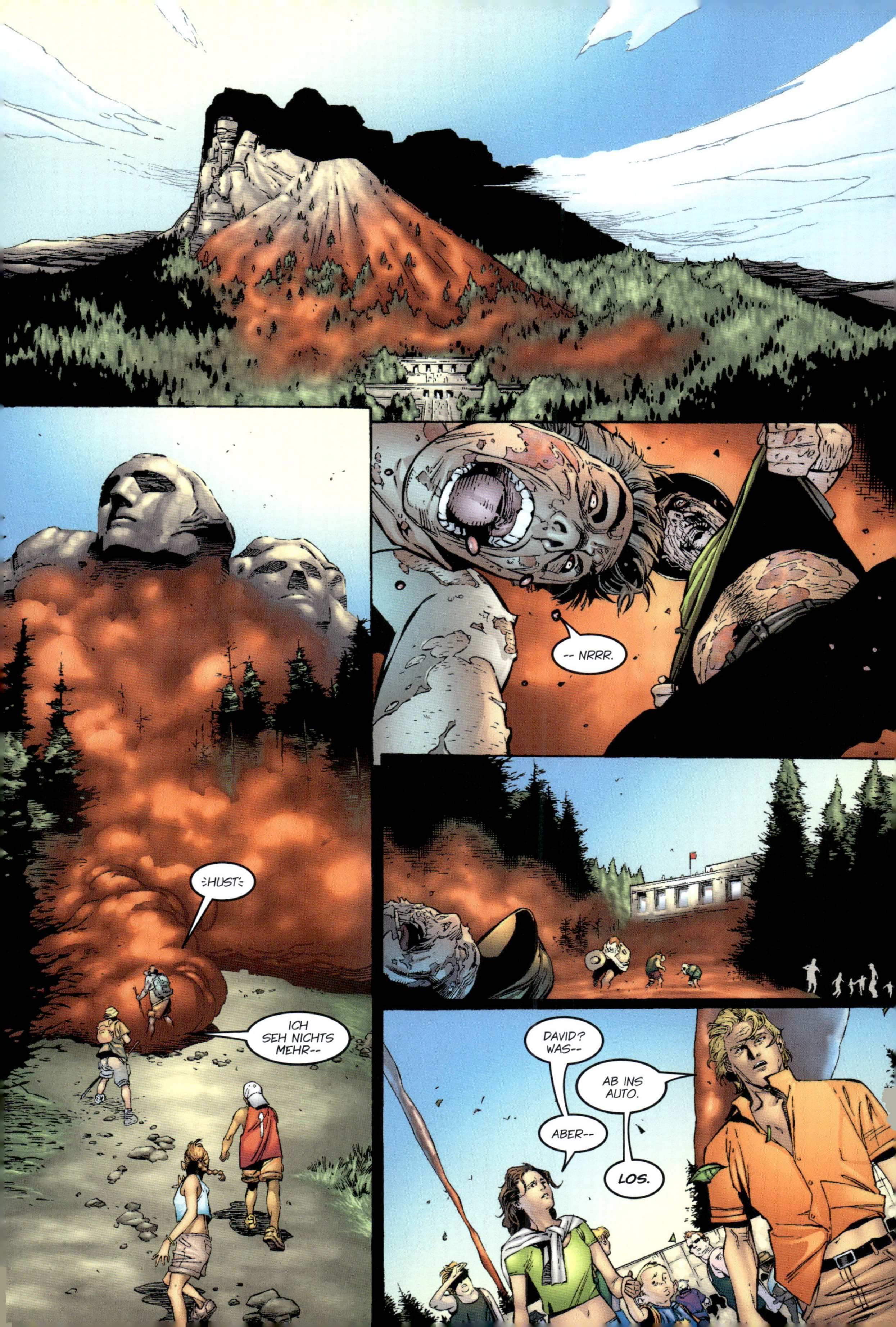
-- NRRR.
:HUST:
ICH SEH NICHTS MEHR--
DAVID? WAS--
AB INS AUTO.
ABER--
LOS.

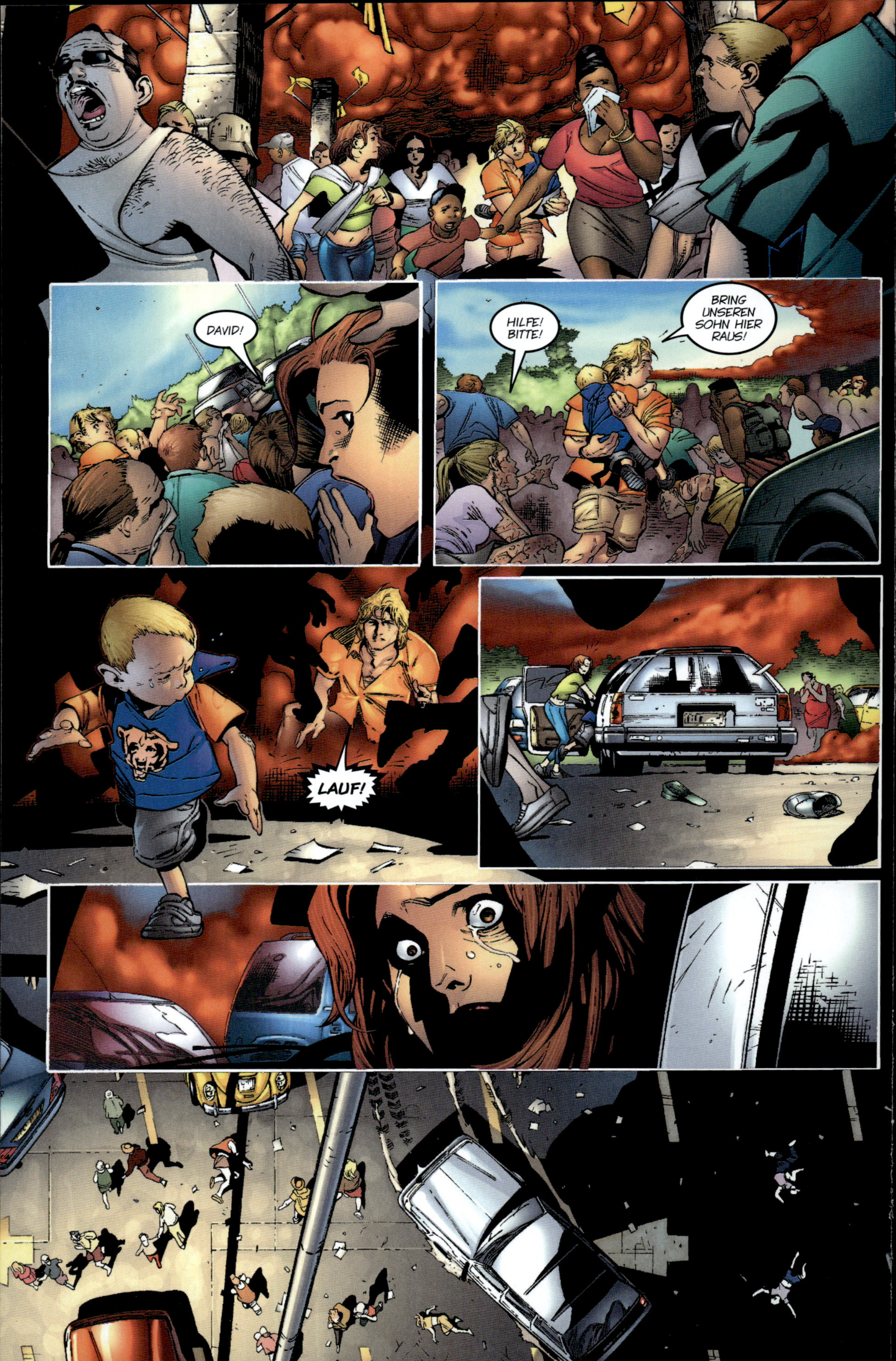
DAVID!
HILFE! BITTE!
BRING UNSEREN SOHN HIER RAUS!
LAUF!

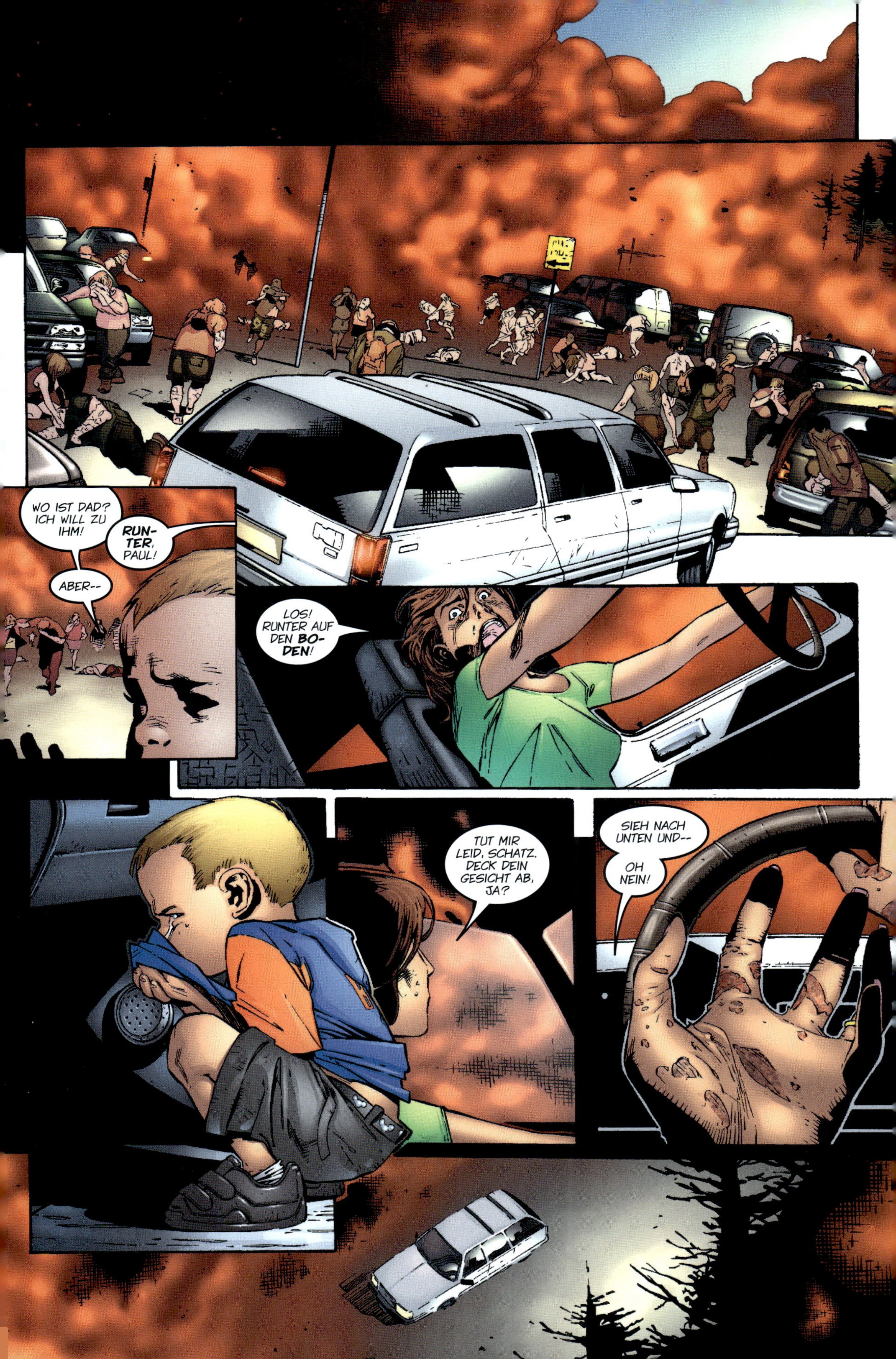
WO IST DAD? ICH WILL ZU IHM!
RUNTER, PAUL!
ABER--
LOS! RUNTER AUF DEN BODEN!
TUT MIR LEID, SCHATZ. DECK DEIN GESICHT AB, JA?
SIEH NACH UNTEN UND--
OH NEIN!

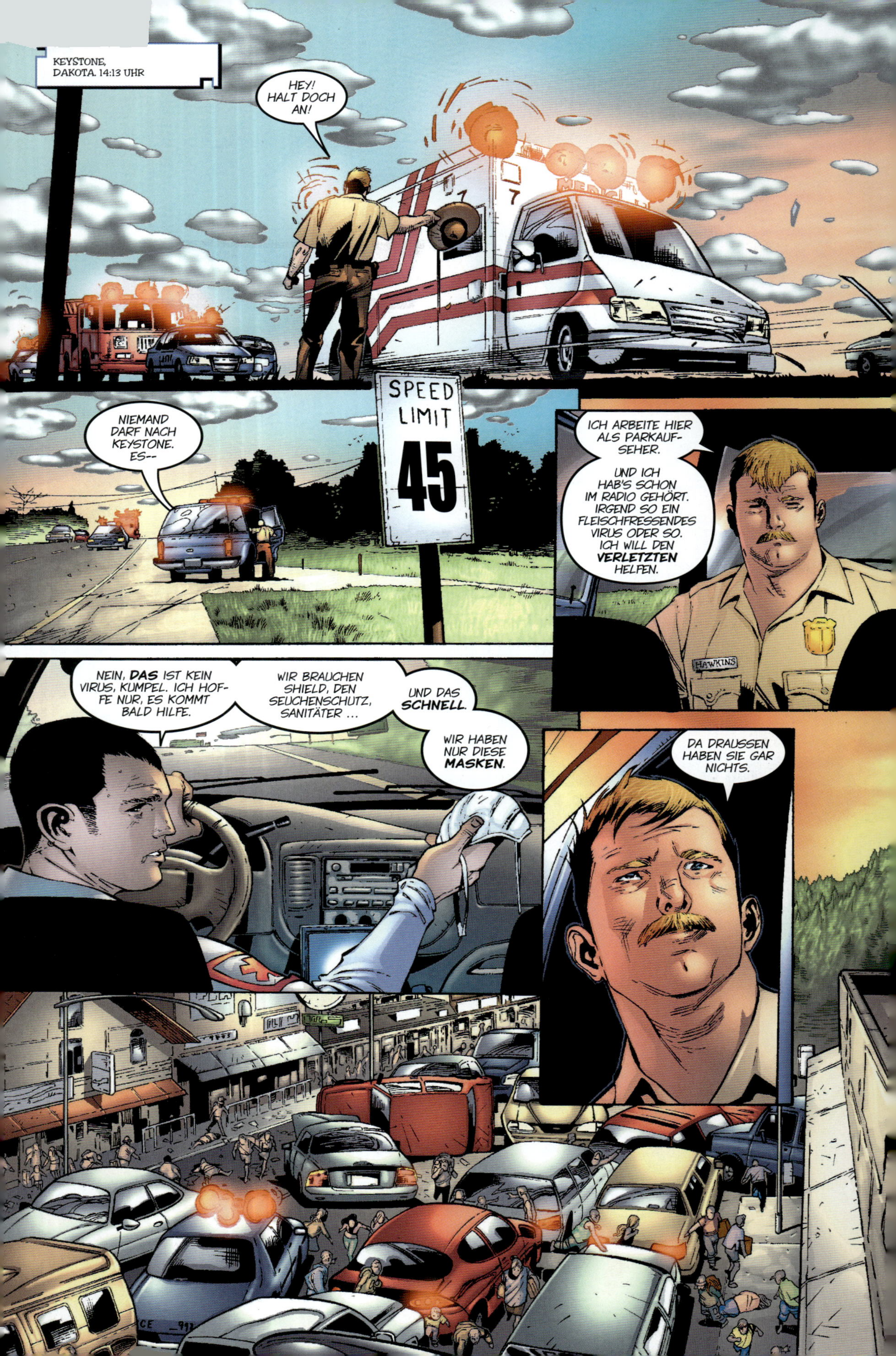
KEYSTONE, DAKOTA. 14:13 UHR
HEY! HALT DOCH AN!
SPEED LIMIT 45
NIEMAND DARF NACH KEYSTONE. ES--
ICH ARBEITE HIER ALS PARKAUF-SEHER.
UND ICH HAB'S SCHON IM RADIO GEHÖRT. IRGEND SO EIN FLEISCHFRESSENDES VIRUS ODER SO. ICH WILL DEN **VERLETZTEN** HELFEN.
HAWKINS
NEIN, **DAS** IST KEIN VIRUS, KUMPEL. ICH HOF-FE NUR, ES KOMMT BALD HILFE.
WIR BRAUCHEN SHIELD, DEN SEUCHENSCHUTZ, SANITÄTER ...
UND DAS **SCHNELL**.
WIR HABEN NUR DIESE **MASKEN**.
DA DRAUSSEN HABEN SIE GAR NICHTS.

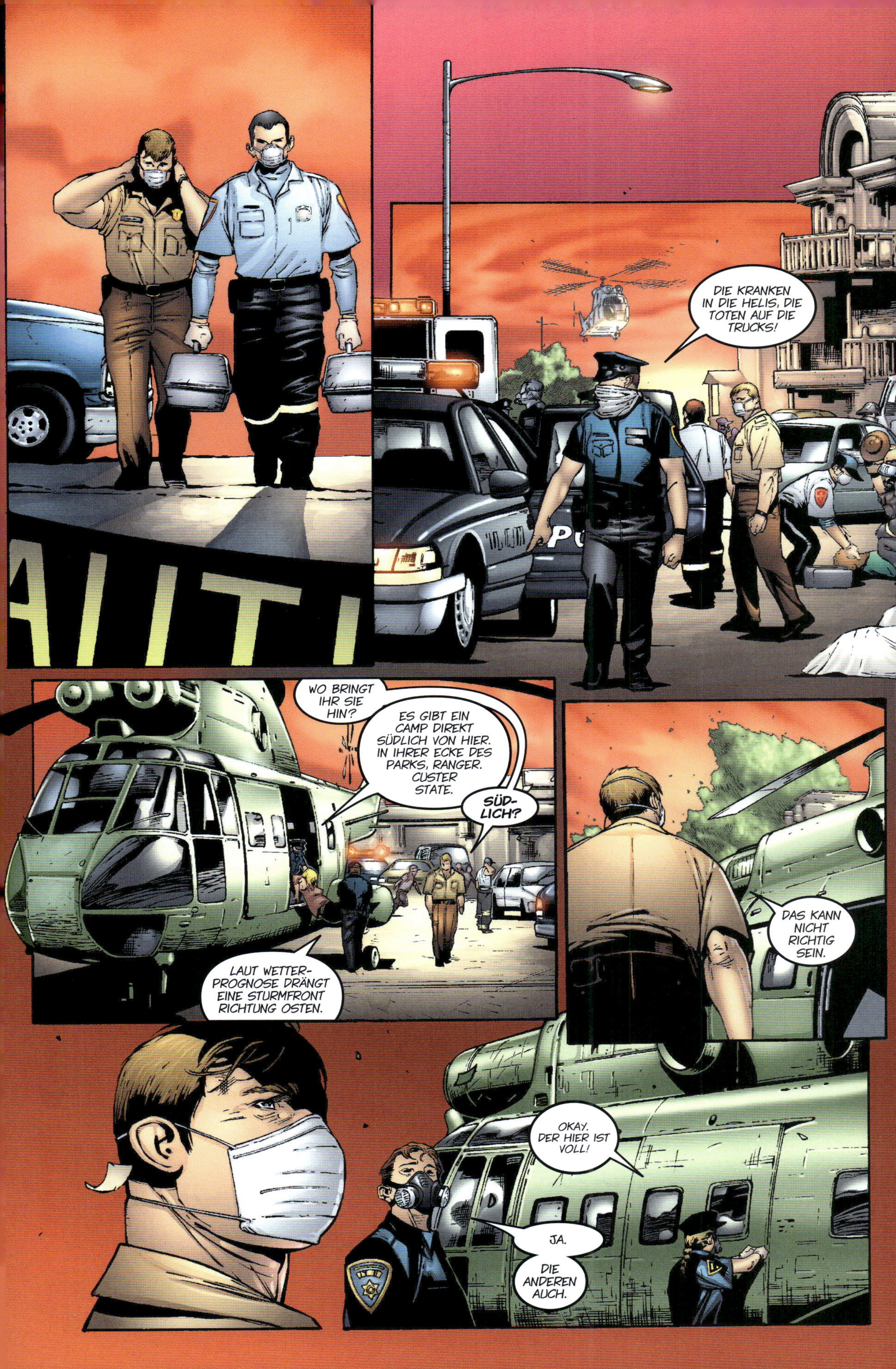
DIE KRANKEN IN DIE HELIS, DIE TOTEN AUF DIE TRUCKS!
WO BRINGT IHR SIE HIN?
ES GIBT EIN CAMP DIREKT SÜDLICH VON HIER. IN IHRER ECKE DES PARKS, RANGER. CUSTER STATE.
SÜD-LICH?
LAUT WETTER-PROGNOSE DRÄNGT EINE STURMFRONT RICHTUNG OSTEN.
DAS KANN NICHT RICHTIG SEIN.
OKAY. DER HIER IST VOLL!
JA.
DIE ANDEREN AUCH.

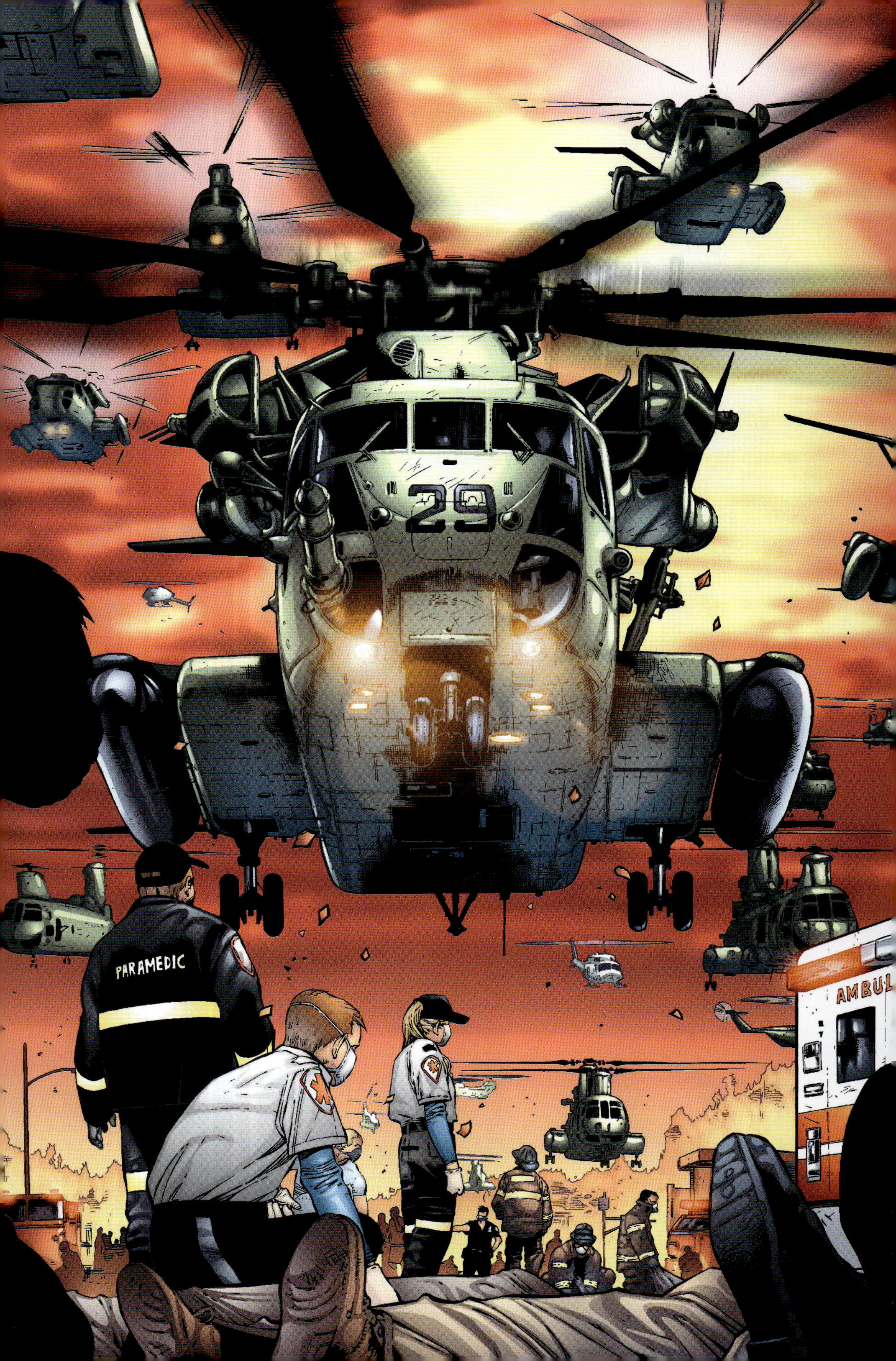
29
PARAMEDIC

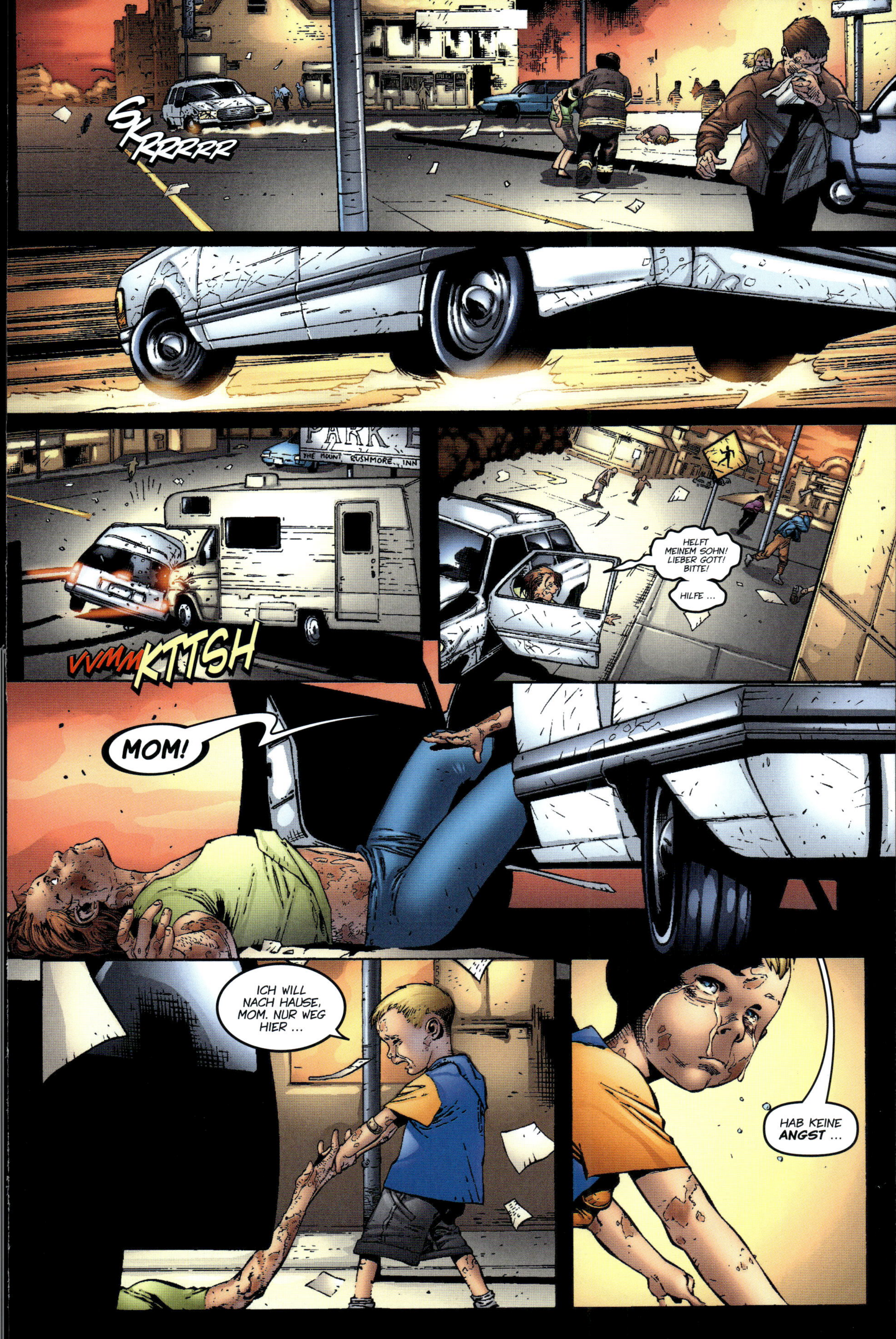
SKRRRRR
PARK
THE MOUNT RUSHMORE... INN
VVMMKTTSH
HELFT MEINEM SOHN! LIEBER GOTT! BITTE!
HILFE ...
MOM!
ICH WILL NACH HAUSE, MOM. NUR WEG HIER ...
HAB KEINE **ANGST** ...

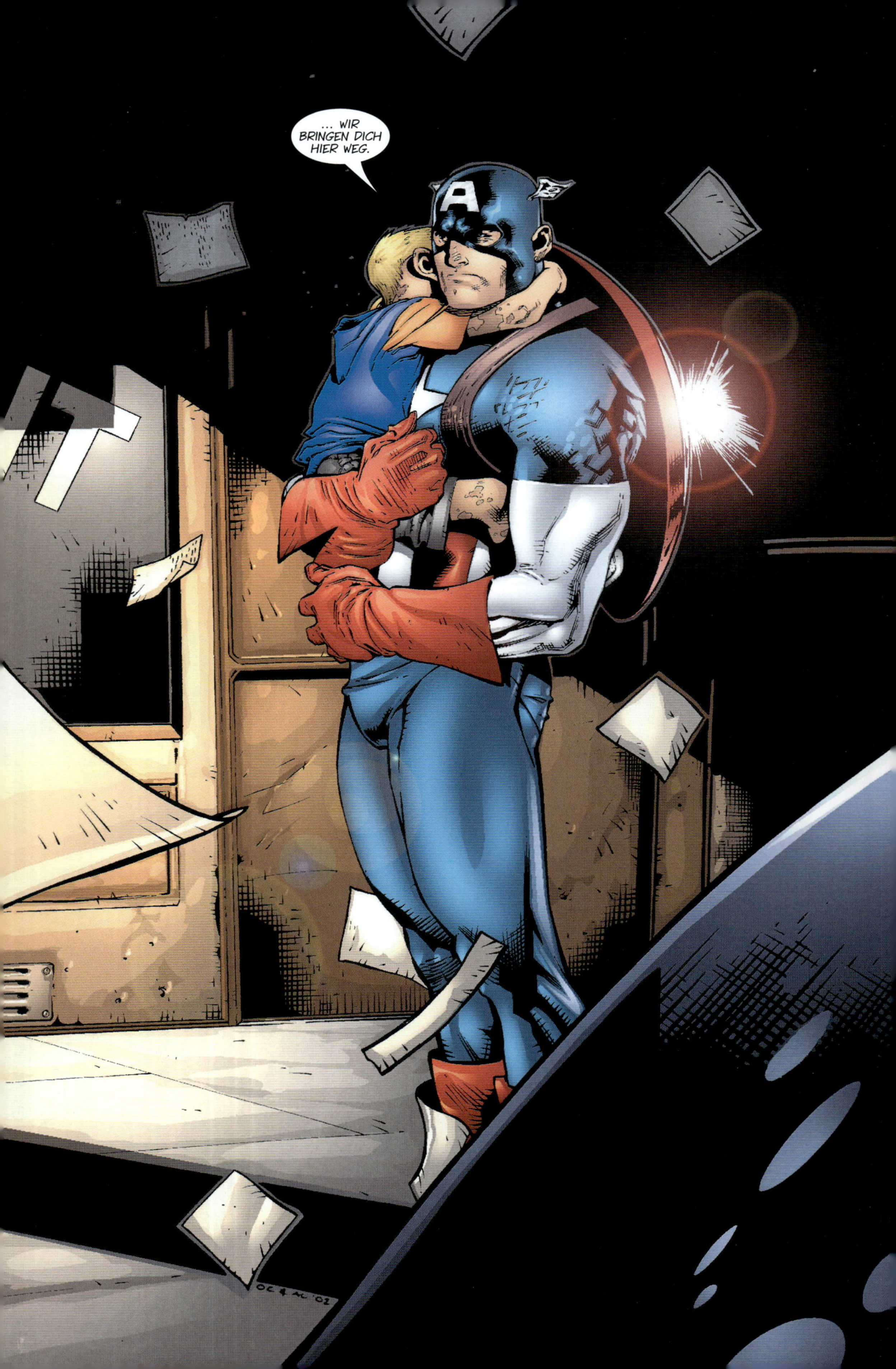
... WIR BRINGEN DICH HIER WEG.

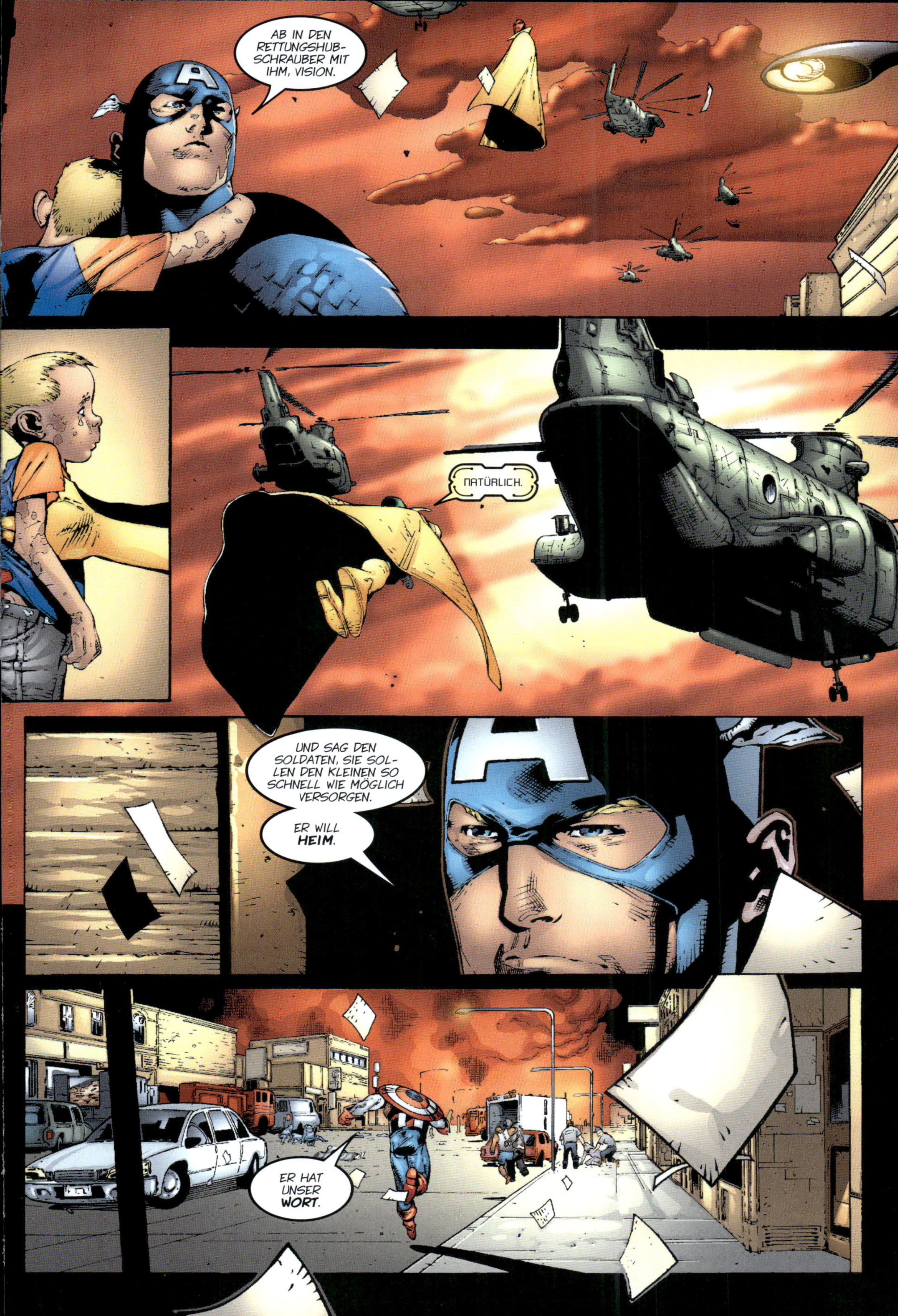
AB IN DEN RETTUNGSHUB-SCHRAUBER MIT IHM, VISION.
NATÜRLICH.
UND SAG DEN SOLDATEN, SIE SOL-LEN DEN KLEINEN SO SCHNELL WIE MÖGLICH VERSORGEN.
ER WILL **HEIM**.
ER HAT UNSER **WORT**.

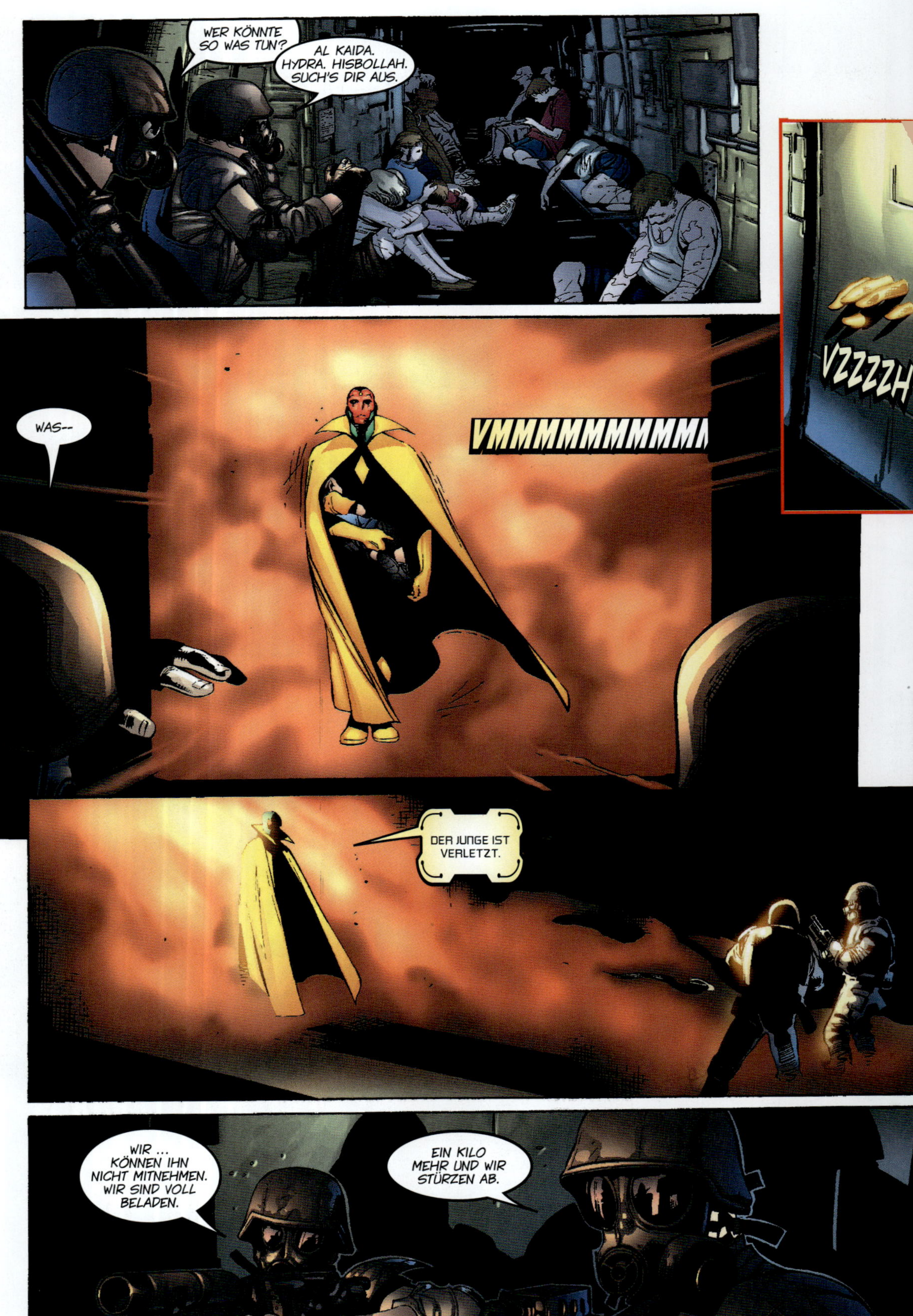
WER KÖNNTE SO WAS TUN?
AL KAIDA. HYDRA. HISBOLLAH. SUCH'S DIR AUS.
VZZZZH
WAS--
VMMMMMMMMMM
DER JUNGE IST VERLETZT.
WIR ... KÖNNEN IHN NICHT MITNEHMEN. WIR SIND VOLL BELADEN.
EIN KILO MEHR UND WIR STÜRZEN AB.

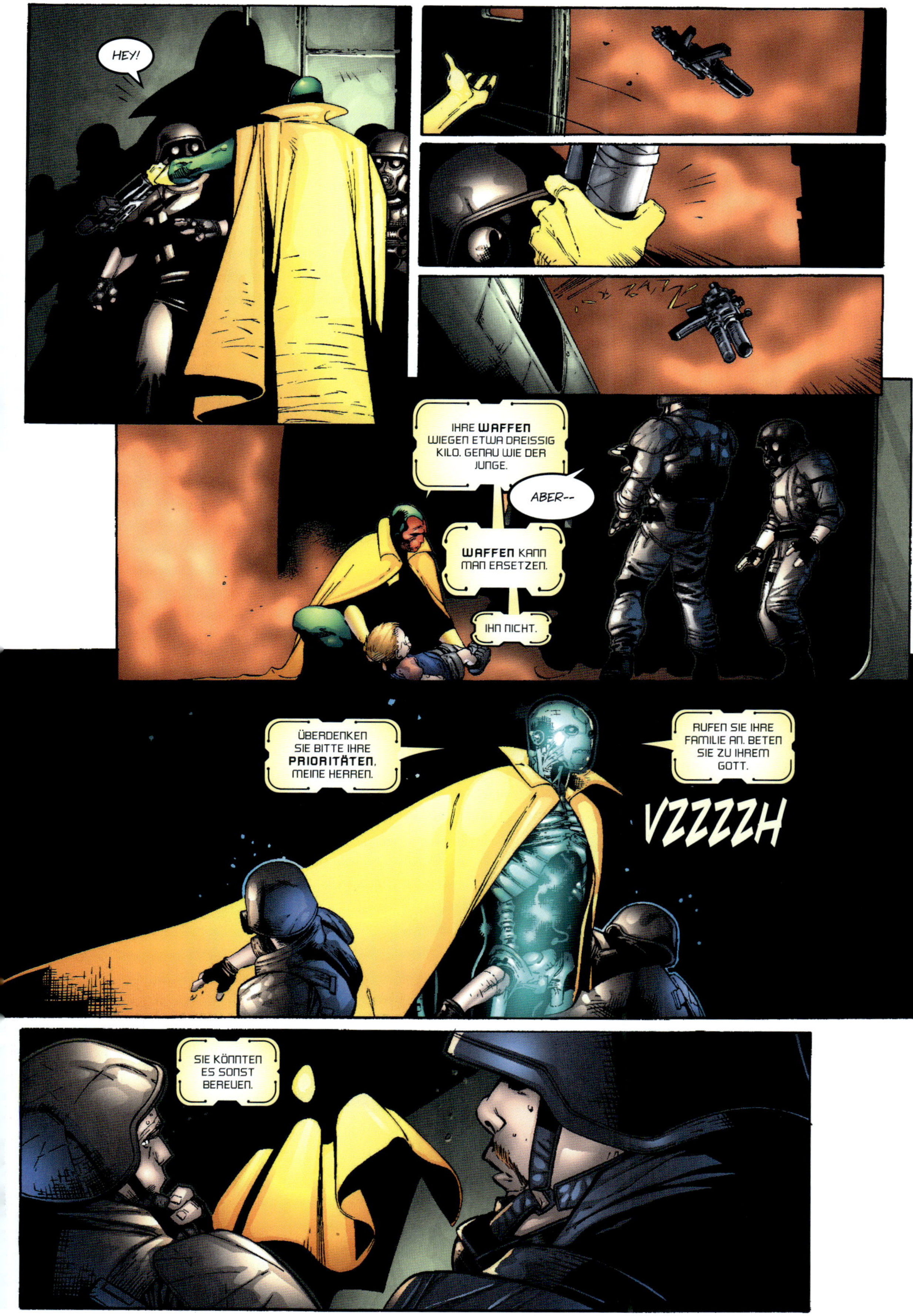

HEY!

IHRE **WAFFEN** WIEGEN ETWA DREISSIG KILO. GENAU WIE DER JUNGE.

ABER--

WAFFEN KANN MAN ERSETZEN.

IHN NICHT.

ÜBERDENKEN SIE BITTE IHRE **PRIORITÄTEN**, MEINE HERREN.

RUFEN SIE IHRE FAMILIE AN. BETEN SIE ZU IHREM GOTT.

VZZZZH

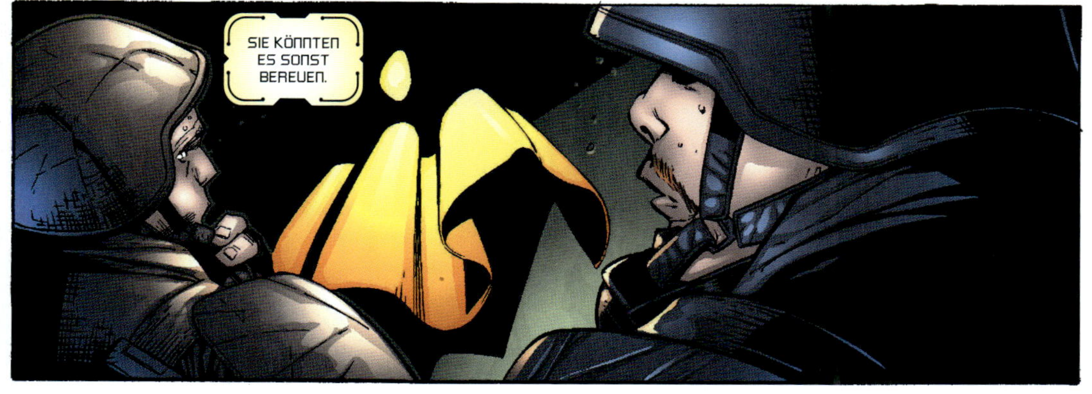

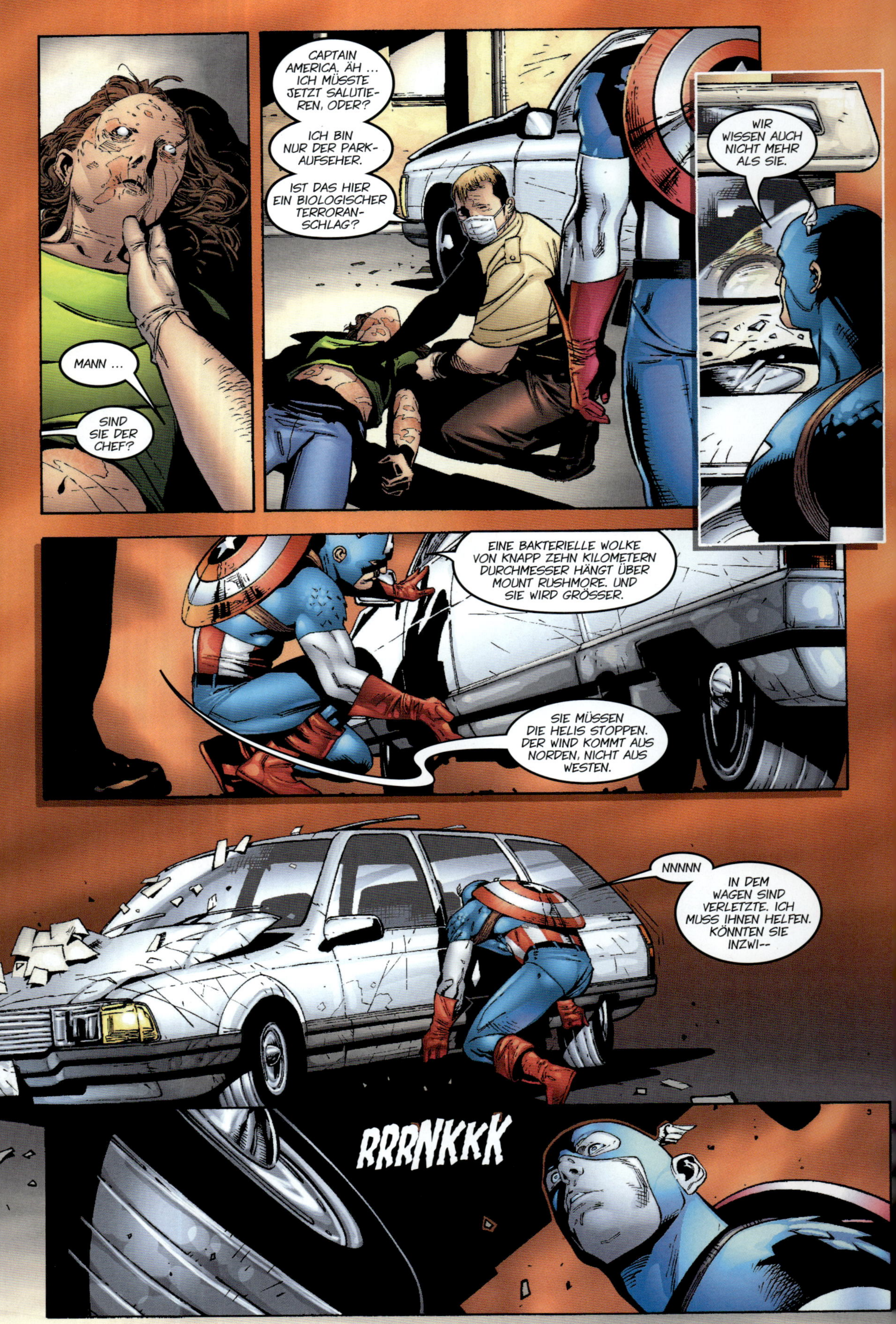
MANN ...
SIND SIE DER CHEF?
CAPTAIN AMERICA. ÄH ... ICH MÜSSTE JETZT SALUTIEREN, ODER?
ICH BIN NUR DER PARKAUFSEHER.
IST DAS HIER EIN BIOLOGISCHER TERRORANSCHLAG?
WIR WISSEN AUCH NICHT MEHR ALS SIE.
EINE BAKTERIELLE WOLKE VON KNAPP ZEHN KILOMETERN DURCHMESSER HÄNGT ÜBER MOUNT RUSHMORE. UND SIE WIRD GRÖSSER.
SIE MÜSSEN DIE HELIS STOPPEN. DER WIND KOMMT AUS NORDEN, NICHT AUS WESTEN.
NNNNN
IN DEM WAGEN SIND VERLETZTE. ICH MUSS IHNEN HELFEN. KÖNNTEN SIE INZWI--
RRRNKKK

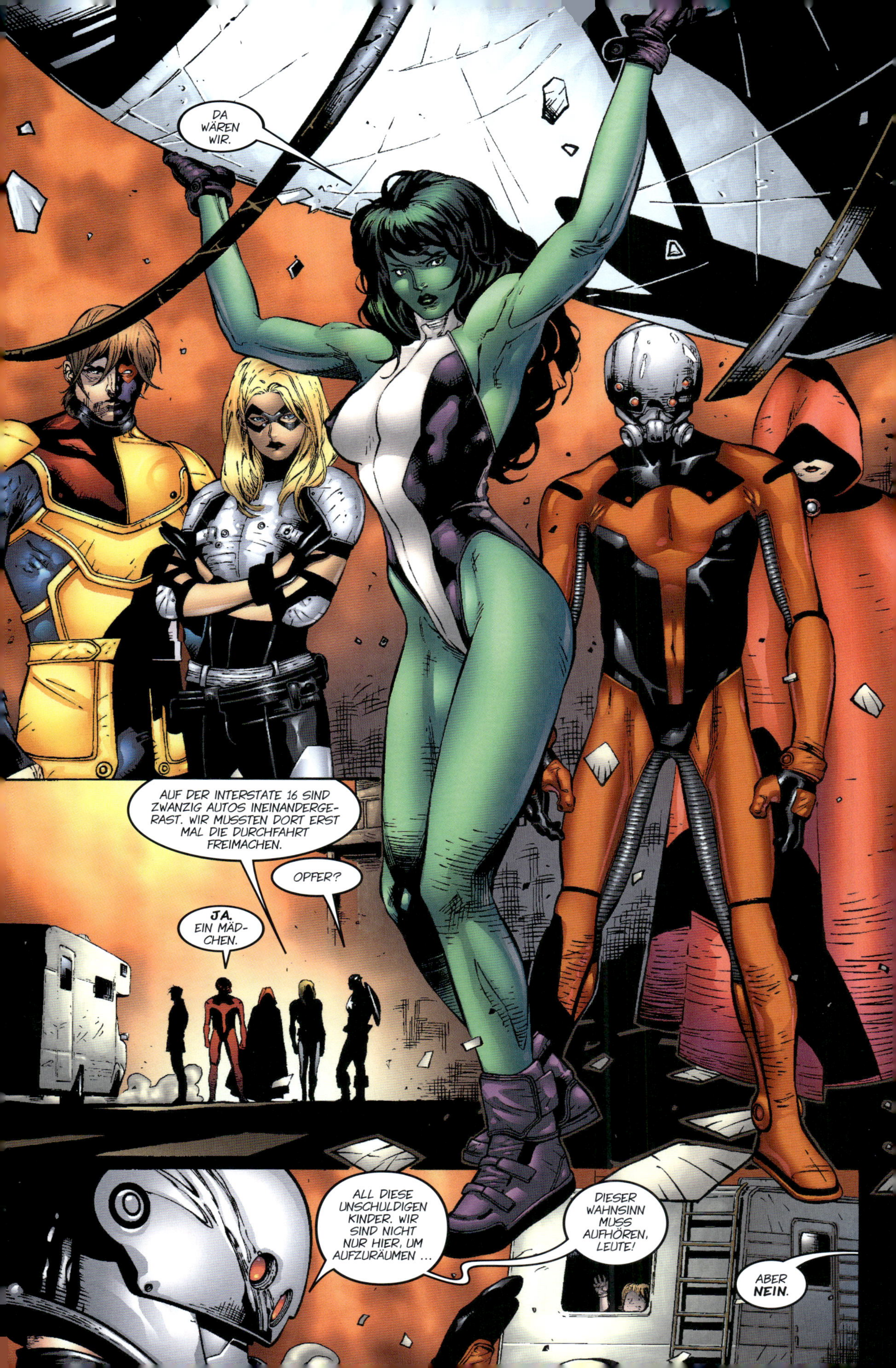
DA WÄREN WIR.
AUF DER INTERSTATE 16 SIND ZWANZIG AUTOS INEINANDERGE-RAST. WIR MUSSTEN DORT ERST MAL DIE DURCHFAHRT FREIMACHEN.
OPFER?
JA. EIN MÄD-CHEN.
ALL DIESE UNSCHULDIGEN KINDER. WIR SIND NICHT NUR HIER, UM AUFZURÄUMEN ...
DIESER WAHNSINN MUSS AUFHÖREN, LEUTE!
ABER NEIN.

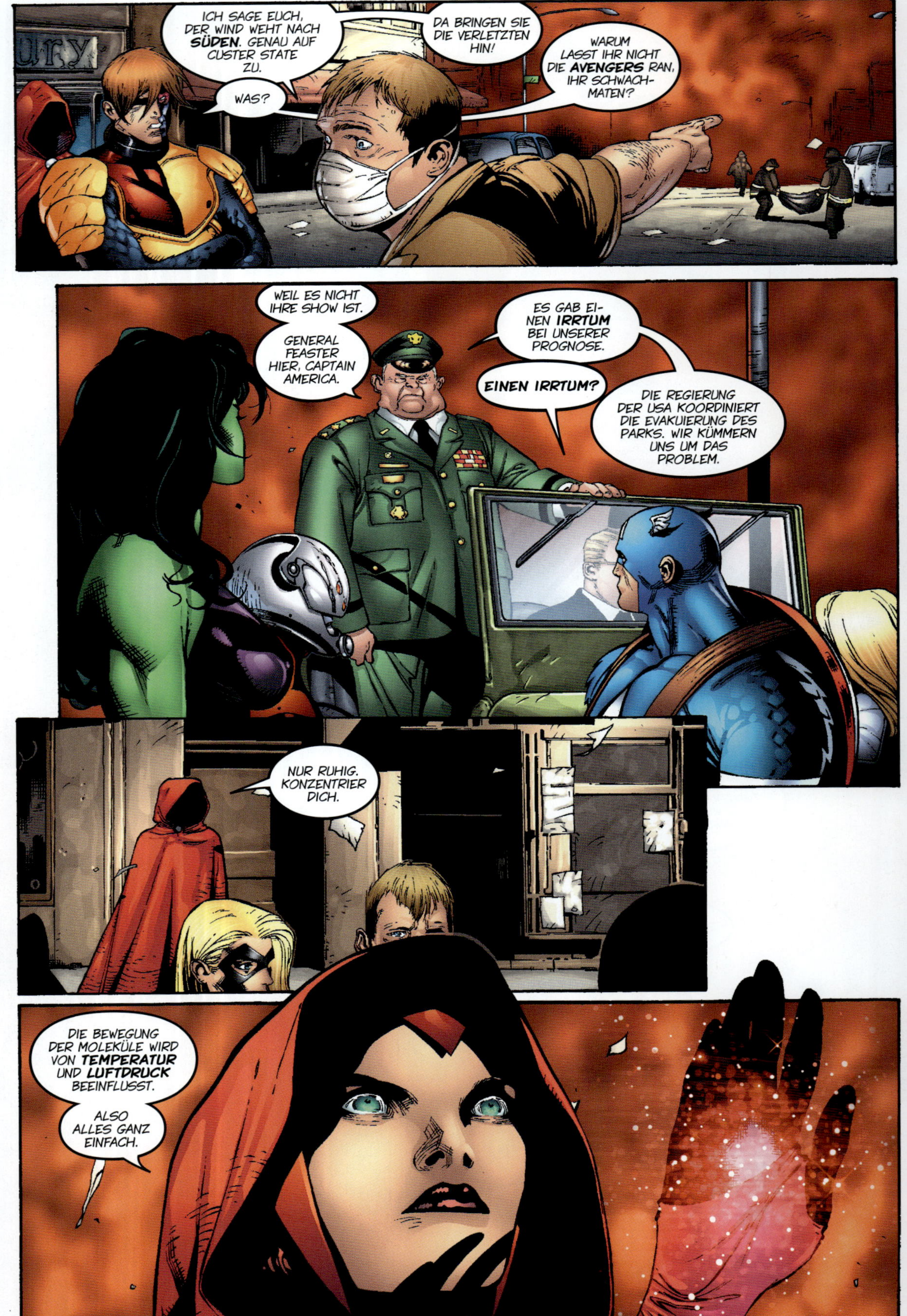
ICH SAGE EUCH, DER WIND WEHT NACH SÜDEN. GENAU AUF CUSTER STATE ZU.
WAS?
DA BRINGEN SIE DIE VERLETZTEN HIN!
WARUM LASST IHR NICHT DIE AVENGERS RAN, IHR SCHWACHMATEN?
WEIL ES NICHT IHRE SHOW IST.
GENERAL FEASTER HIER, CAPTAIN AMERICA.
ES GAB EINEN IRRTUM BEI UNSERER PROGNOSE.
EINEN IRRTUM?
DIE REGIERUNG DER USA KOORDINIERT DIE EVAKUIERUNG DES PARKS. WIR KÜMMERN UNS UM DAS PROBLEM.
NUR RUHIG. KONZENTRIER DICH.
DIE BEWEGUNG DER MOLEKÜLE WIRD VON TEMPERATUR UND LUFTDRUCK BEEINFLUSST.
ALSO ALLES GANZ EINFACH.

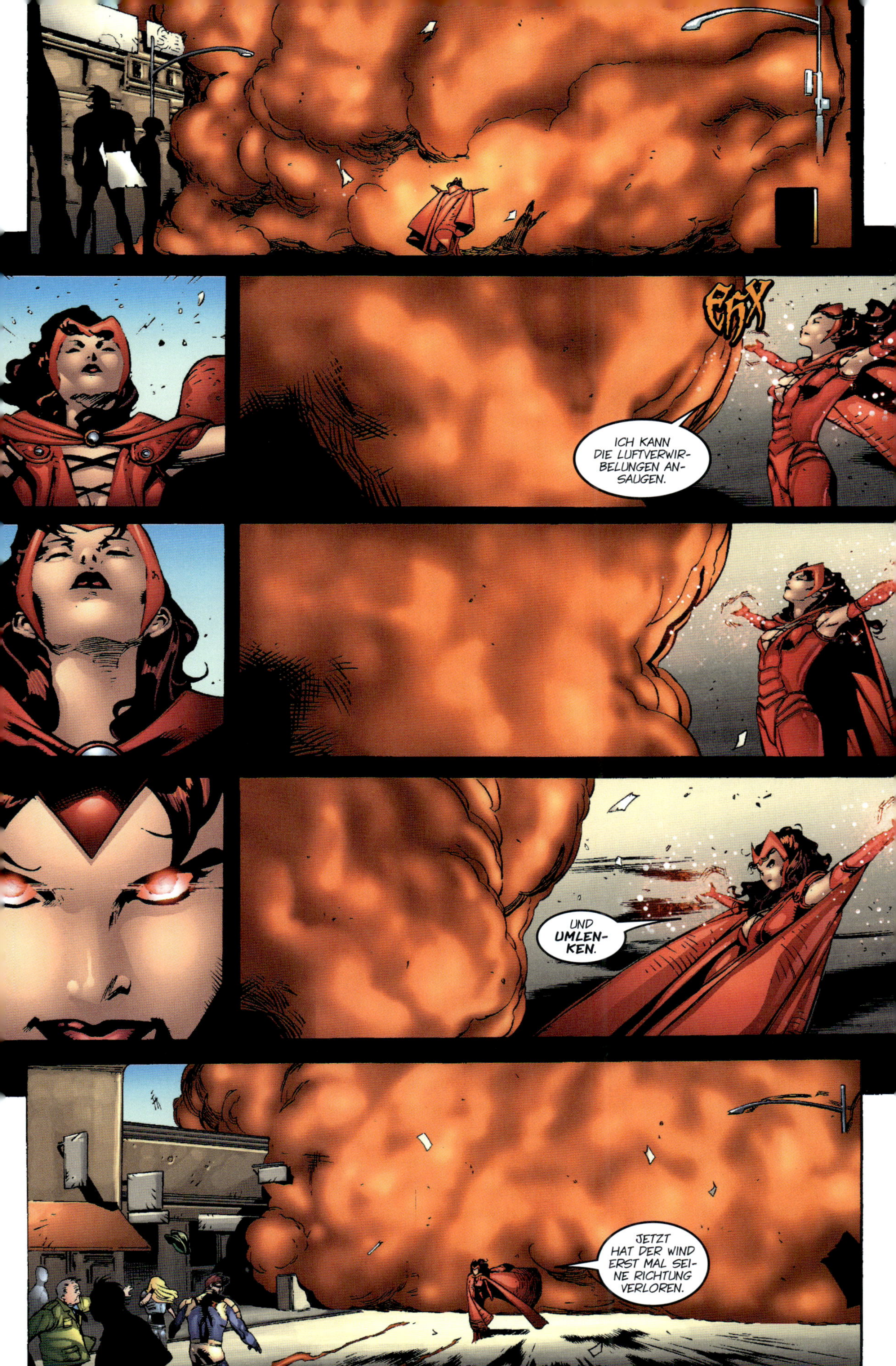
ICH KANN DIE LUFTVERWIR-BELUNGEN AN-SAUGEN.
UND **UMLEN-KEN**.
JETZT HAT DER WIND ERST MAL SEI-NE RICHTUNG VERLOREN.

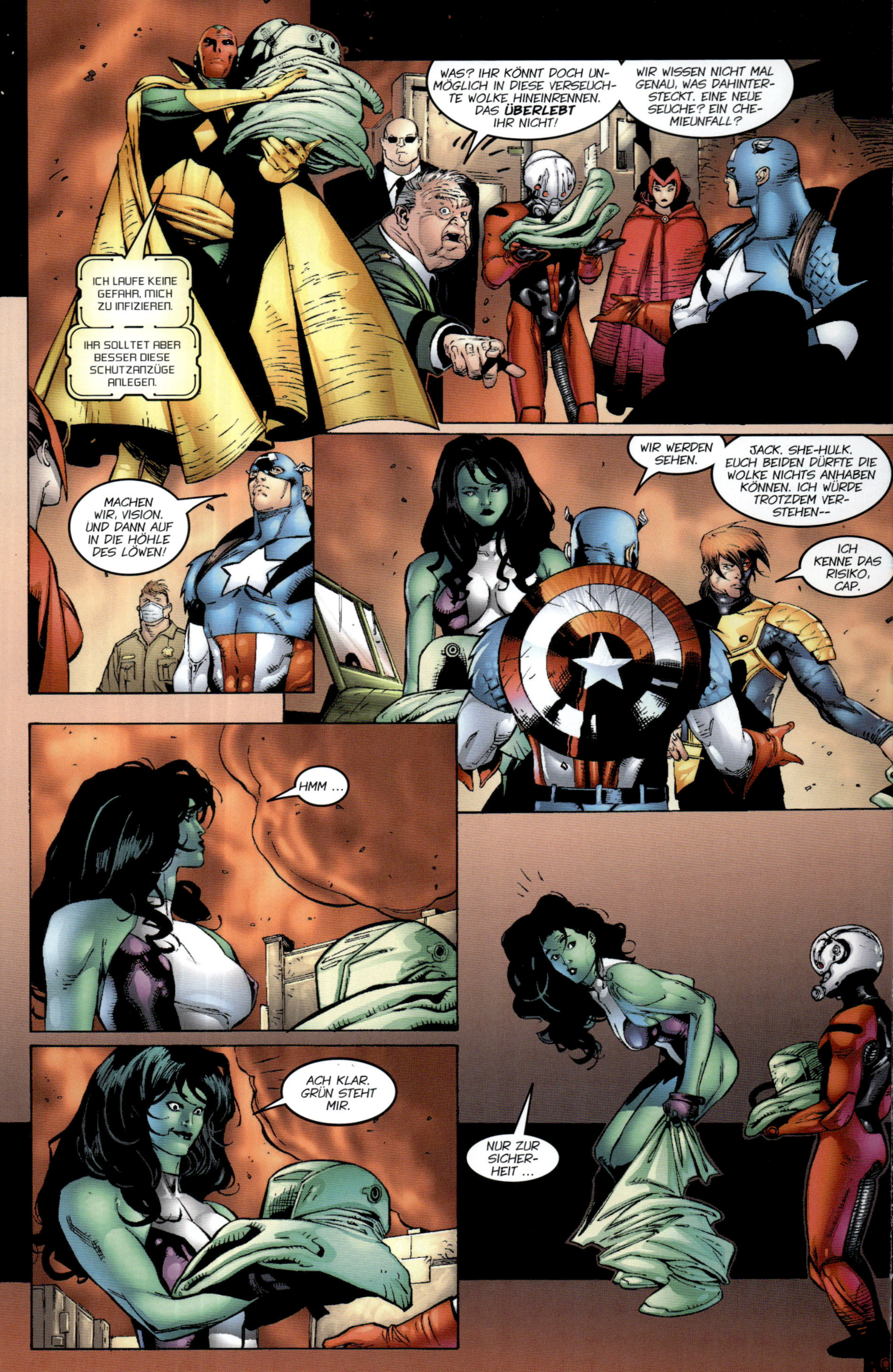
ICH LAUFE KEINE GEFAHR, MICH ZU INFIZIEREN.
IHR SOLLTET ABER BESSER DIESE SCHUTZANZÜGE ANLEGEN.
WAS? IHR KÖNNT DOCH UNMÖGLICH IN DIESE VERSEUCHTE WOLKE HINEINRENNEN. DAS **ÜBERLEBT** IHR NICHT!
WIR WISSEN NICHT MAL GENAU, WAS DAHINTERSTECKT. EINE NEUE SEUCHE? EIN CHEMIEUNFALL?
MACHEN WIR, VISION. UND DANN AUF IN DIE HÖHLE DES LÖWEN!
WIR WERDEN SEHEN.
JACK. SHE-HULK. EUCH BEIDEN DÜRFTE DIE WOLKE NICHTS ANHABEN KÖNNEN. ICH WÜRDE TROTZDEM VERSTEHEN--
ICH KENNE DAS RISIKO, CAP.
HMM ...
ACH KLAR. GRÜN STEHT MIR.
NUR ZUR SICHERHEIT ...

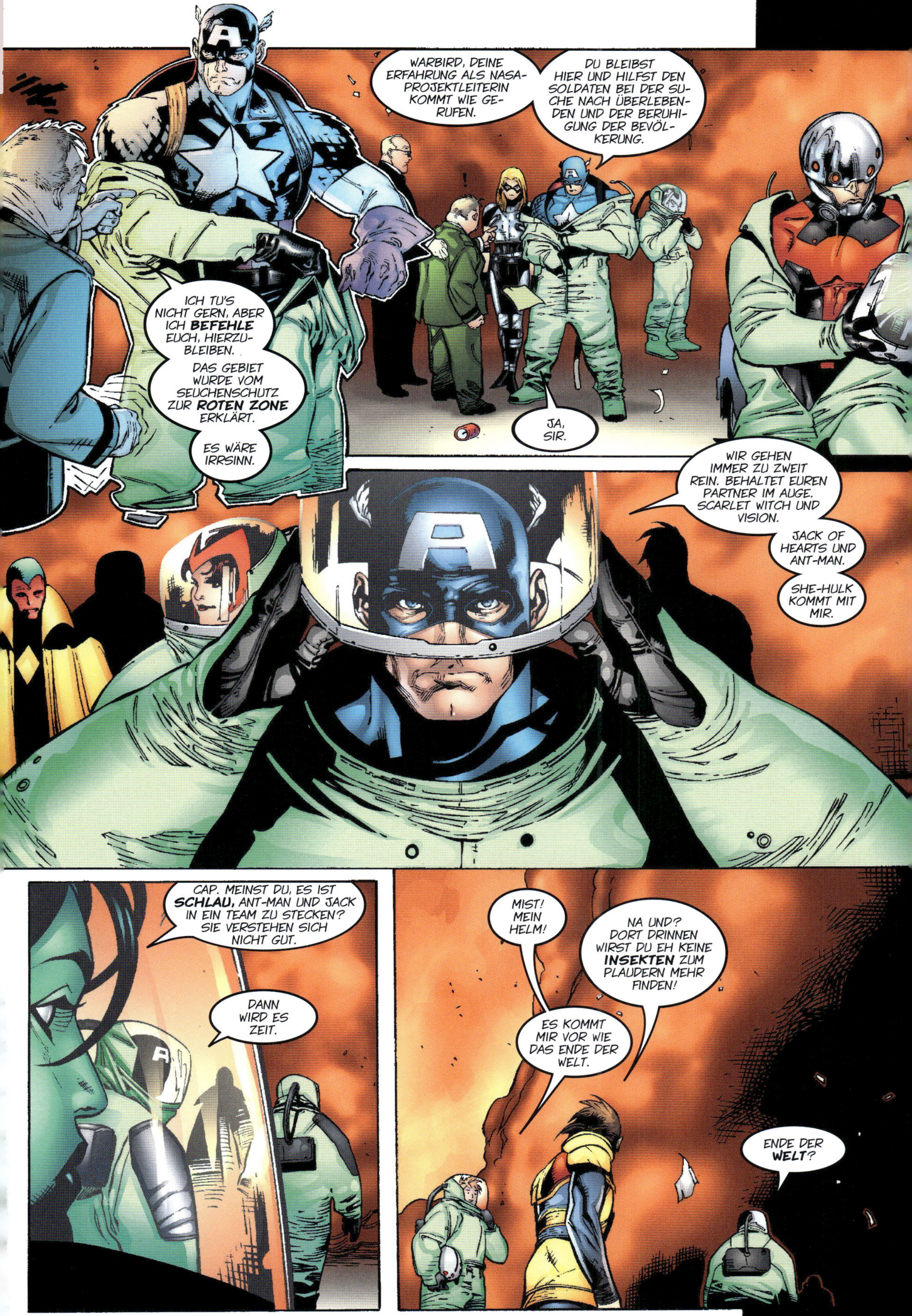

ICH TU'S NICHT GERN, ABER ICH **BEFEHLE** EUCH, HIERZUBLEIBEN.
DAS GEBIET WURDE VOM SEUCHENSCHUTZ ZUR **ROTEN ZONE** ERKLÄRT.
ES WÄRE IRRSINN.

WARBIRD, DEINE ERFAHRUNG ALS NASA-PROJEKTLEITERIN KOMMT WIE GERUFEN.
DU BLEIBST HIER UND HILFST DEN SOLDATEN BEI DER SUCHE NACH ÜBERLEBENDEN UND DER BERUHIGUNG DER BEVÖLKERUNG.
JA, SIR.

WIR GEHEN IMMER ZU ZWEIT REIN. BEHALTET EUREN PARTNER IM AUGE. SCARLET WITCH UND VISION.
JACK OF HEARTS UND ANT-MAN.
SHE-HULK KOMMT MIT MIR.

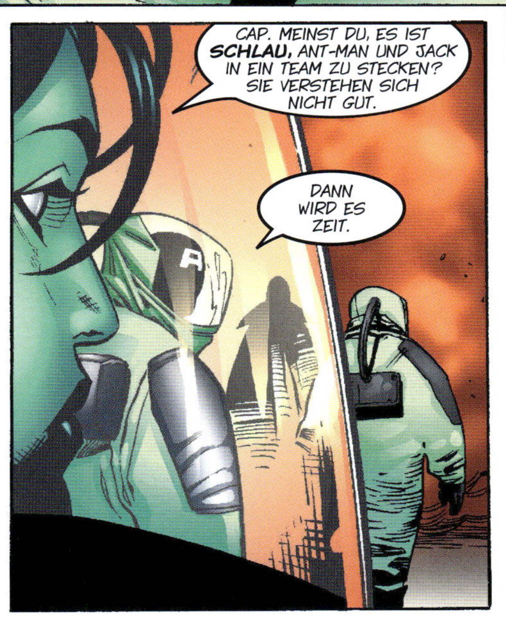

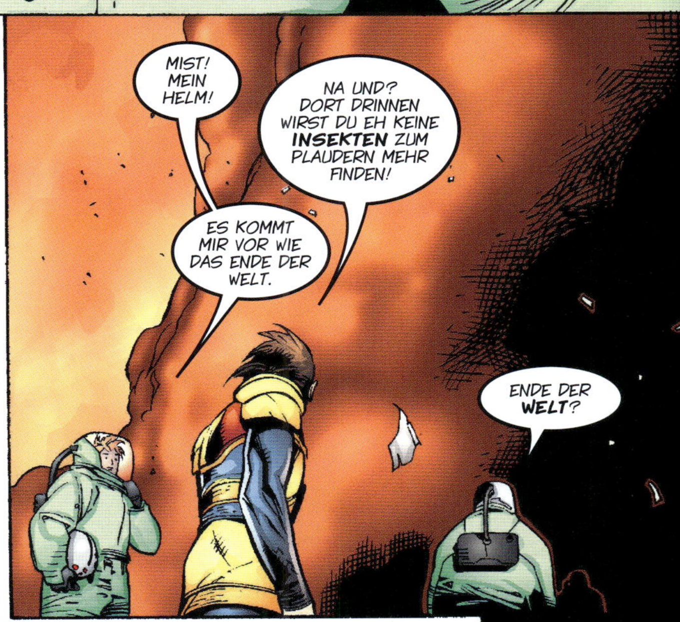

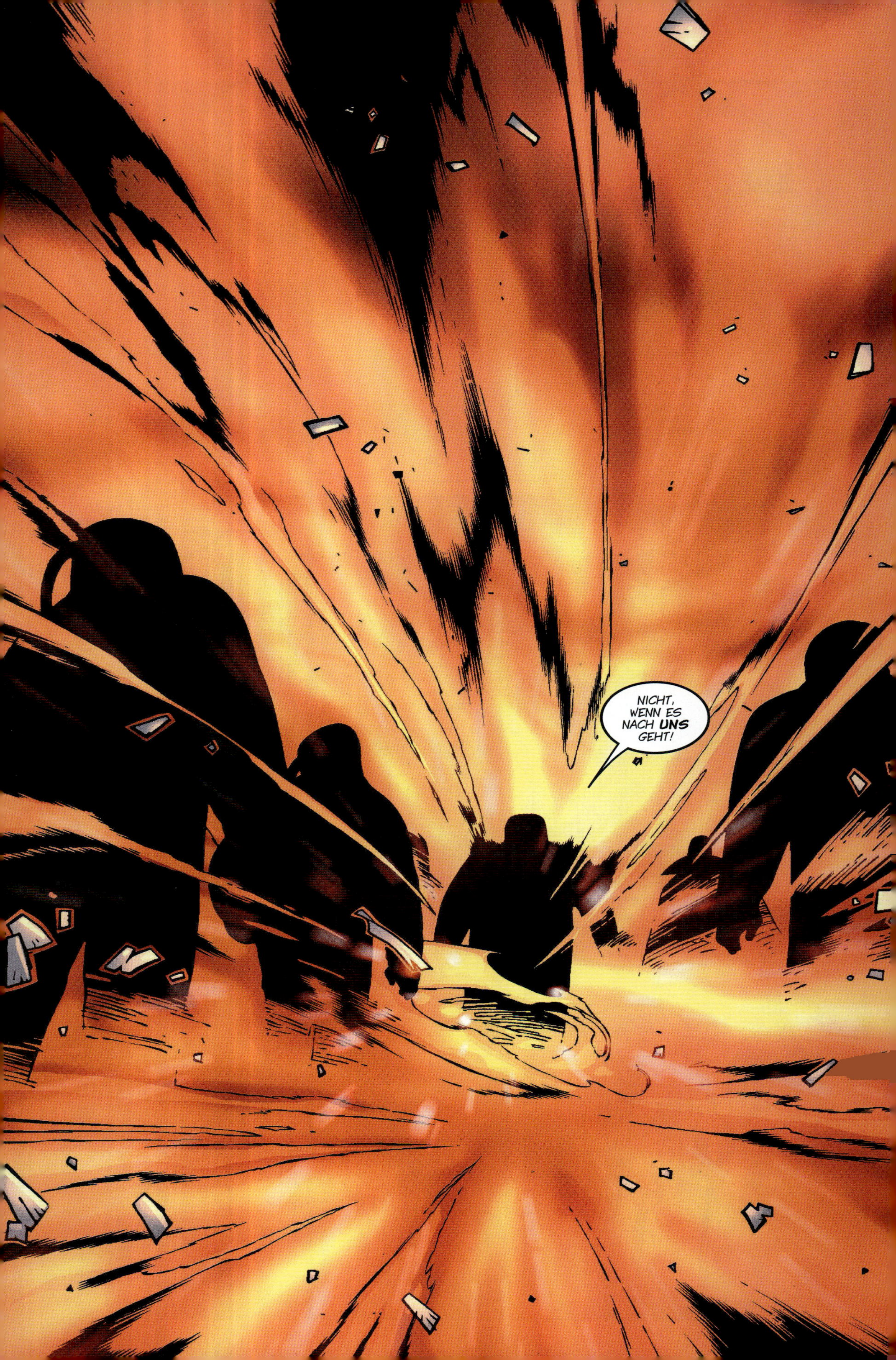
NICHT, WENN ES NACH **UNS** GEHT!

ROTE ZONE, TEIL 2: INFEKTIONEN

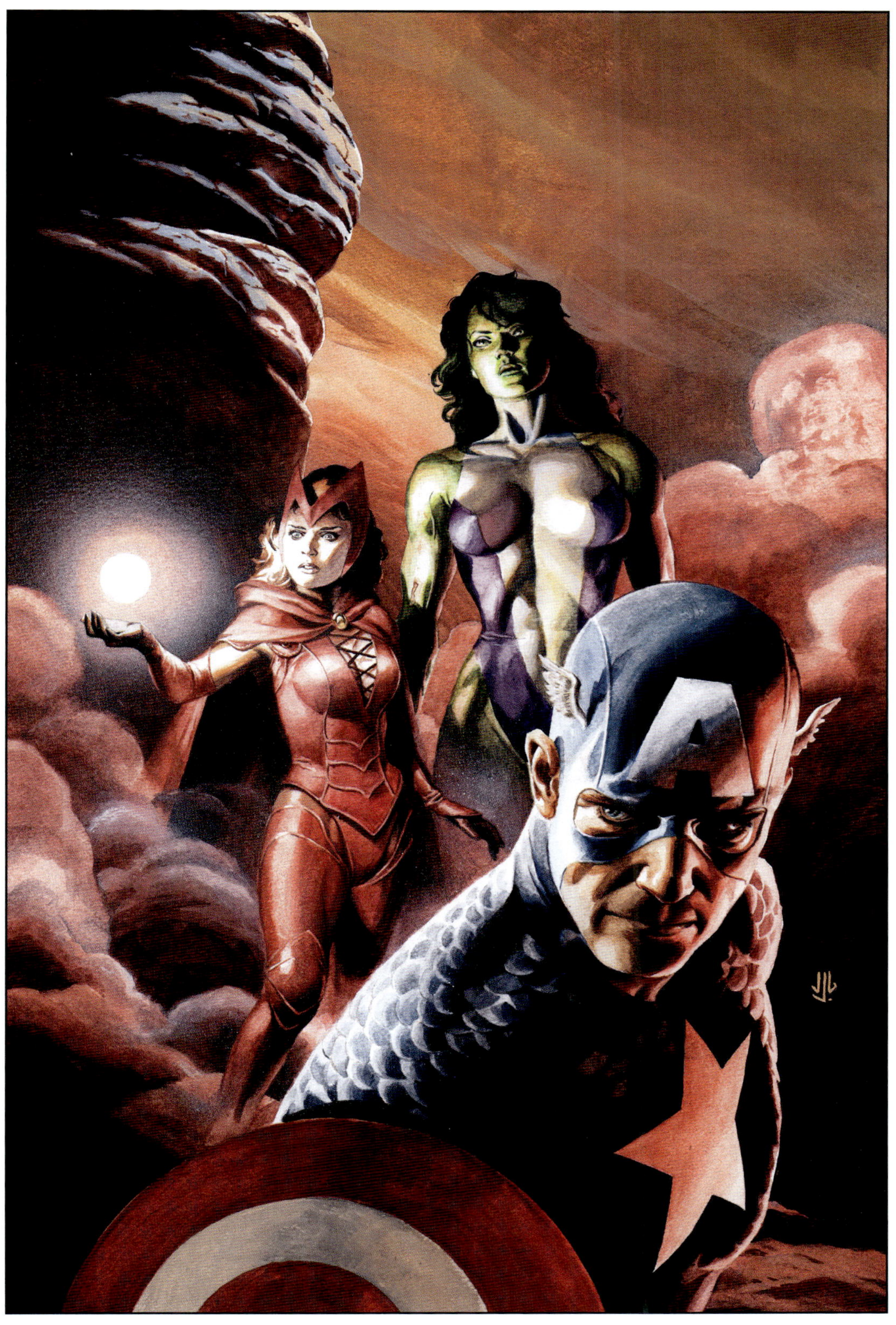

Avengers (1998) 66
Cover von **J. G. JONES**

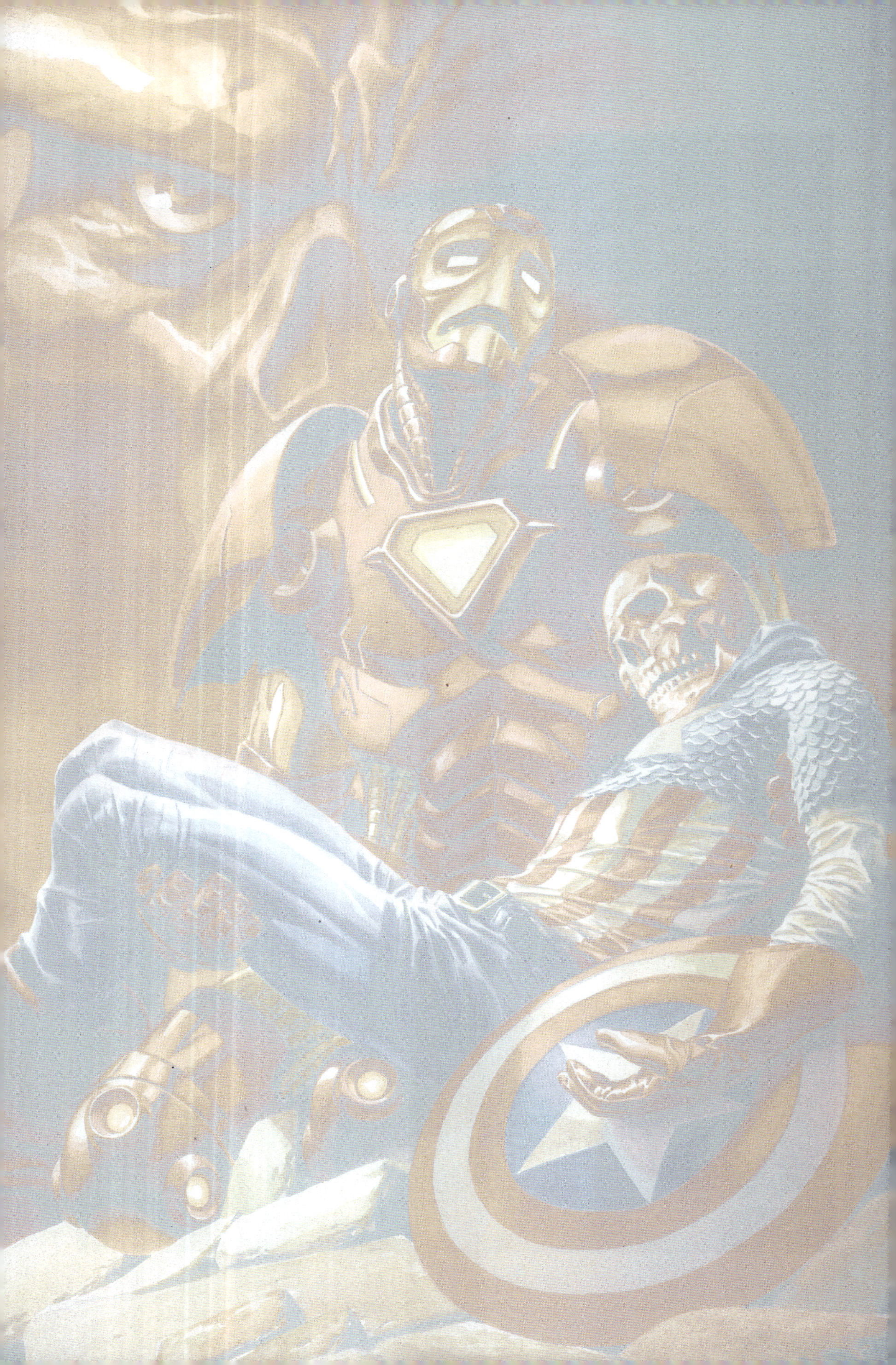

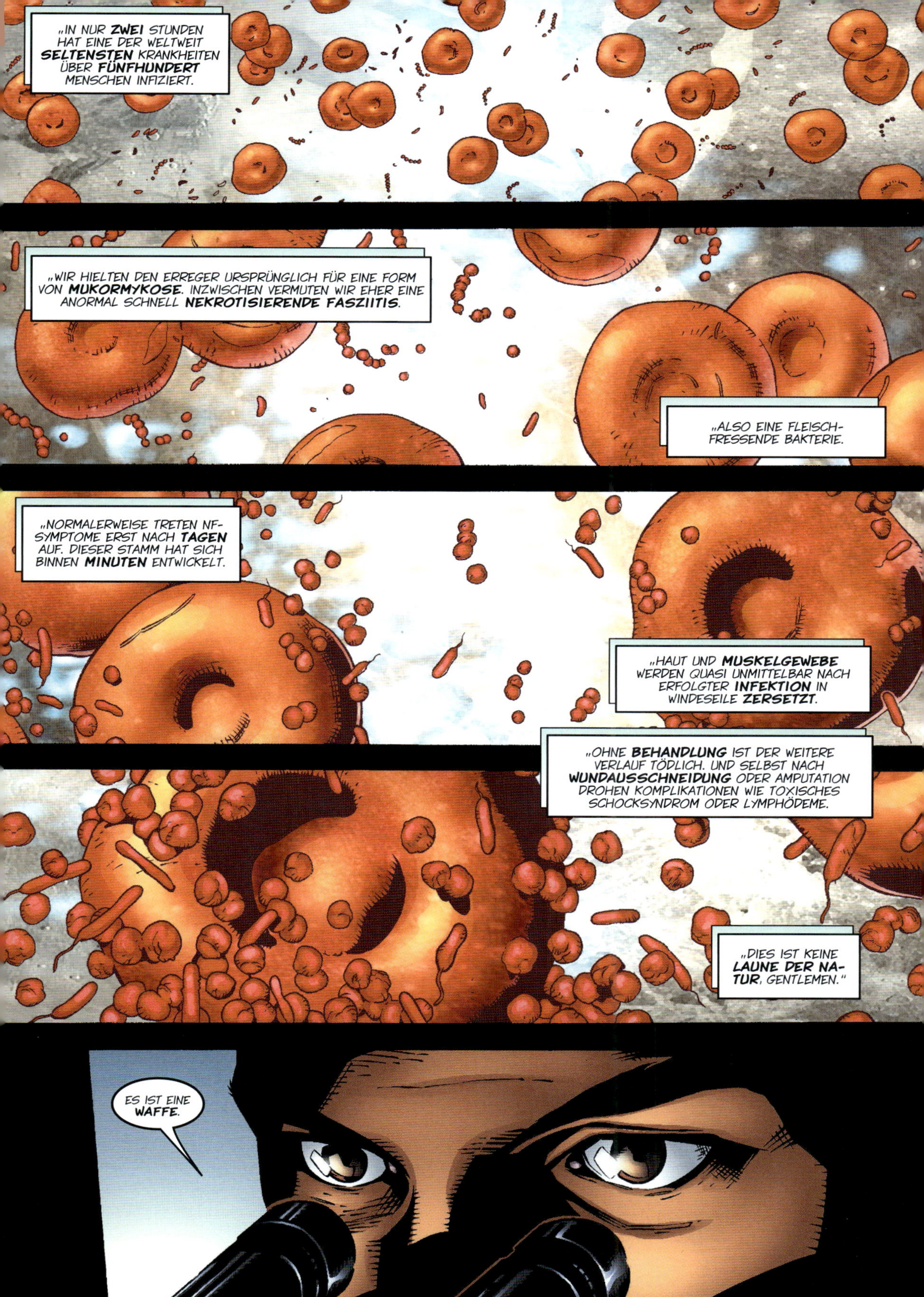
„IN NUR ZWEI STUNDEN HAT EINE DER WELTWEIT SELTENSTEN KRANKHEITEN ÜBER FÜNFHUNDERT MENSCHEN INFIZIERT.
„WIR HIELTEN DEN ERREGER URSPRÜNGLICH FÜR EINE FORM VON MUKORMYKOSE. INZWISCHEN VERMUTEN WIR EHER EINE ANORMAL SCHNELL NEKROTISIERENDE FASZIITIS.
„ALSO EINE FLEISCH-FRESSENDE BAKTERIE.
„NORMALERWEISE TRETEN NF-SYMPTOME ERST NACH TAGEN AUF. DIESER STAMM HAT SICH BINNEN MINUTEN ENTWICKELT.
„HAUT UND MUSKELGEWEBE WERDEN QUASI UNMITTELBAR NACH ERFOLGTER INFEKTION IN WINDESEILE ZERSETZT.
„OHNE BEHANDLUNG IST DER WEITERE VERLAUF TÖDLICH. UND SELBST NACH WUNDAUSSCHNEIDUNG ODER AMPUTATION DROHEN KOMPLIKATIONEN WIE TOXISCHES SCHOCKSYNDROM ODER LYMPHÖDEME.
„DIES IST KEINE LAUNE DER NATUR, GENTLEMEN."
ES IST EINE WAFFE.

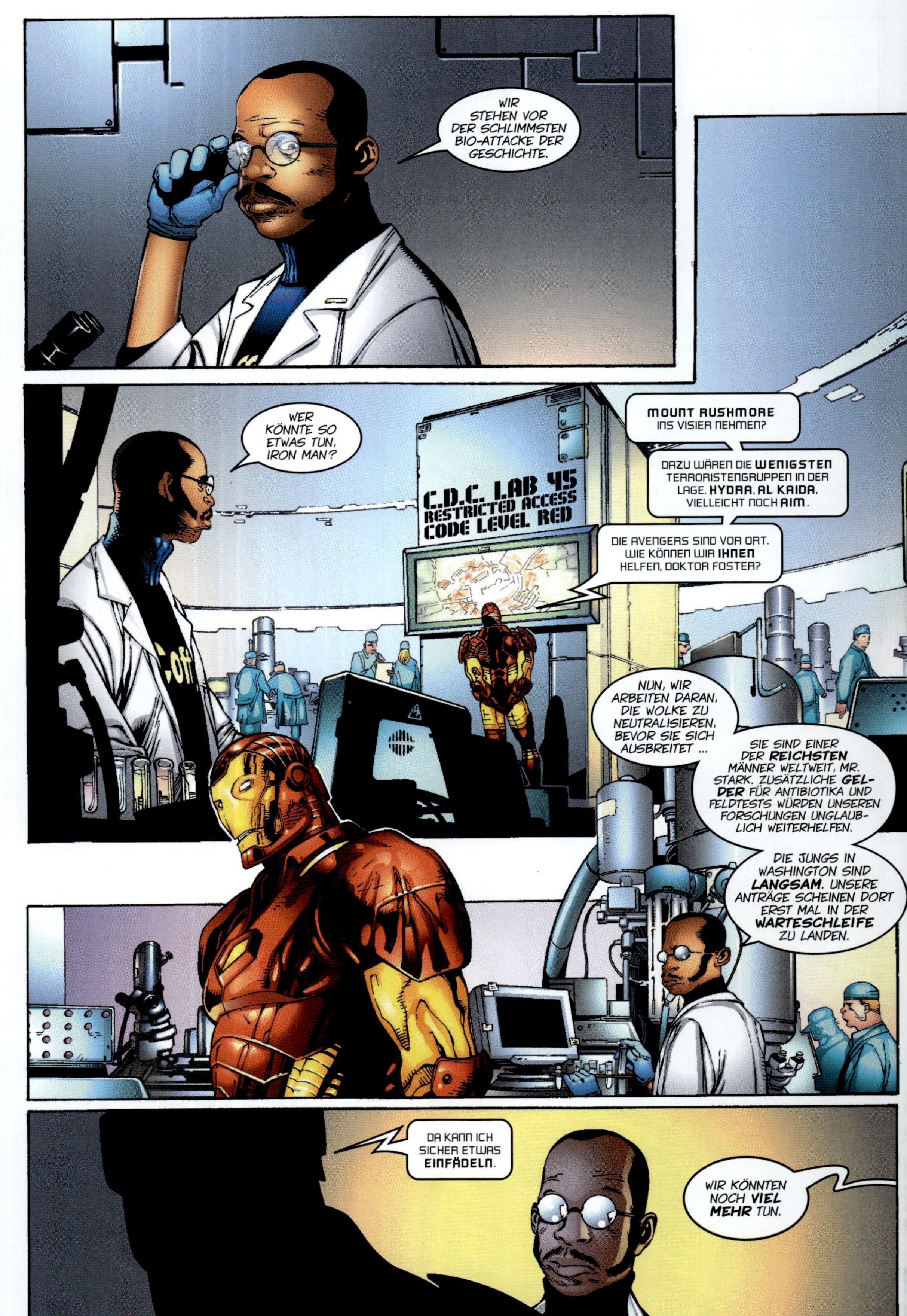
WIR STEHEN VOR DER SCHLIMMSTEN BIO-ATTACKE DER GESCHICHTE.
WER KÖNNTE SO ETWAS TUN, IRON MAN?
MOUNT RUSHMORE INS VISIER NEHMEN?
DAZU WÄREN DIE WENIGSTEN TERRORISTENGRUPPEN IN DER LAGE. HYDRA, AL KAIDA, VIELLEICHT NOCH AIM.
C.D.C. LAB 45 RESTRICTED ACCESS CODE LEVEL RED
DIE AVENGERS SIND VOR ORT. WIE KÖNNEN WIR IHNEN HELFEN, DOKTOR FOSTER?
NUN, WIR ARBEITEN DARAN, DIE WOLKE ZU NEUTRALISIEREN, BEVOR SIE SICH AUSBREITET ...
SIE SIND EINER DER REICHSTEN MÄNNER WELTWEIT, MR. STARK. ZUSÄTZLICHE GELDER FÜR ANTIBIOTIKA UND FELDTESTS WÜRDEN UNSEREN FORSCHUNGEN UNGLAUBLICH WEITERHELFEN.
DIE JUNGS IN WASHINGTON SIND LANGSAM. UNSERE ANTRÄGE SCHEINEN DORT ERST MAL IN DER WARTESCHLEIFE ZU LANDEN.
DA KANN ICH SICHER ETWAS EINFÄDELN.
WIR KÖNNTEN NOCH VIEL MEHR TUN.

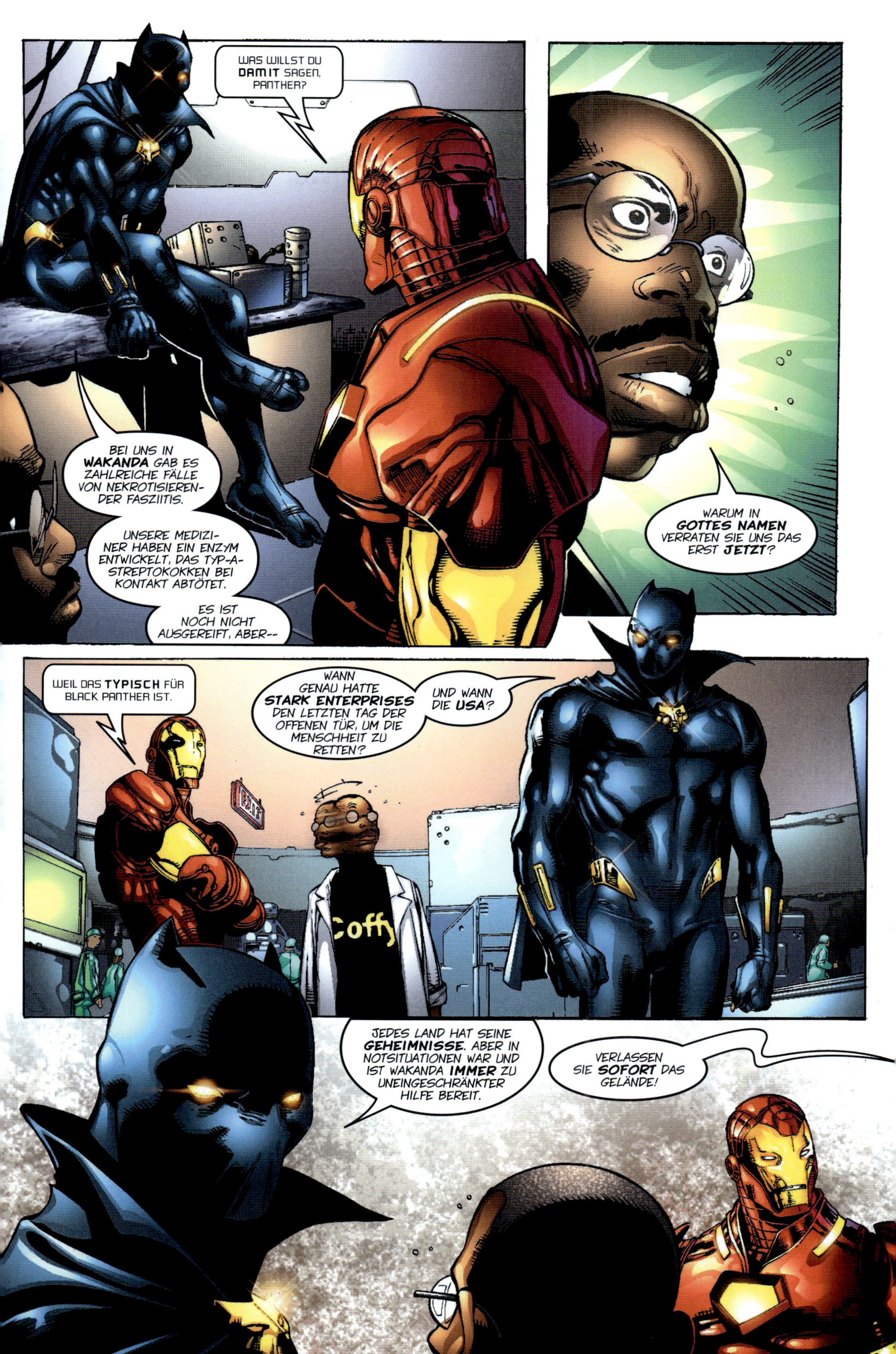
WAS WILLST DU **DAMIT** SAGEN, PANTHER?
BEI UNS IN **WAKANDA** GAB ES ZAHLREICHE FÄLLE VON NEKROTISIEREN-DER FASZIITIS.
UNSERE MEDIZI-NER HABEN EIN ENZYM ENTWICKELT, DAS TYP-A-STREPTOKOKKEN BEI KONTAKT ABTÖTET.
ES IST NOCH NICHT AUSGEREIFT, ABER--
WARUM IN **GOTTES NAMEN** VERRATEN SIE UNS DAS ERST **JETZT**?
WEIL DAS **TYPISCH** FÜR BLACK PANTHER IST.
WANN GENAU HATTE **STARK ENTERPRISES** DEN LETZTEN TAG DER OFFENEN TÜR, UM DIE MENSCHHEIT ZU RETTEN?
UND WANN DIE **USA**?
EXIT
Coffy
JEDES LAND HAT SEINE **GEHEIMNISSE**. ABER IN NOTSITUATIONEN WAR UND IST WAKANDA **IMMER** ZU UNEINGESCHRÄNKTER HILFE BEREIT.
VERLASSEN SIE **SOFORT** DAS GELÄNDE!

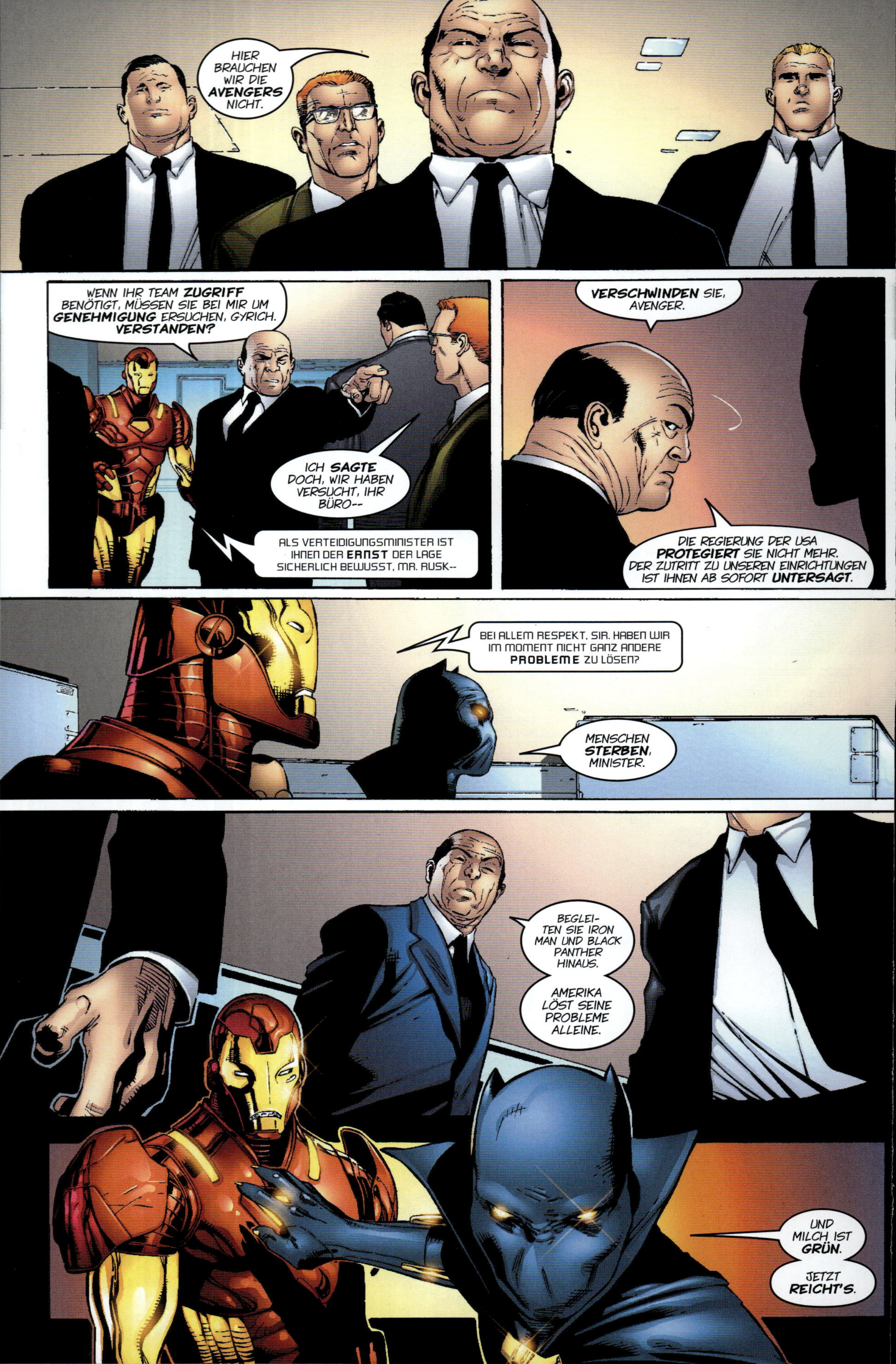

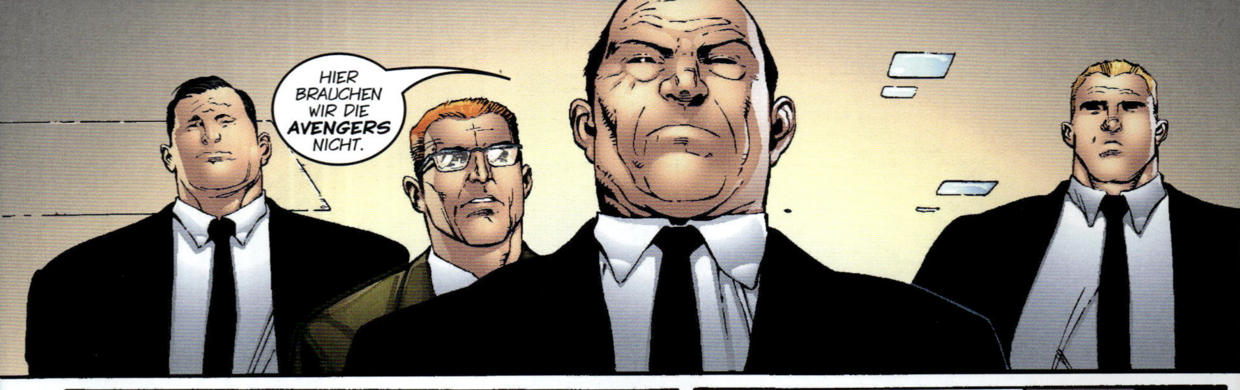
HIER BRAUCHEN WIR DIE **AVENGERS** NICHT.

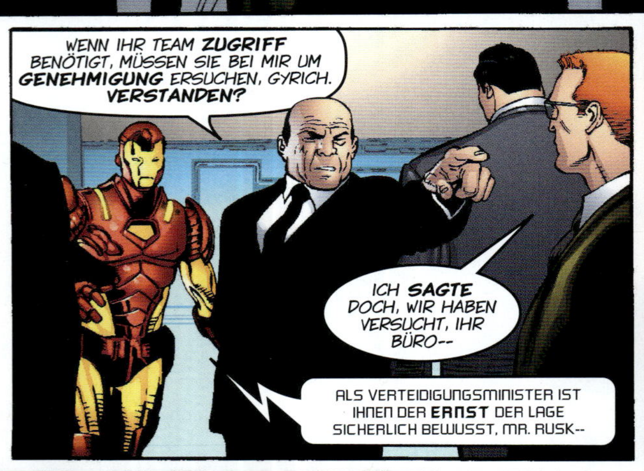
WENN IHR TEAM **ZUGRIFF** BENÖTIGT, MÜSSEN SIE BEI MIR UM **GENEHMIGUNG** ERSUCHEN, GYRICH. **VERSTANDEN?**
ICH **SAGTE** DOCH, WIR HABEN VERSUCHT, IHR BÜRO--
ALS VERTEIDIGUNGSMINISTER IST IHNEN DER **ERNST** DER LAGE SICHERLICH BEWUSST, MR. RUSK--

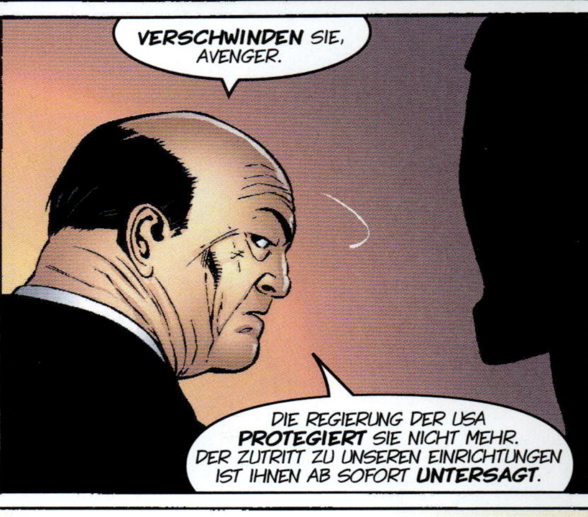
VERSCHWINDEN SIE, AVENGER.
DIE REGIERUNG DER USA **PROTEGIERT** SIE NICHT MEHR. DER ZUTRITT ZU UNSEREN EINRICHTUNGEN IST IHNEN AB SOFORT **UNTERSAGT**.

BEI ALLEM RESPEKT, SIR. HABEN WIR IM MOMENT NICHT GANZ ANDERE **PROBLEME** ZU LÖSEN?
MENSCHEN **STERBEN**, MINISTER.
BEGLEITEN SIE IRON MAN UND BLACK PANTHER HINAUS.
AMERIKA LÖST SEINE PROBLEME ALLEINE.
UND MILCH IST **GRÜN**.
JETZT **REICHT'S**.

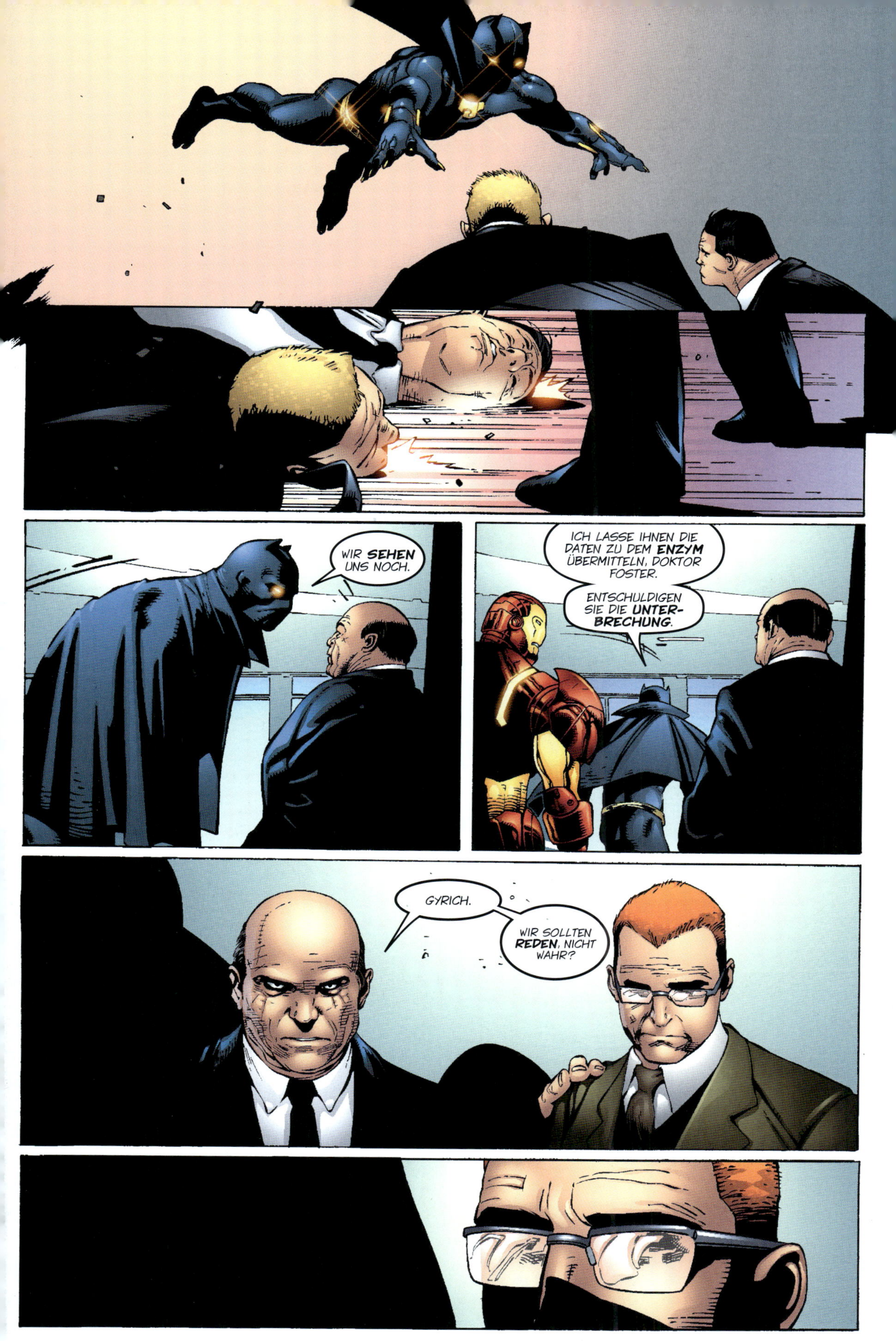

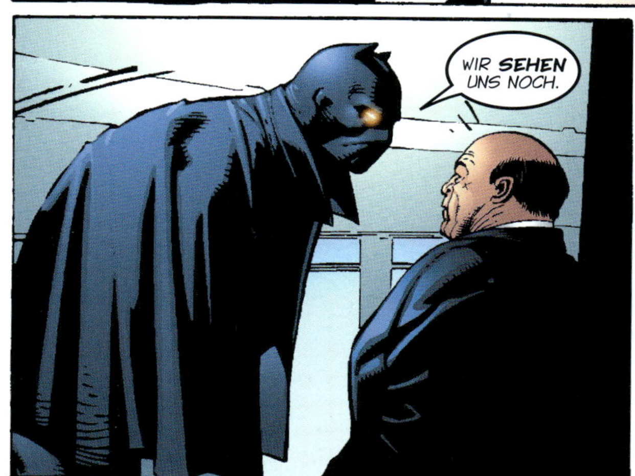
WIR SEHEN UNS NOCH.

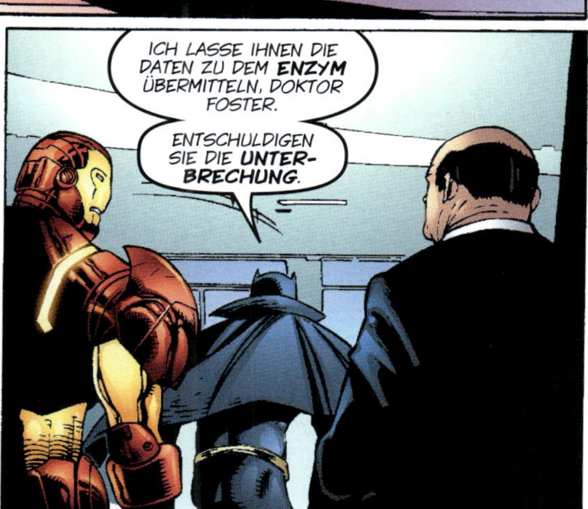
ICH LASSE IHNEN DIE DATEN ZU DEM ENZYM ÜBERMITTELN, DOKTOR FOSTER.
ENTSCHULDIGEN SIE DIE UNTER-BRECHUNG.

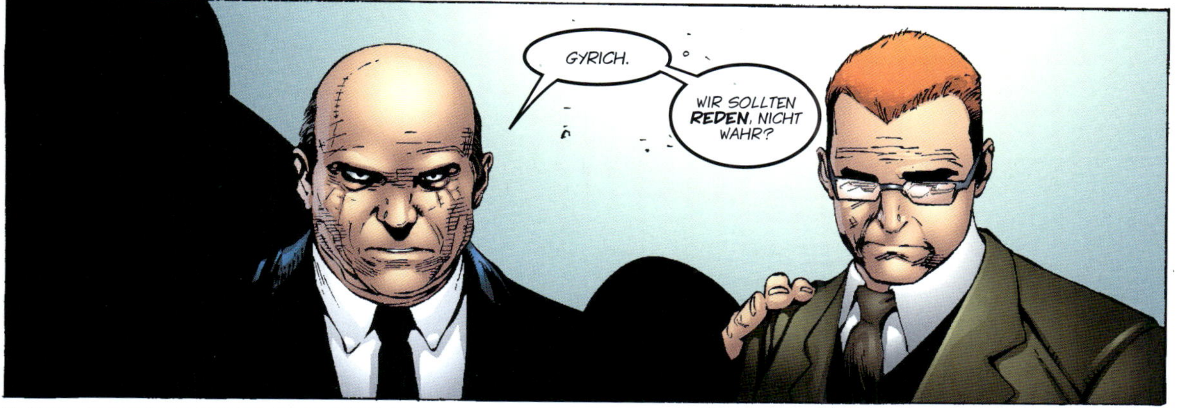
GYRICH.
WIR SOLLTEN REDEN, NICHT WAHR?

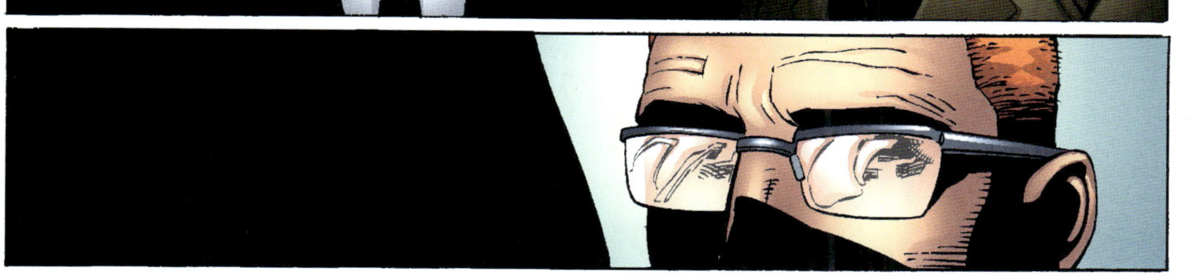

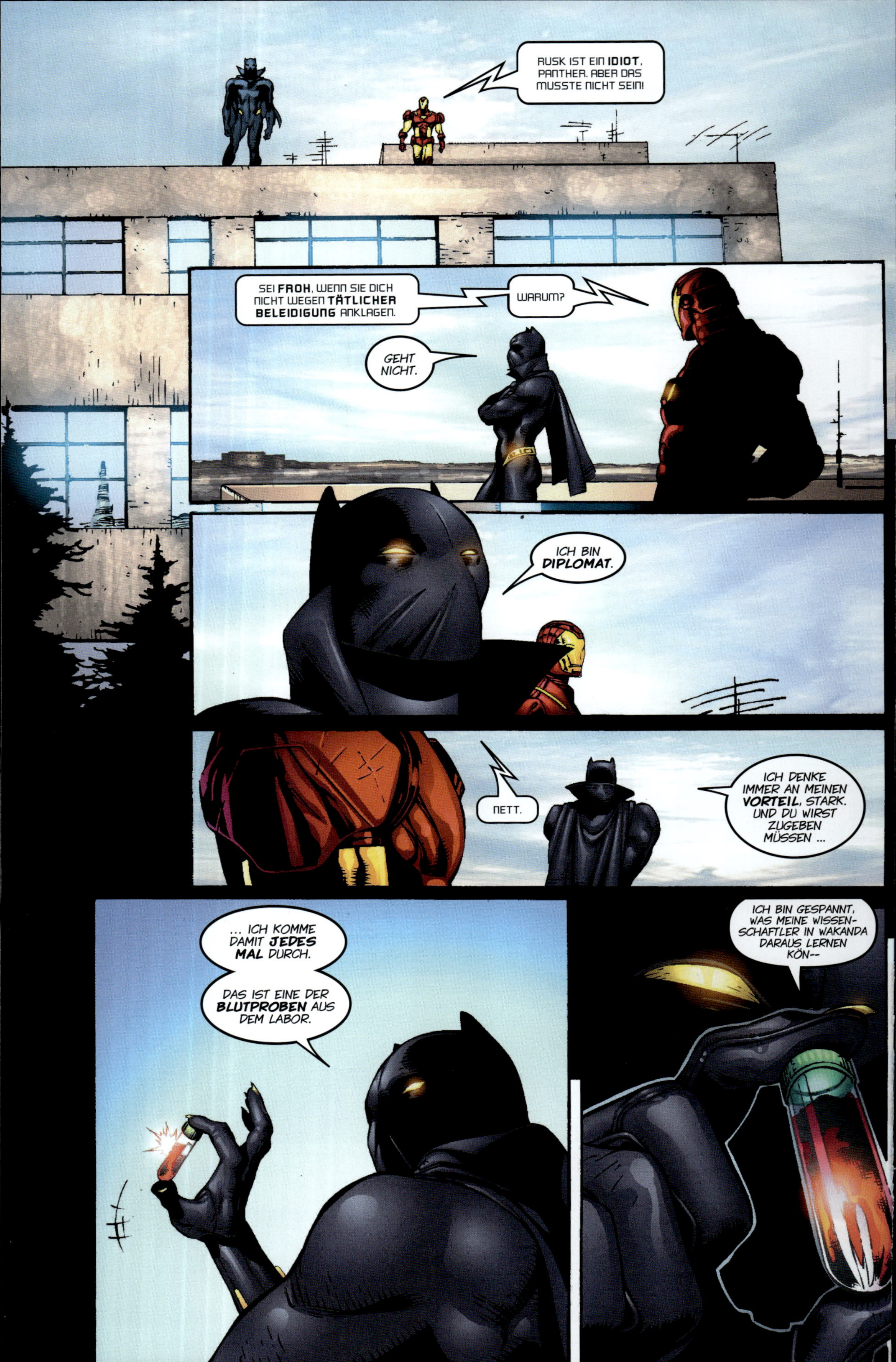
RUSK IST EIN **IDIOT**, PANTHER. ABER DAS MUSSTE NICHT SEIN!
SEI **FROH**, WENN SIE DICH NICHT WEGEN **TÄTLICHER BELEIDIGUNG** ANKLAGEN.
WARUM?
GEHT NICHT.
ICH BIN **DIPLOMAT**.
NETT.
ICH DENKE IMMER AN MEINEN **VORTEIL**, STARK. UND DU WIRST ZUGEBEN MÜSSEN ...
... ICH KOMME DAMIT **JEDES MAL** DURCH.
DAS IST EINE DER **BLUTPROBEN** AUS DEM LABOR.
ICH BIN GESPANNT, WAS MEINE WISSEN-SCHAFTLER IN WAKANDA DARAUS LERNEN KÖN--

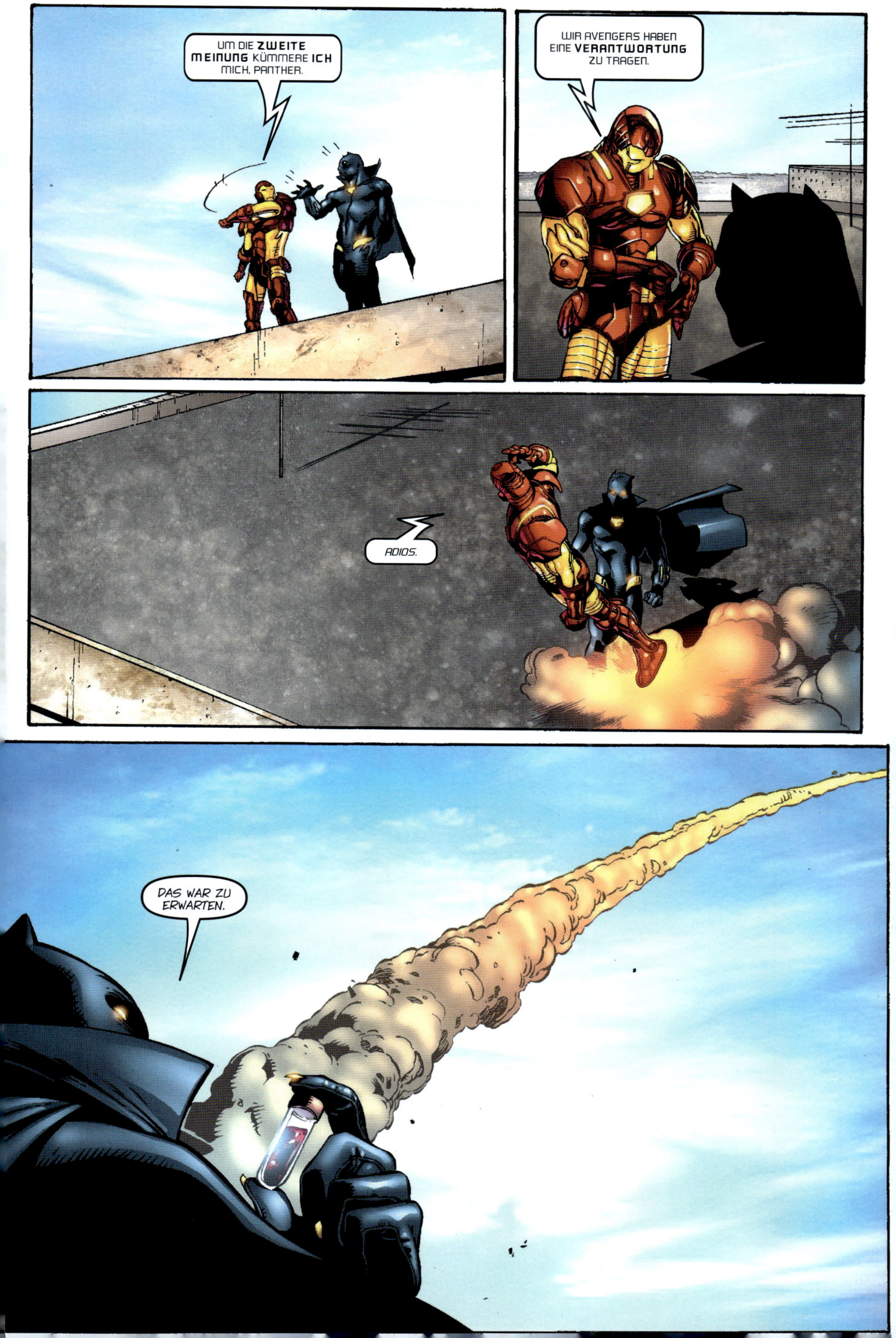

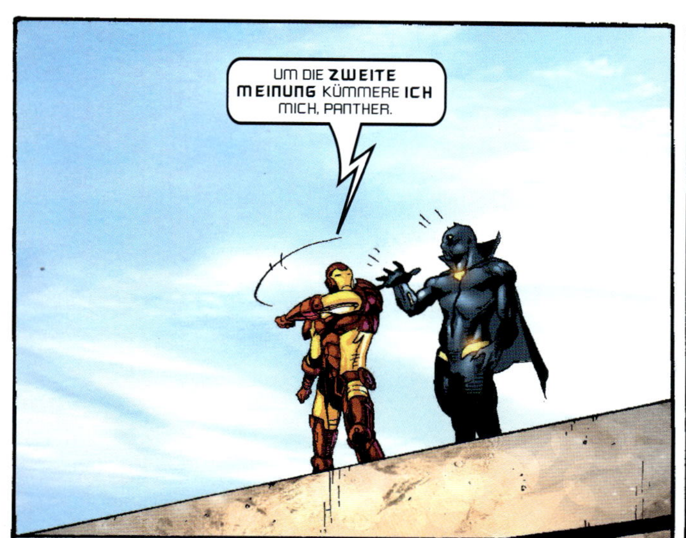

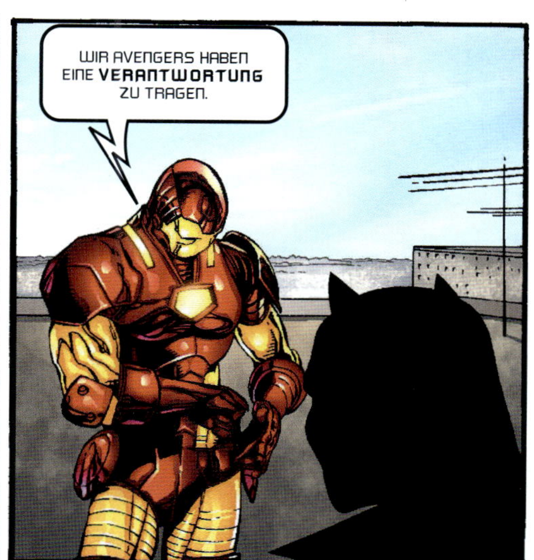

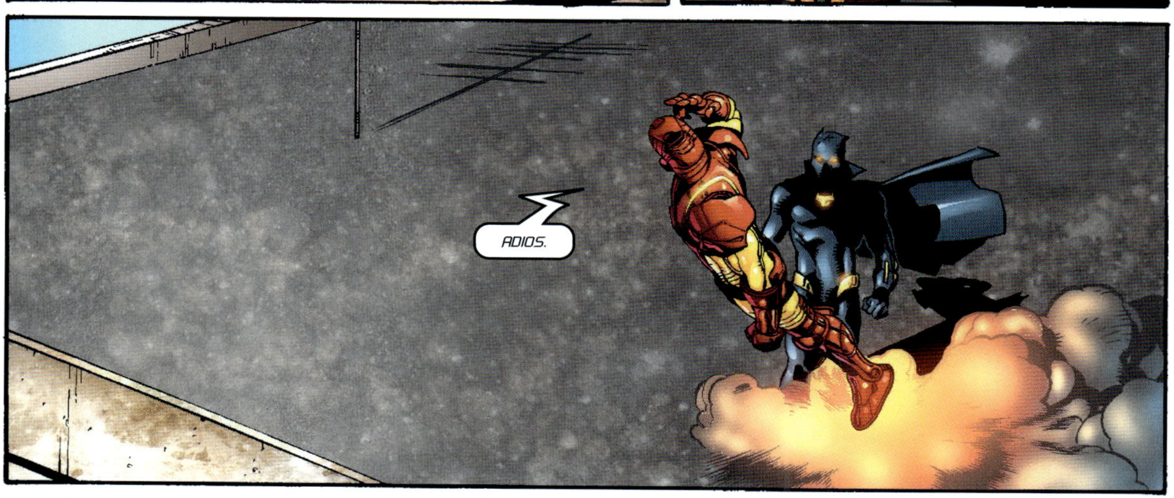

DAS WAR ZU ERWARTEN.

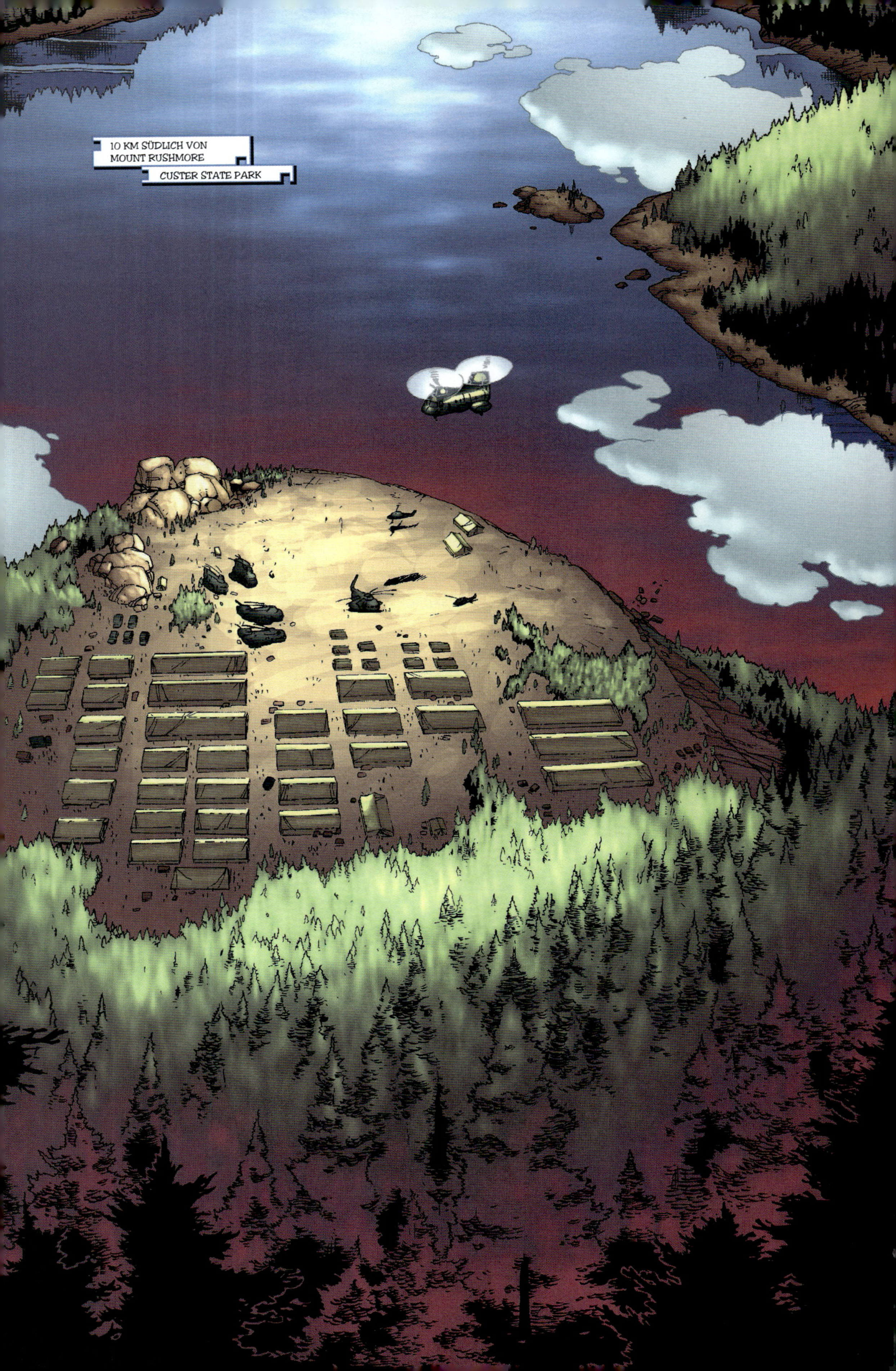
10 KM SÜDLICH VON
MOUNT RUSHMORE
CUSTER STATE PARK

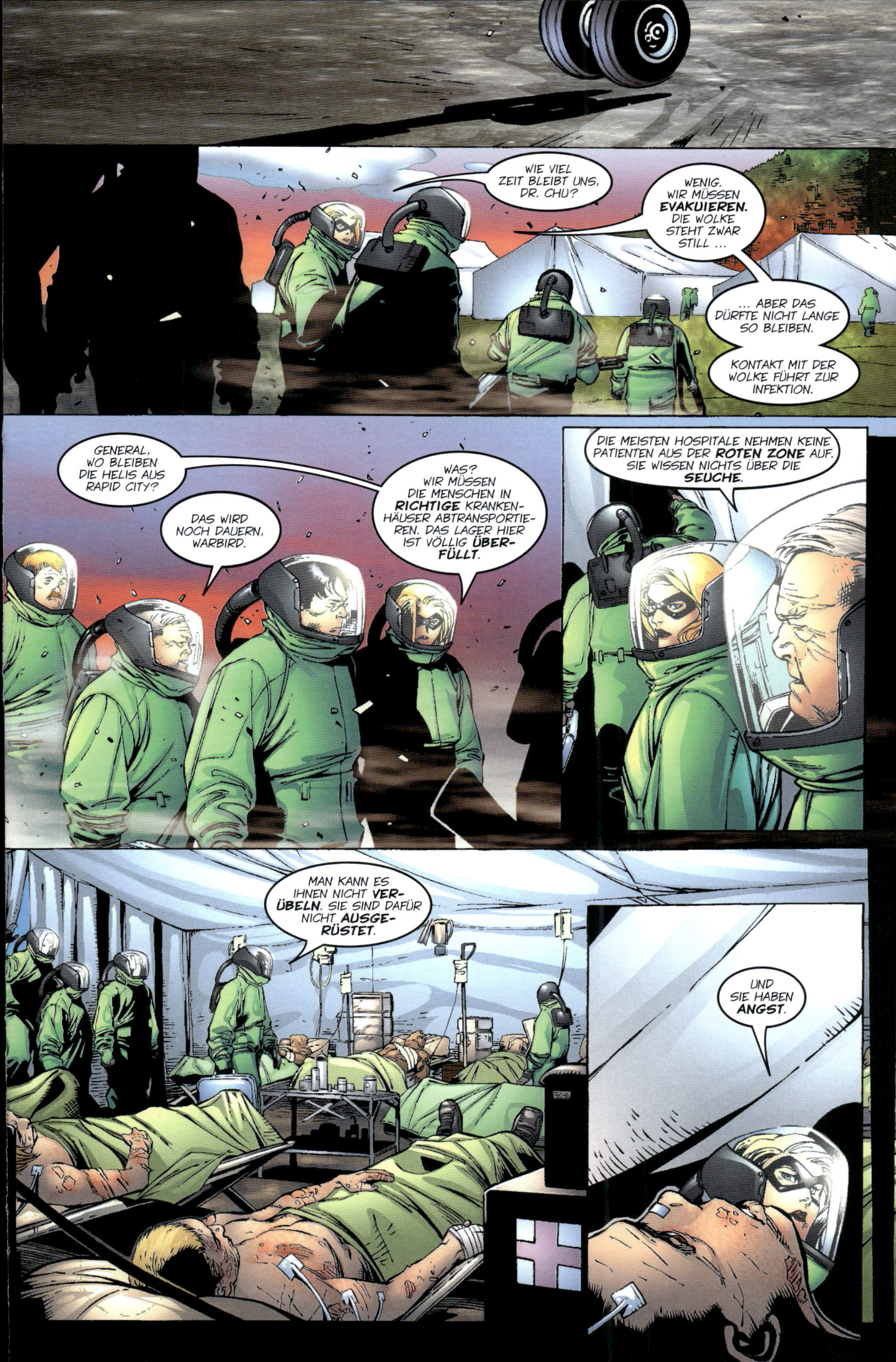

WIE VIEL ZEIT BLEIBT UNS, DR. CHU?
WENIG. WIR MÜSSEN **EVAKUIEREN.** DIE WOLKE STEHT ZWAR STILL ...
... ABER DAS DÜRFTE NICHT LANGE SO BLEIBEN.
KONTAKT MIT DER WOLKE FÜHRT ZUR INFEKTION.
GENERAL, WO BLEIBEN DIE HELIS AUS RAPID CITY?
DAS WIRD NOCH DAUERN, WARBIRD.
WAS? WIR MÜSSEN DIE MENSCHEN IN **RICHTIGE** KRANKENHÄUSER ABTRANSPORTIEREN. DAS LAGER HIER IST VÖLLIG **ÜBERFÜLLT**.
DIE MEISTEN HOSPITALE NEHMEN KEINE PATIENTEN AUS DER **ROTEN ZONE** AUF. SIE WISSEN NICHTS ÜBER DIE **SEUCHE**.
MAN KANN ES IHNEN NICHT **VERÜBELN**. SIE SIND DAFÜR NICHT **AUSGERÜSTET**.
UND SIE HABEN **ANGST**.

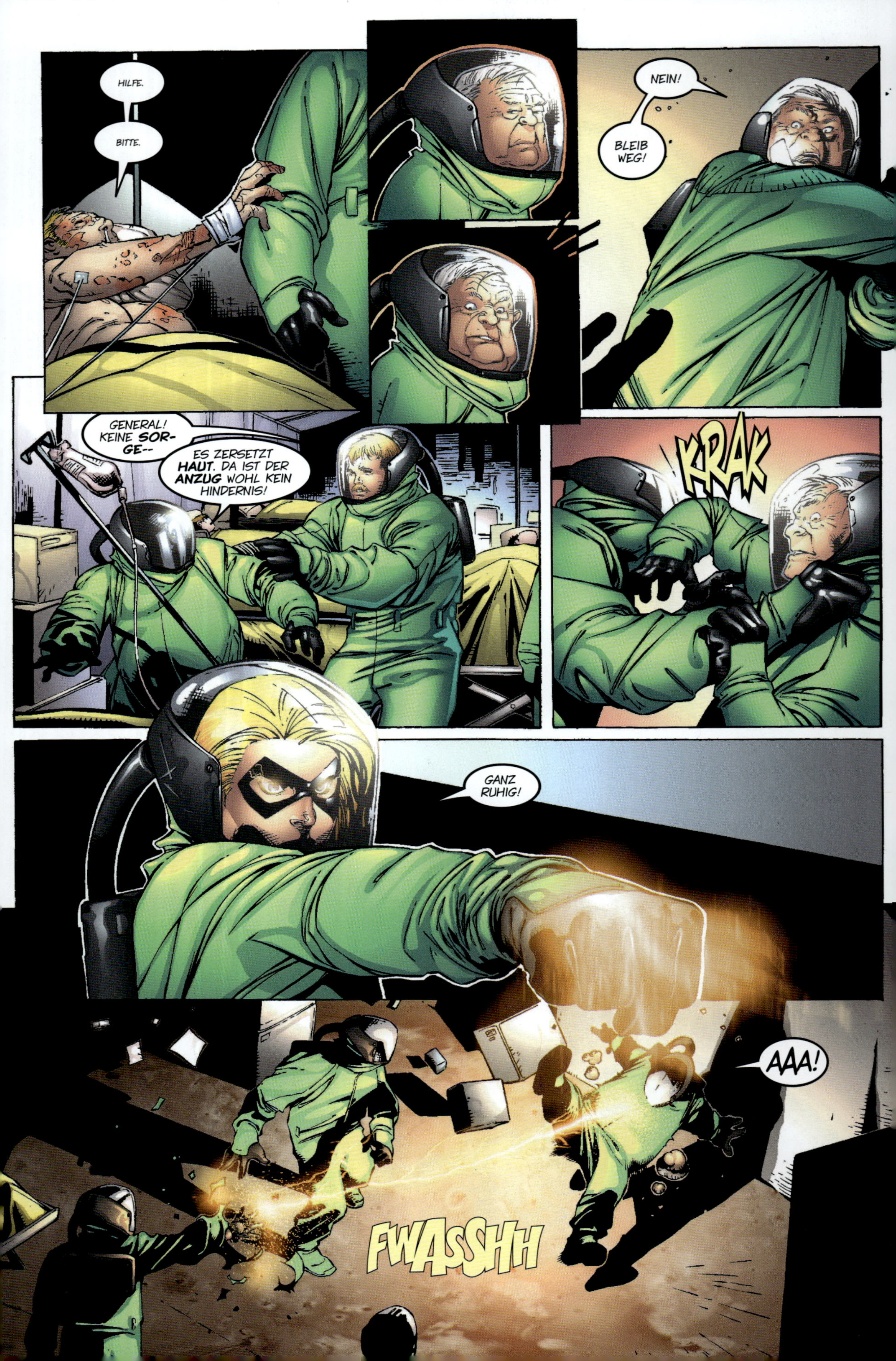
HILFE.
BITTE.
NEIN!
BLEIB WEG!
GENERAL! KEINE SORGE--
ES ZERSETZT HAUT. DA IST DER ANZUG WOHL KEIN HINDERNIS!
KRAK
GANZ RUHIG!
AAA!
FWASSHH

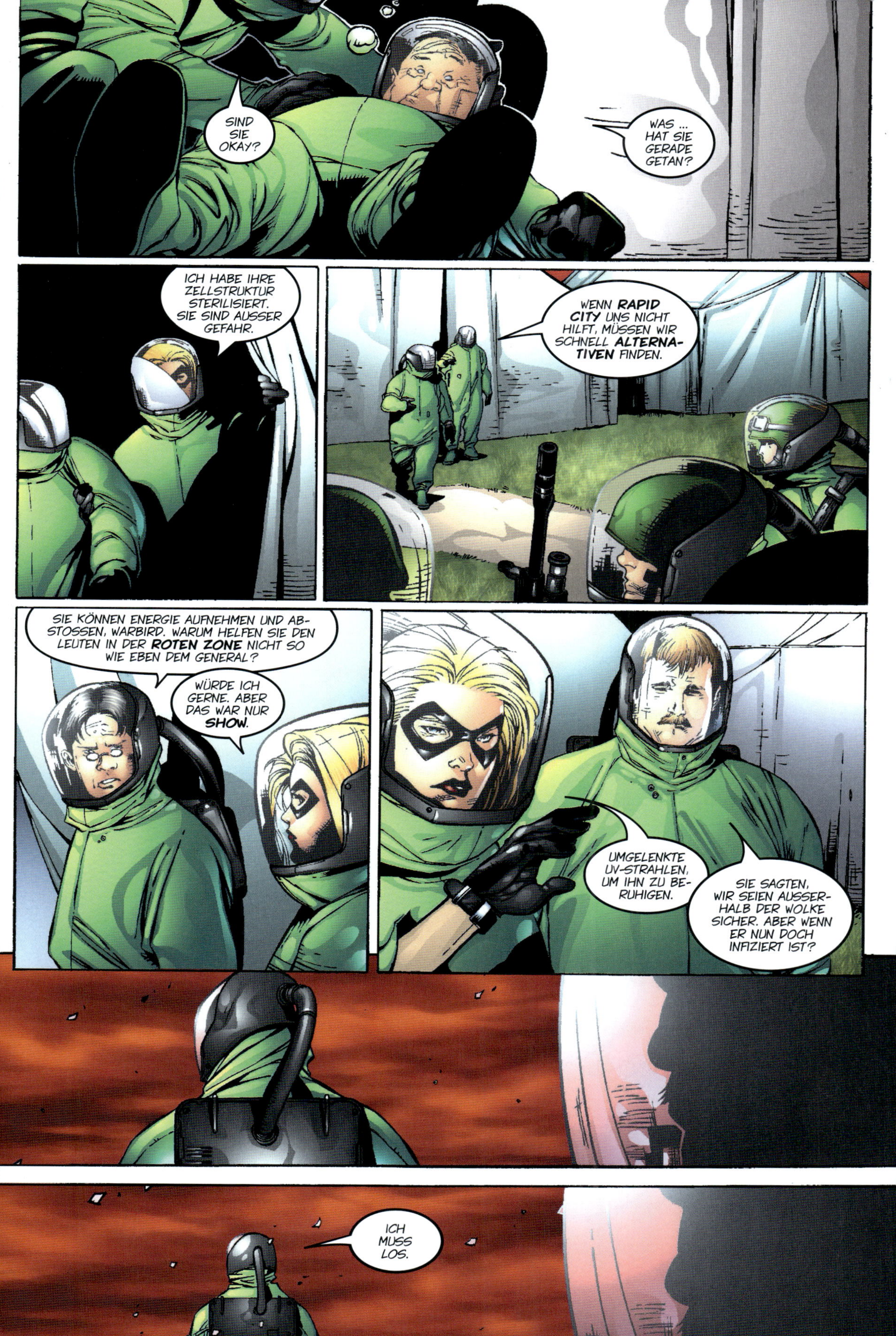

SIND SIE OKAY?
WAS ... HAT SIE GERADE GETAN?
ICH HABE IHRE ZELLSTRUKTUR STERILISIERT. SIE SIND AUSSER GEFAHR.
WENN RAPID CITY UNS NICHT HILFT, MÜSSEN WIR SCHNELL ALTERNATIVEN FINDEN.
SIE KÖNNEN ENERGIE AUFNEHMEN UND ABSTOSSEN, WARBIRD. WARUM HELFEN SIE DEN LEUTEN IN DER ROTEN ZONE NICHT SO WIE EBEN DEM GENERAL?
WÜRDE ICH GERNE. ABER DAS WAR NUR SHOW.
UMGELENKTE UV-STRAHLEN, UM IHN ZU BERUHIGEN.
SIE SAGTEN, WIR SEIEN AUSSERHALB DER WOLKE SICHER. ABER WENN ER NUN DOCH INFIZIERT IST?
ICH MUSS LOS.

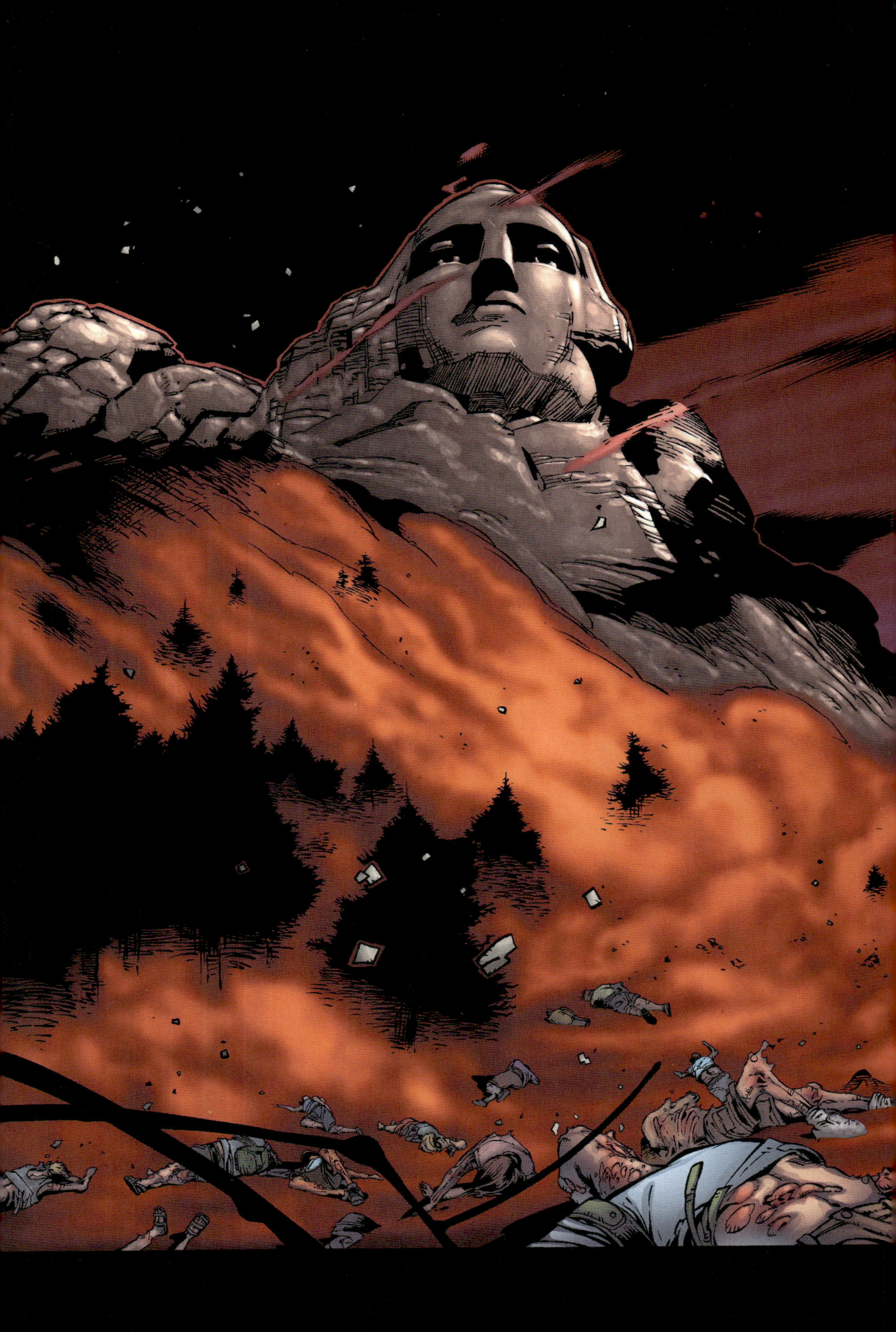

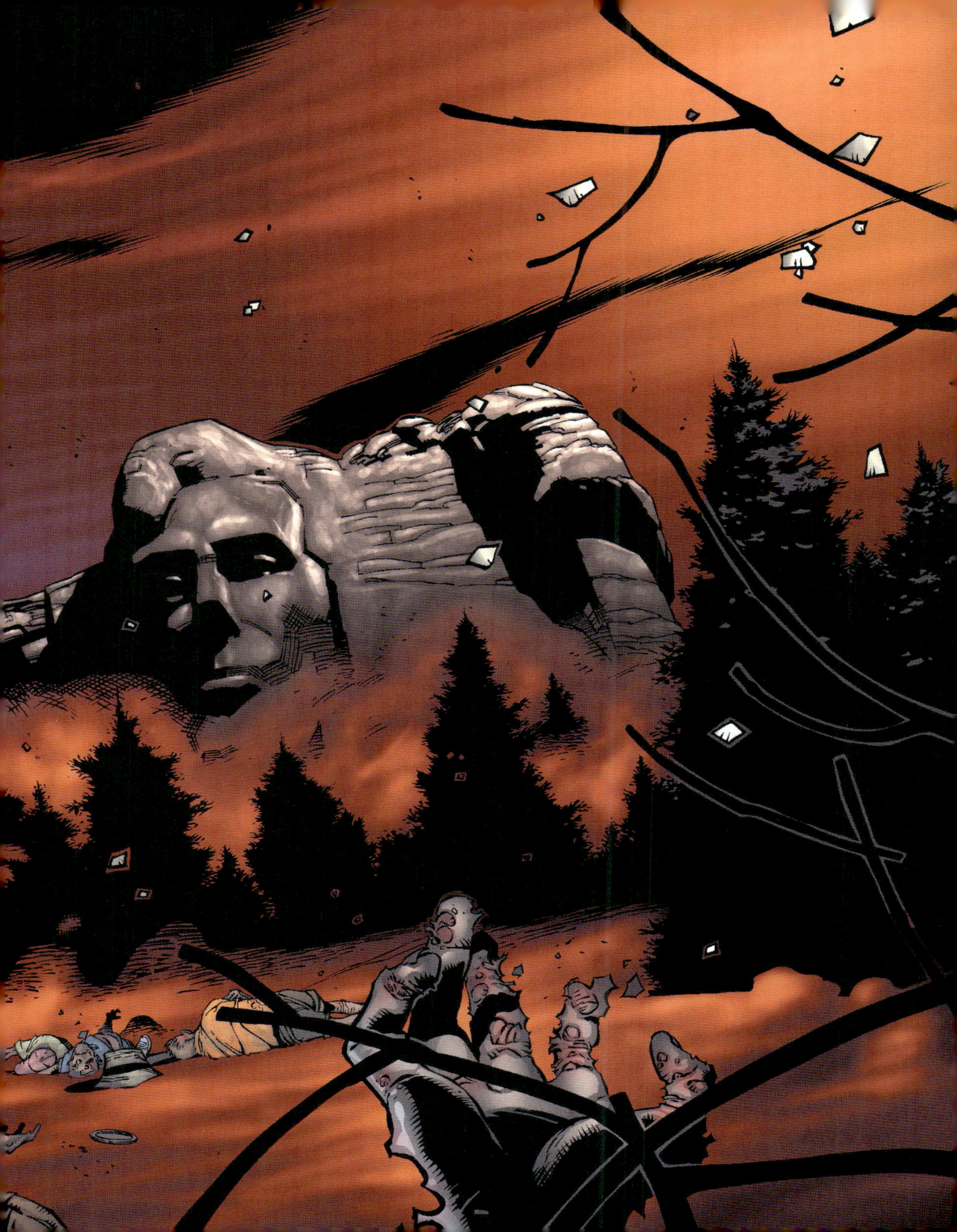

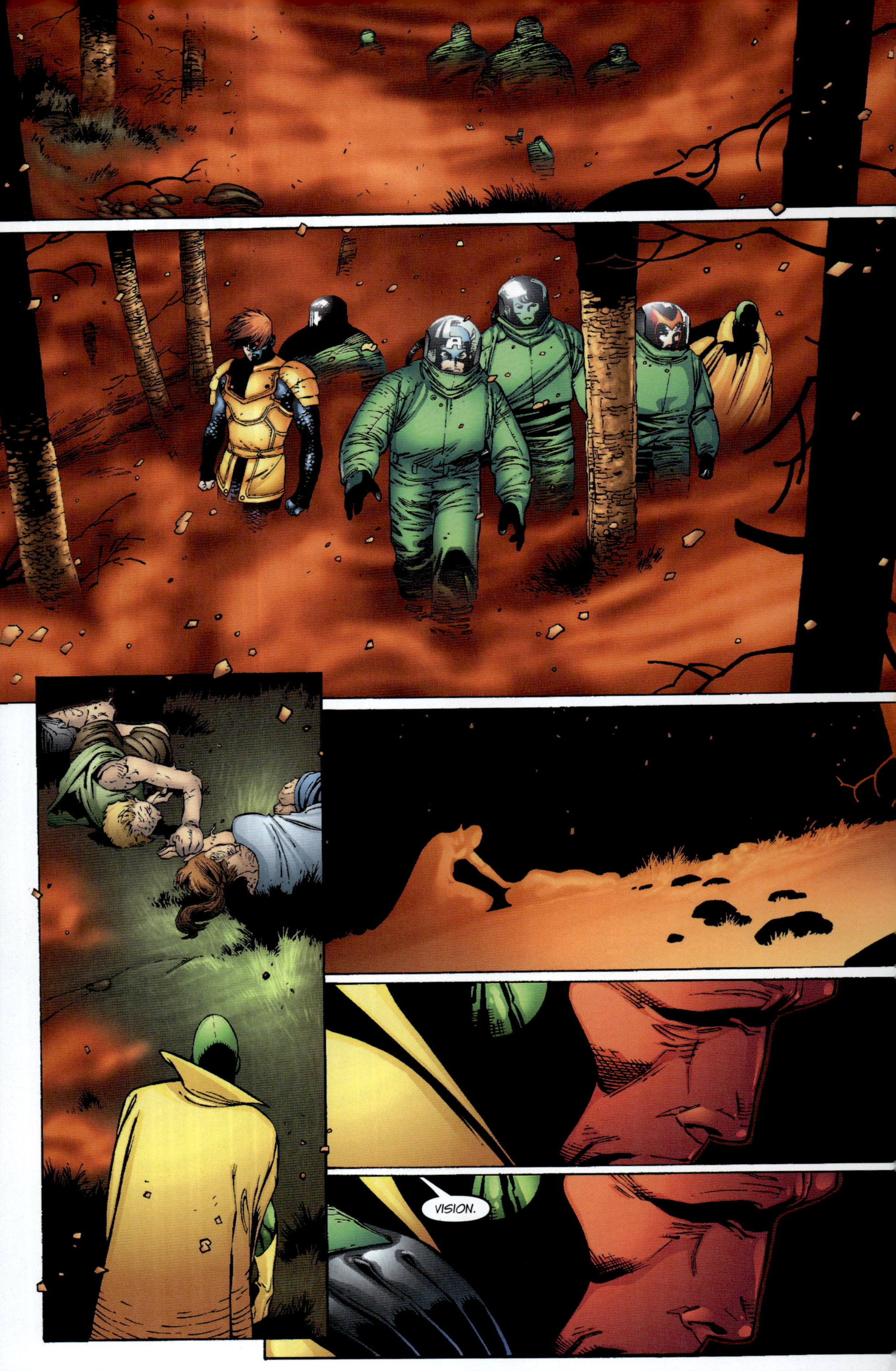
VISION.

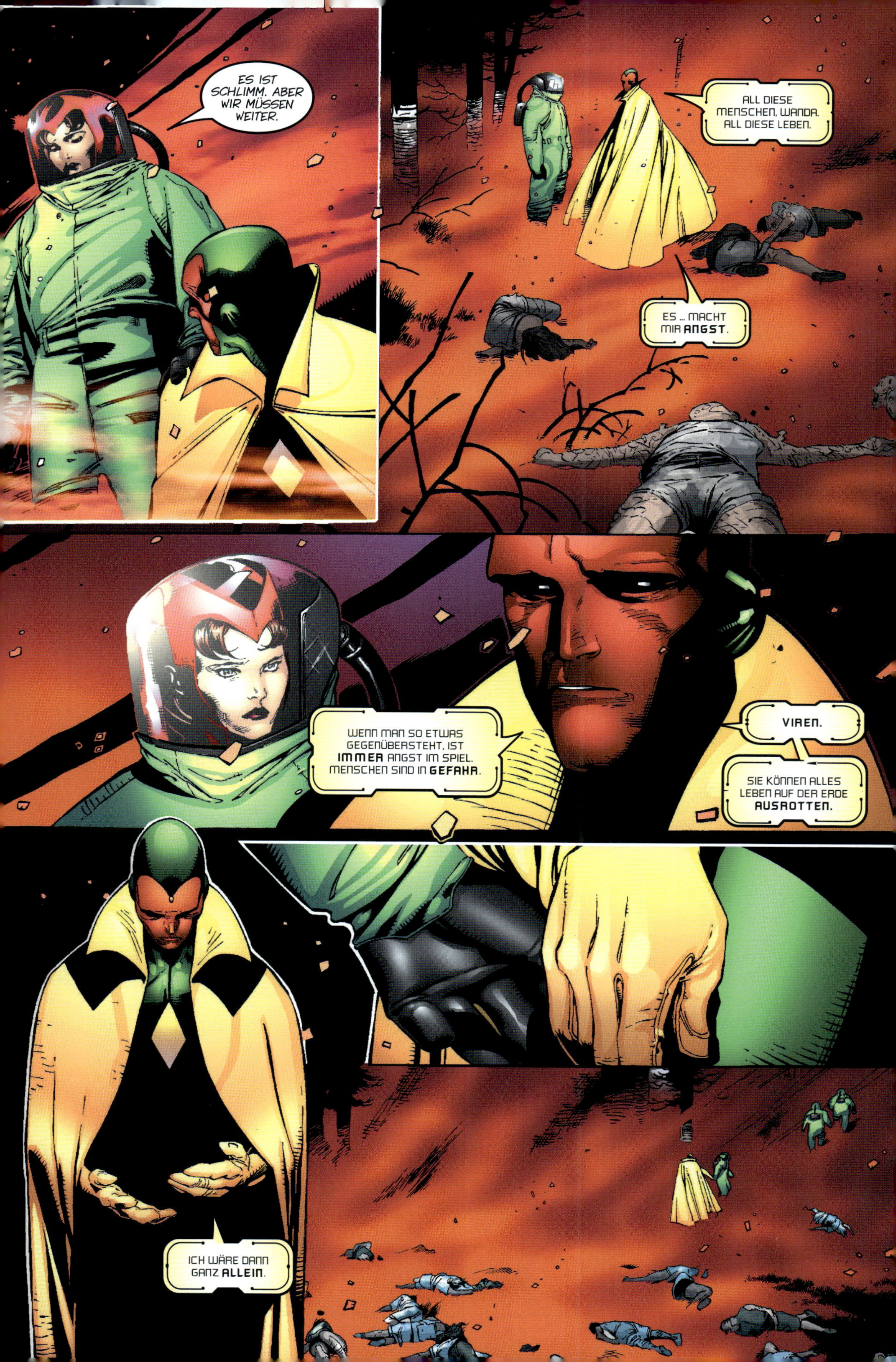
ES IST SCHLIMM. ABER WIR MÜSSEN WEITER.
ALL DIESE MENSCHEN, WANDA. ALL DIESE LEBEN.
ES ... MACHT MIR ANGST.
WENN MAN SO ETWAS GEGENÜBERSTEHT, IST IMMER ANGST IM SPIEL. MENSCHEN SIND IN GEFAHR.
VIREN.
SIE KÖNNEN ALLES LEBEN AUF DER ERDE AUSROTTEN.
ICH WÄRE DANN GANZ ALLEIN.

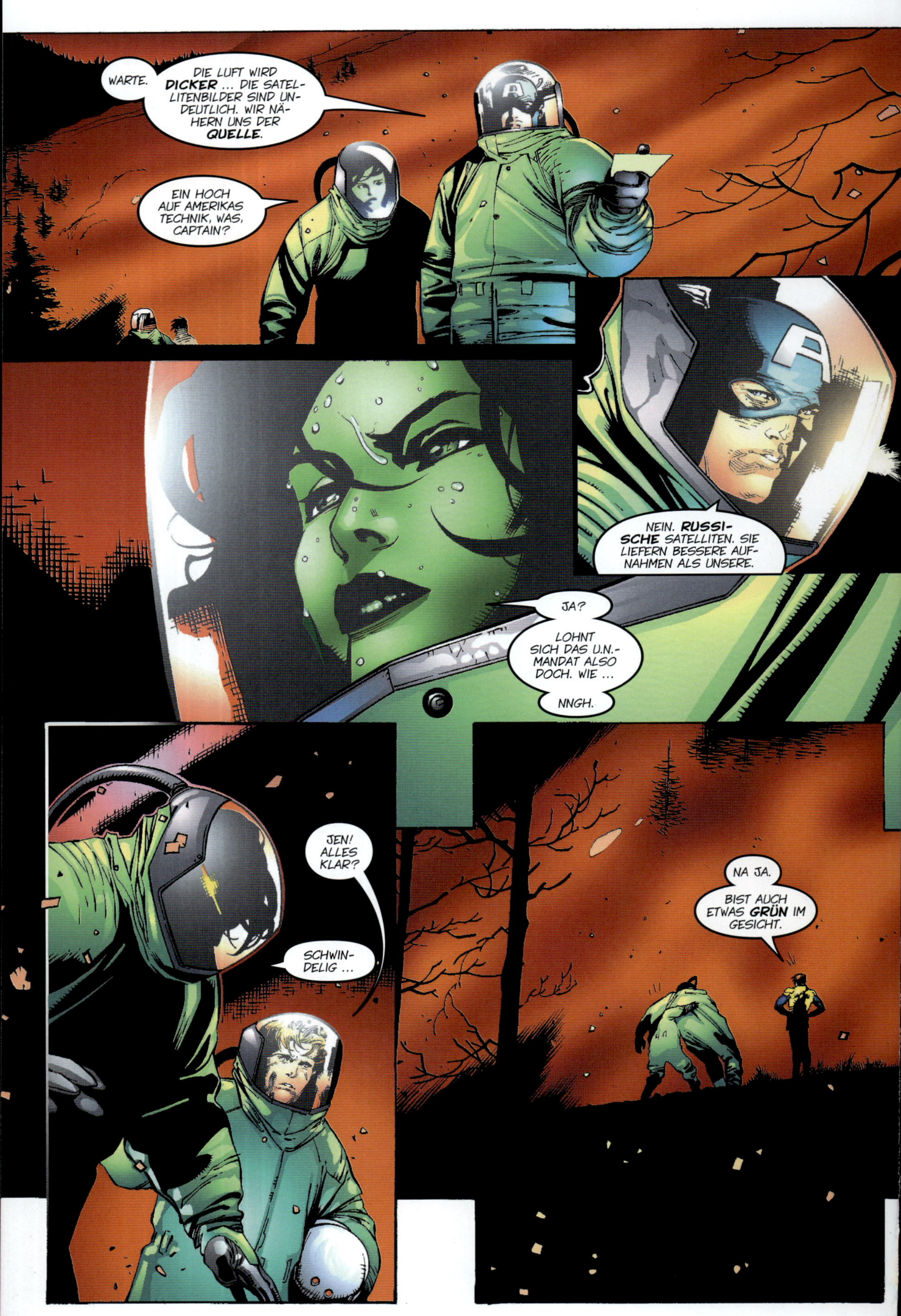
WARTE.
DIE LUFT WIRD DICKER ... DIE SATELLITENBILDER SIND UNDEUTLICH. WIR NÄHERN UNS DER QUELLE.
EIN HOCH AUF AMERIKAS TECHNIK, WAS, CAPTAIN?
NEIN. RUSSISCHE SATELLITEN. SIE LIEFERN BESSERE AUFNAHMEN ALS UNSERE.
JA?
LOHNT SICH DAS U.N.-MANDAT ALSO DOCH. WIE ...
NNGH.
JEN! ALLES KLAR?
SCHWINDELIG ...
NA JA.
BIST AUCH ETWAS GRÜN IM GESICHT.

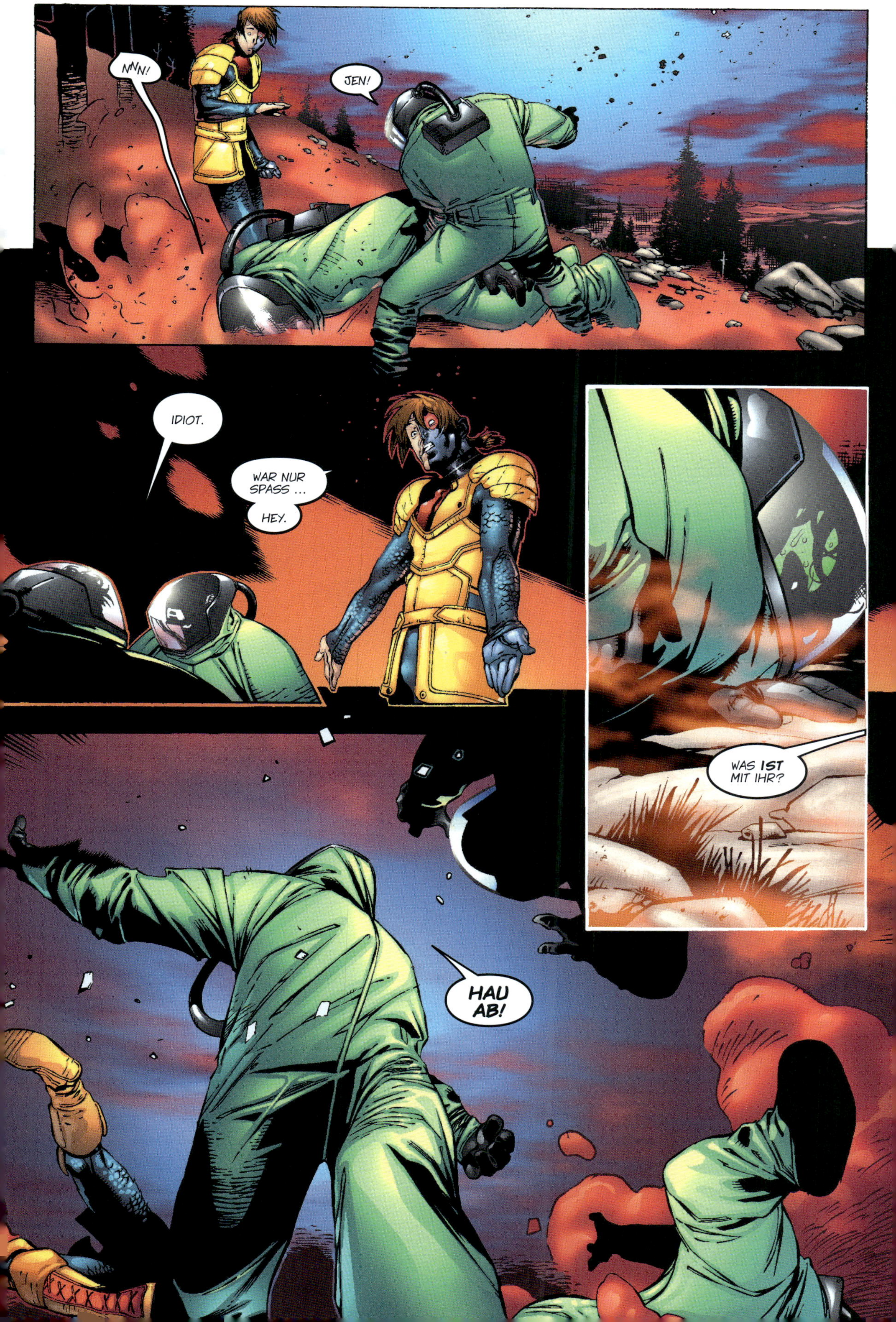

NNN!

JEN!

IDIOT.

WAR NUR SPASS ...

HEY.

WAS **IST** MIT IHR?

HAU AB!

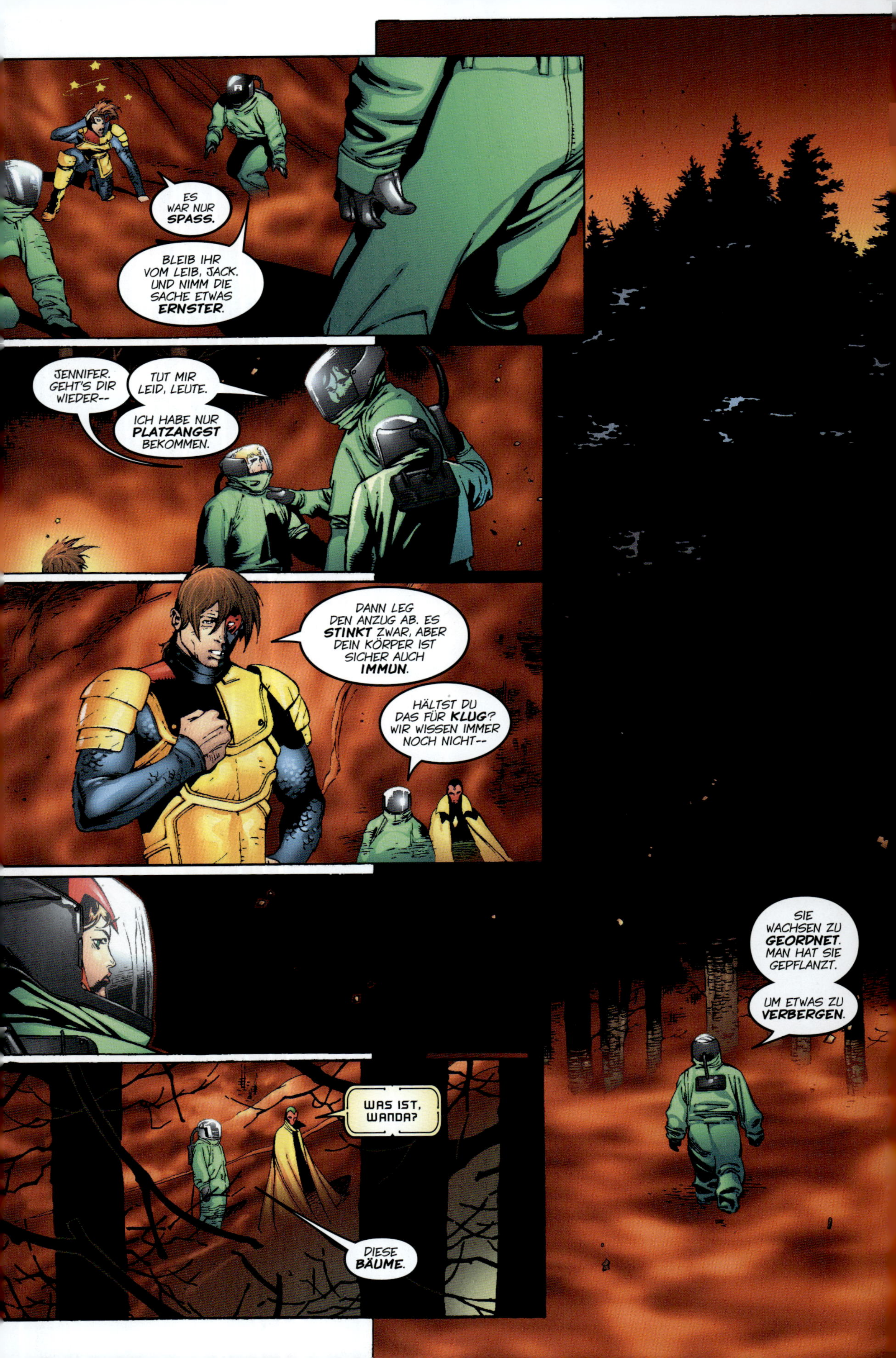
ES WAR NUR SPASS.
BLEIB IHR VOM LEIB, JACK. UND NIMM DIE SACHE ETWAS ERNSTER.
JENNIFER. GEHT'S DIR WIEDER--
TUT MIR LEID, LEUTE.
ICH HABE NUR PLATZANGST BEKOMMEN.
DANN LEG DEN ANZUG AB. ES STINKT ZWAR, ABER DEIN KÖRPER IST SICHER AUCH IMMUN.
HÄLTST DU DAS FÜR KLUG? WIR WISSEN IMMER NOCH NICHT--
WAS IST, WANDA?
DIESE BÄUME.
SIE WACHSEN ZU GEORDNET. MAN HAT SIE GEPFLANZT.
UM ETWAS ZU VERBERGEN.

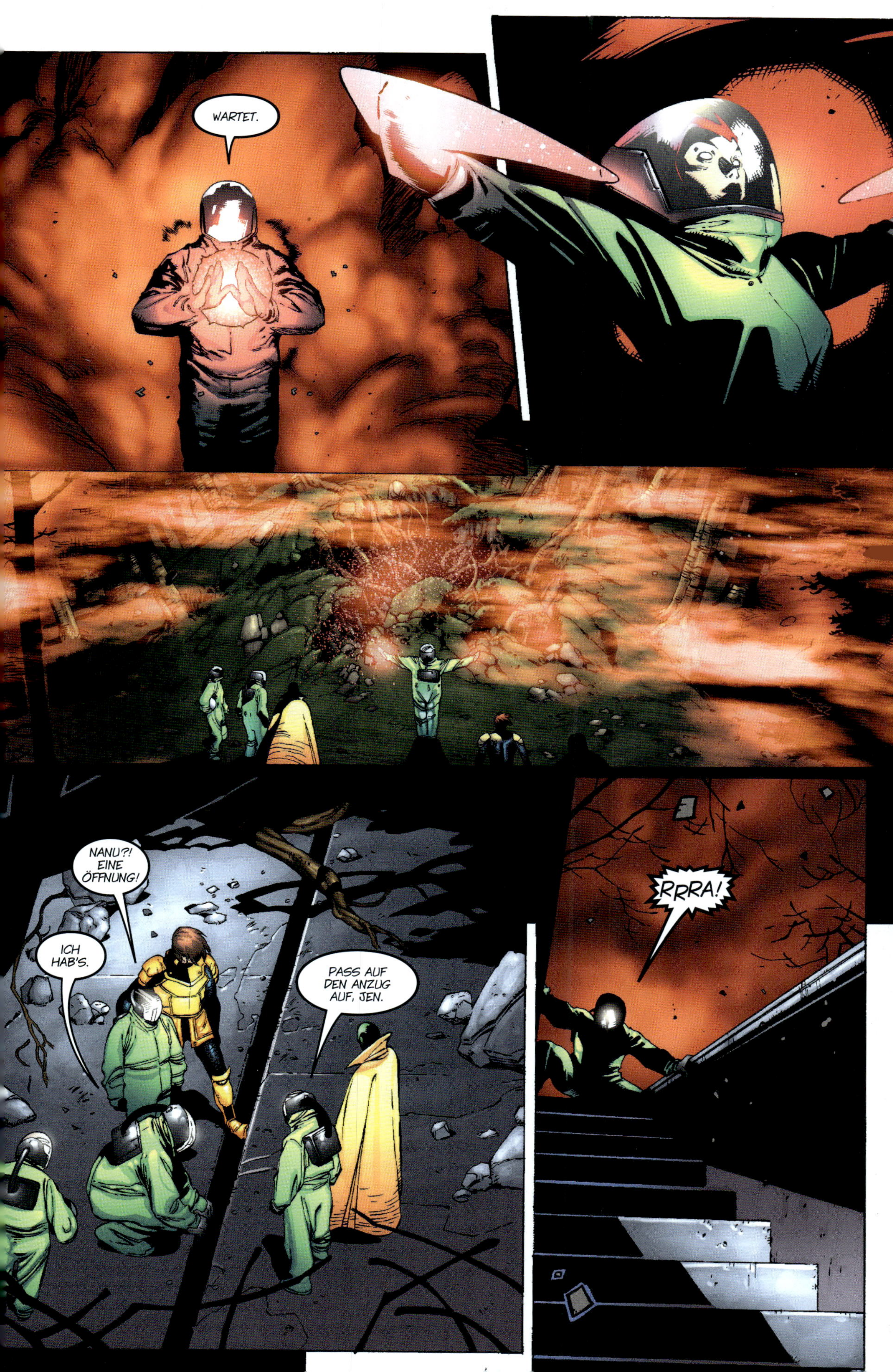
WARTET.
NANU?! EINE ÖFFNUNG!
ICH HAB'S.
PASS AUF DEN ANZUG AUF, JEN.
RRRA!

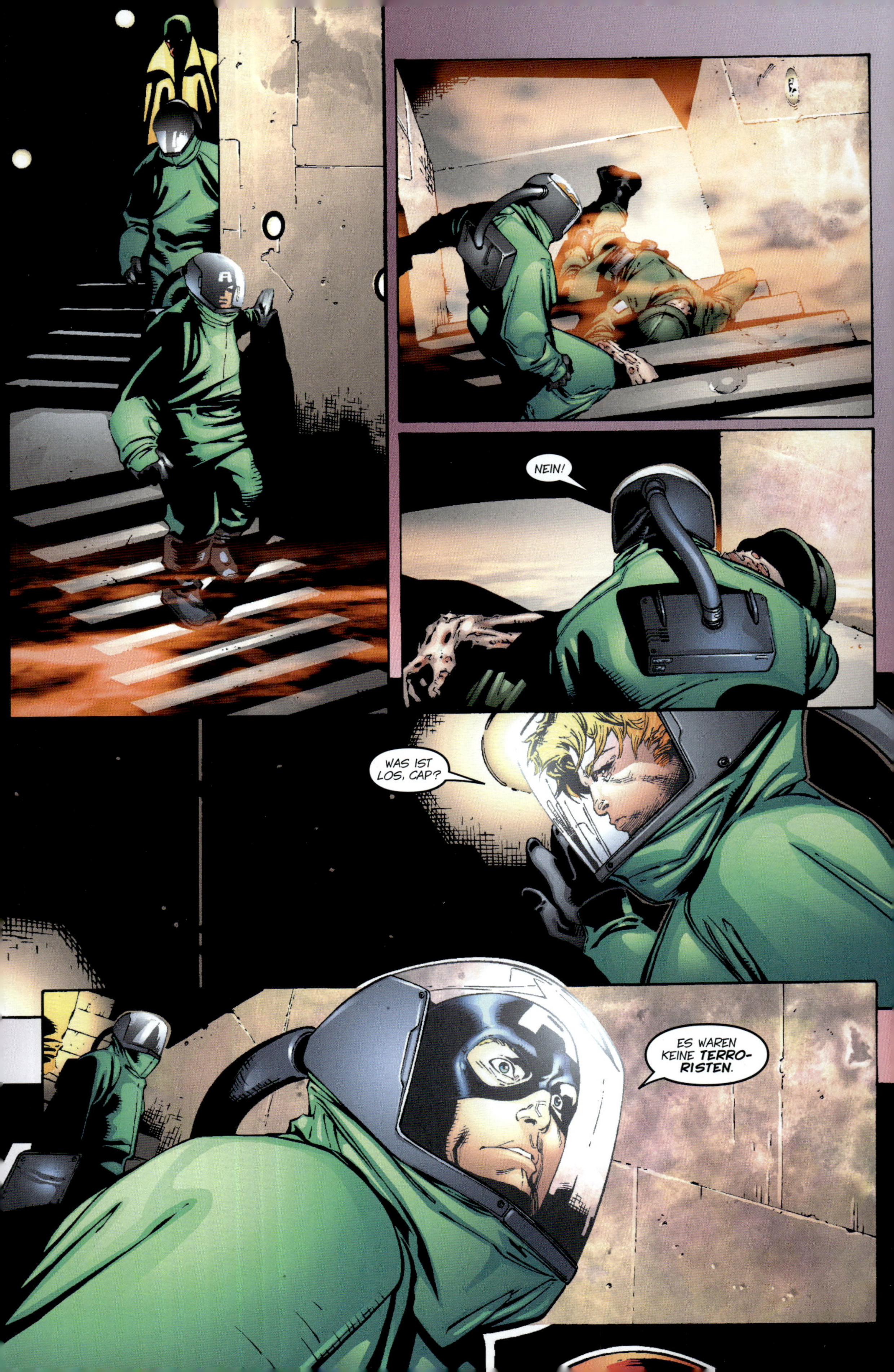
NEIN!
WAS IST LOS, CAP?
ES WAREN KEINE TERRORISTEN.

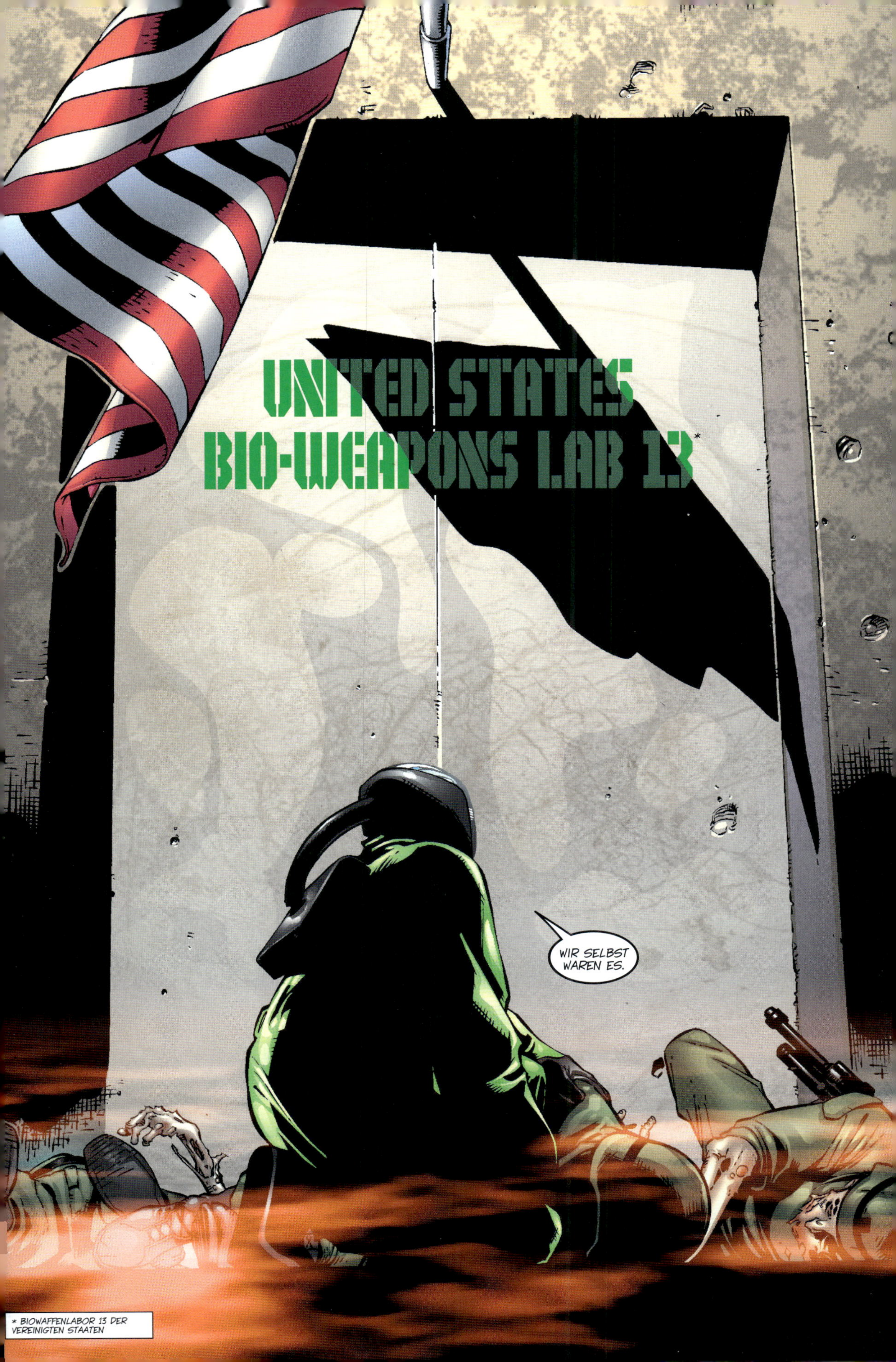
UNITED STATES BIO-WEAPONS LAB 13*
WIR SELBST WAREN ES.
* BIOWAFFENLABOR 13 DER VEREINIGTEN STAATEN

ROTE ZONE, TEIL 3: FREI VERFÜGBAR

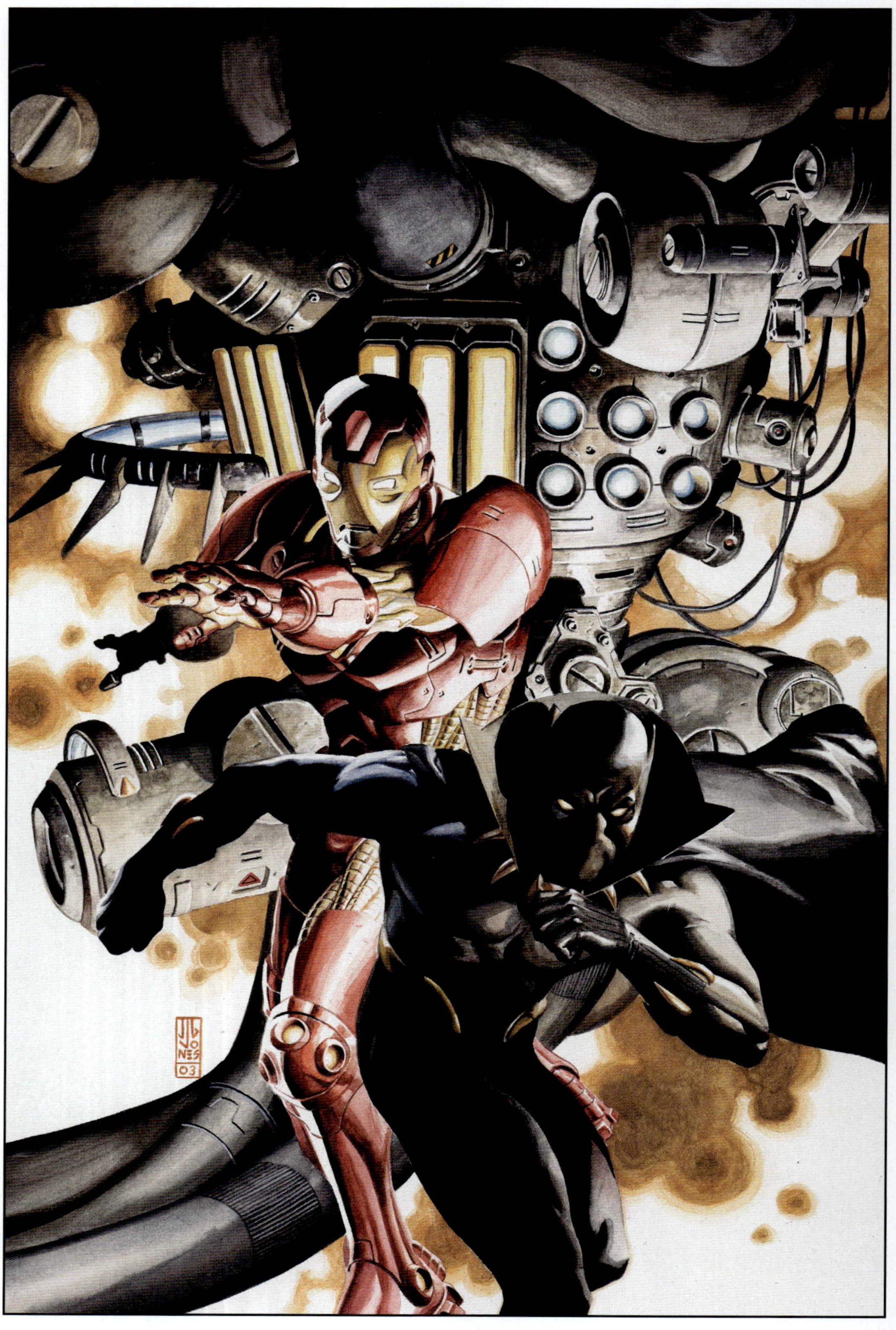

Avengers (1998) 67
Cover von **J. G. JONES**

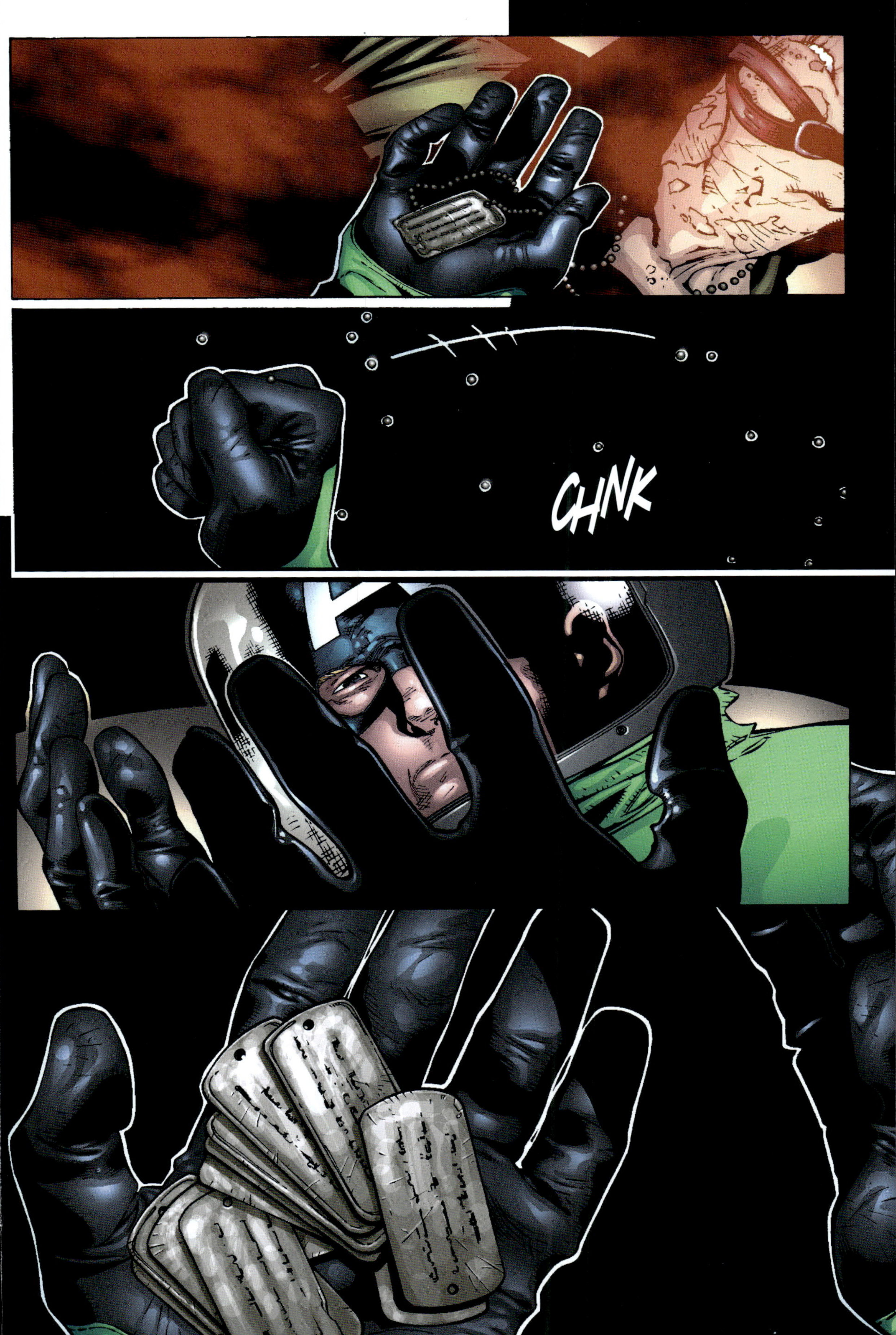
CHINK

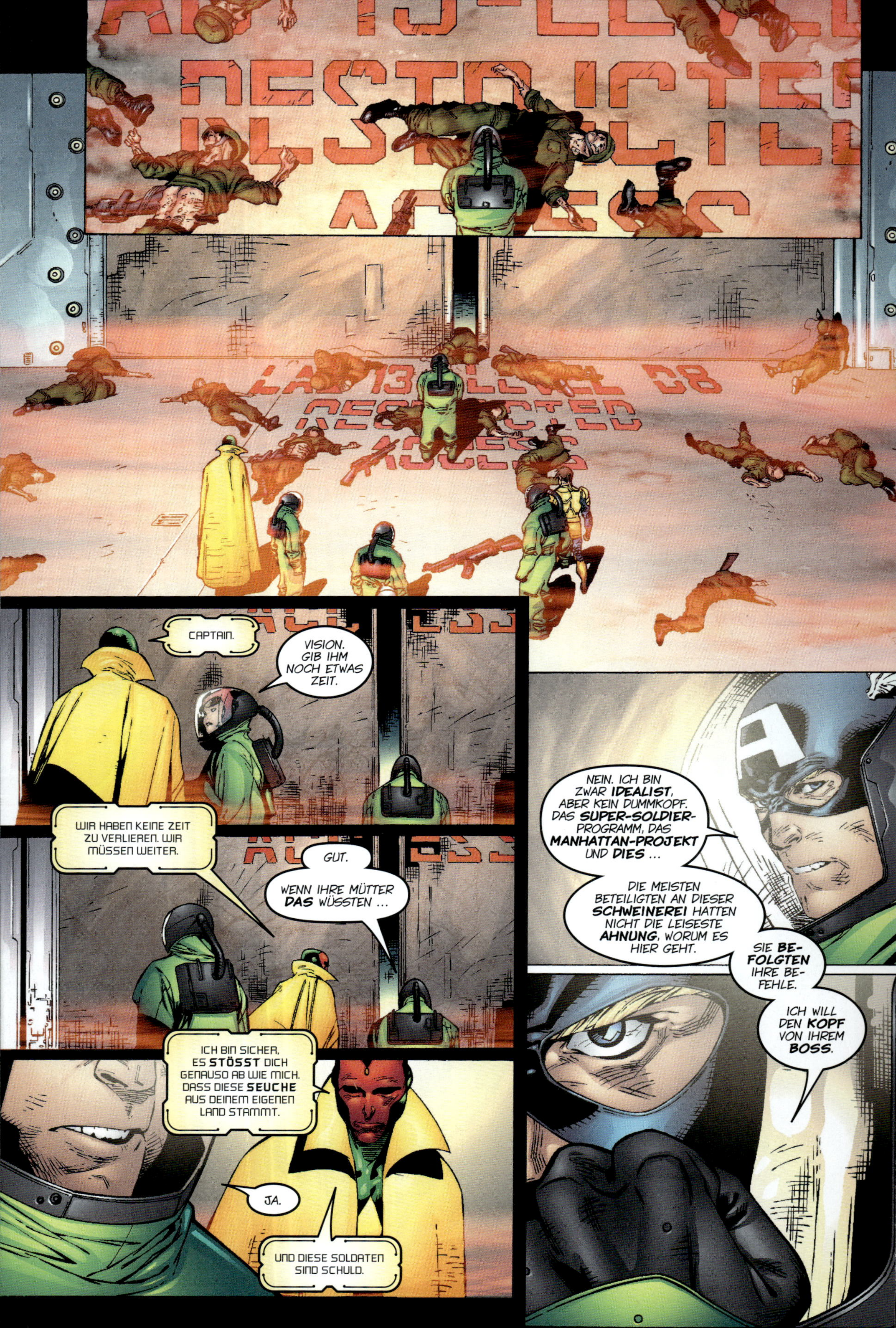
CAPTAIN.
VISION. GIB IHM NOCH ETWAS ZEIT.
WIR HABEN KEINE ZEIT ZU VERLIEREN. WIR MÜSSEN WEITER.
GUT.
WENN IHRE MÜTTER DAS WÜSSTEN ...
ICH BIN SICHER, ES STÖSST DICH GENAUSO AB WIE MICH, DASS DIESE SEUCHE AUS DEINEM EIGENEN LAND STAMMT.
JA.
UND DIESE SOLDATEN SIND SCHULD.
NEIN. ICH BIN ZWAR IDEALIST, ABER KEIN DUMMKOPF. DAS SUPER-SOLDIER-PROGRAMM, DAS MANHATTAN-PROJEKT UND DIES ...
DIE MEISTEN BETEILIGTEN AN DIESER SCHWEINEREI HATTEN NICHT DIE LEISESTE AHNUNG, WORUM ES HIER GEHT.
SIE BEFOLGTEN IHRE BEFEHLE.
ICH WILL DEN KOPF VON IHREM BOSS.

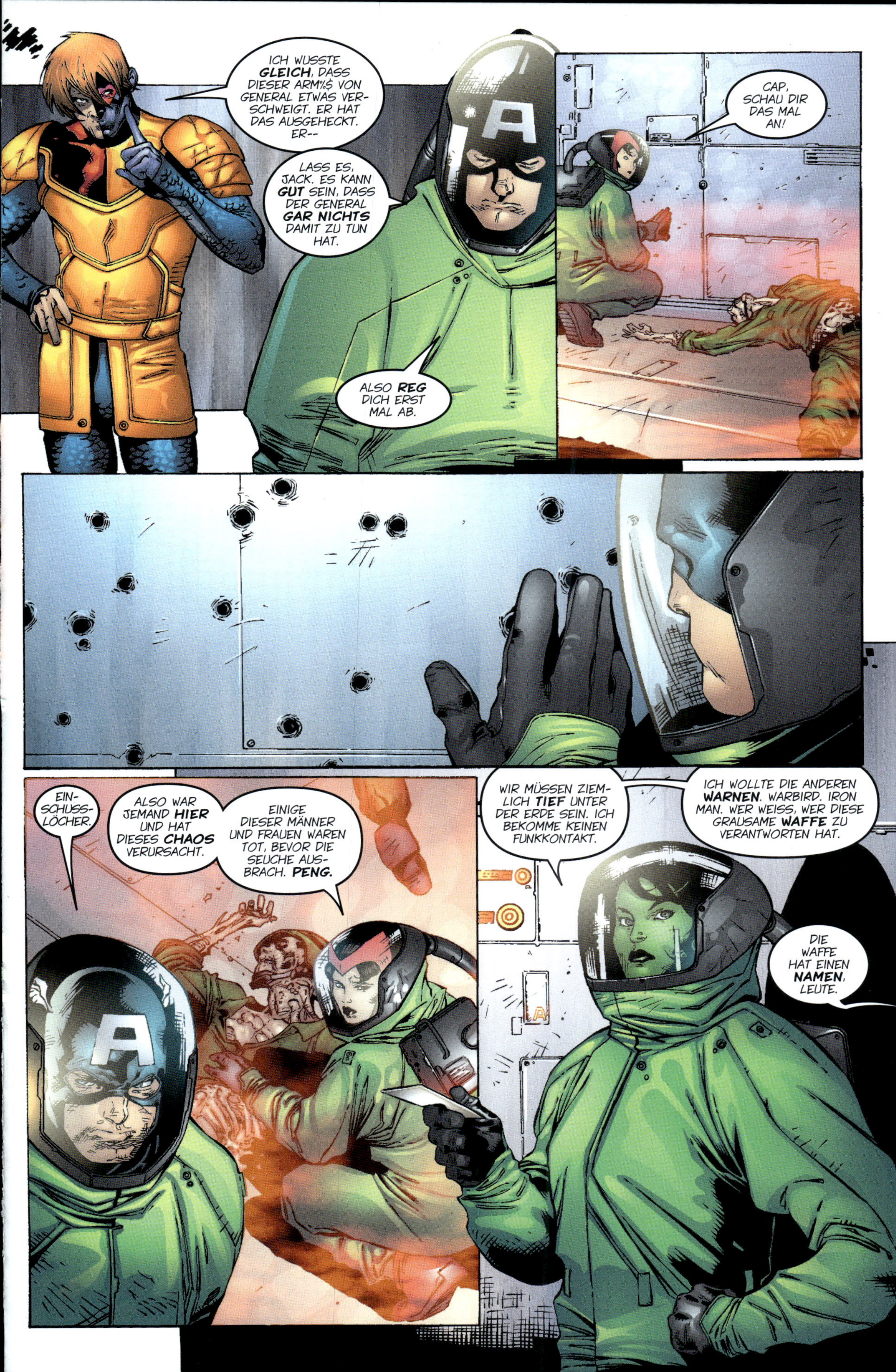
ICH WUSSTE GLEICH, DASS DIESER ARM%$ VON GENERAL ETWAS VERSCHWEIGT. ER HAT DAS AUSGEHECKT. ER--
LASS ES, JACK. ES KANN GUT SEIN, DASS DER GENERAL GAR NICHTS DAMIT ZU TUN HAT.
ALSO REG DICH ERST MAL AB.
CAP, SCHAU DIR DAS MAL AN!
EIN-SCHUSS-LÖCHER.
ALSO WAR JEMAND HIER UND HAT DIESES CHAOS VERURSACHT.
EINIGE DIESER MÄNNER UND FRAUEN WAREN TOT, BEVOR DIE SEUCHE AUSBRACH. PENG.
WIR MÜSSEN ZIEMLICH TIEF UNTER DER ERDE SEIN. ICH BEKOMME KEINEN FUNKKONTAKT.
ICH WOLLTE DIE ANDEREN WARNEN. WARBIRD. IRON MAN. WER WEISS, WER DIESE GRAUSAME WAFFE ZU VERANTWORTEN HAT.
DIE WAFFE HAT EINEN NAMEN, LEUTE.

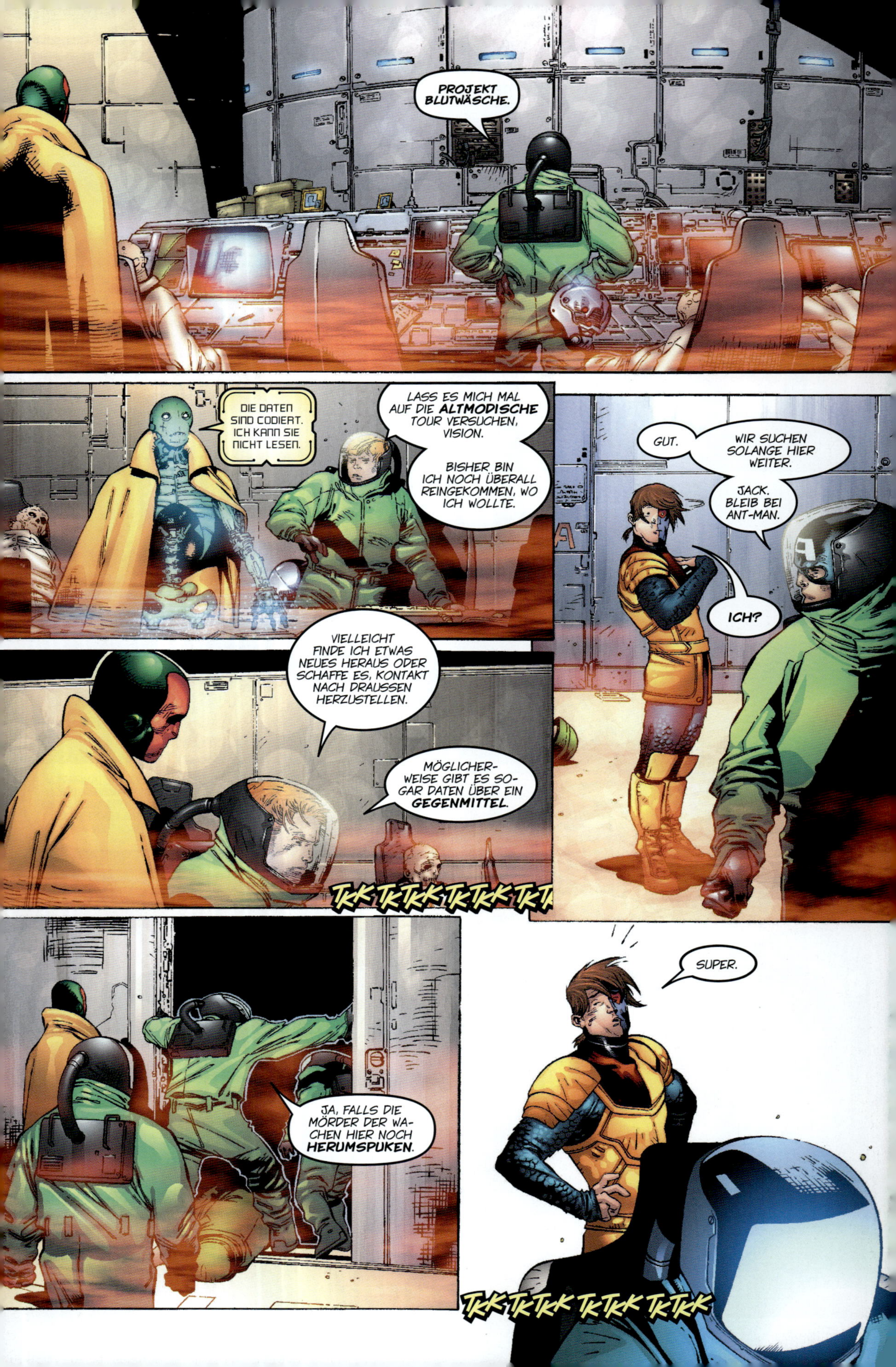

PROJEKT BLUTWÄSCHE.

DIE DATEN SIND CODIERT. ICH KANN SIE NICHT LESEN.

LASS ES MICH MAL AUF DIE **ALTMODISCHE** TOUR VERSUCHEN, VISION.

BISHER BIN ICH NOCH ÜBERALL REINGEKOMMEN, WO ICH WOLLTE.

VIELLEICHT FINDE ICH ETWAS NEUES HERAUS ODER SCHAFFE ES, KONTAKT NACH DRAUSSEN HERZUSTELLEN.

MÖGLICHER-WEISE GIBT ES SO-GAR DATEN ÜBER EIN **GEGENMITTEL**.

TKK TKTKK TKTKK TKTK

GUT.

WIR SUCHEN SOLANGE HIER WEITER.

JACK. BLEIB BEI ANT-MAN.

ICH?

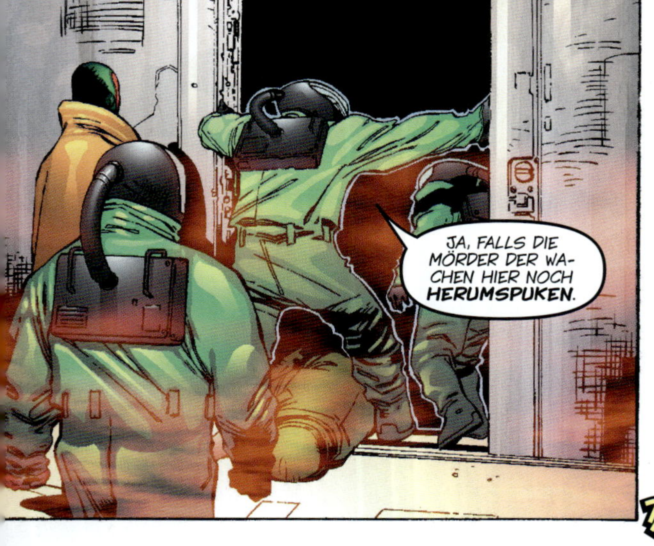

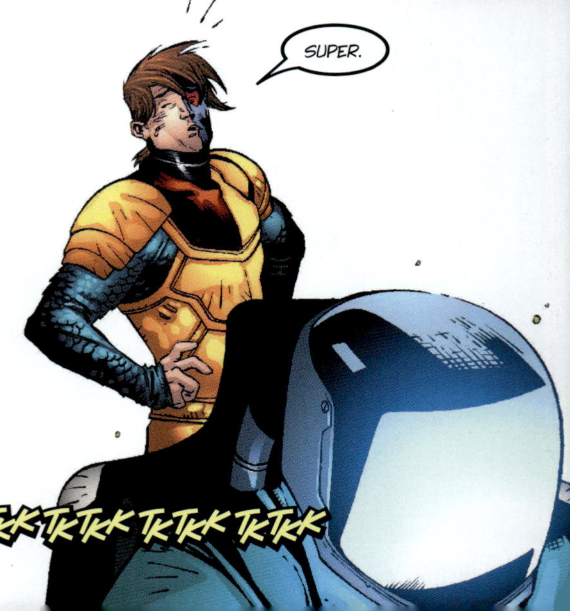

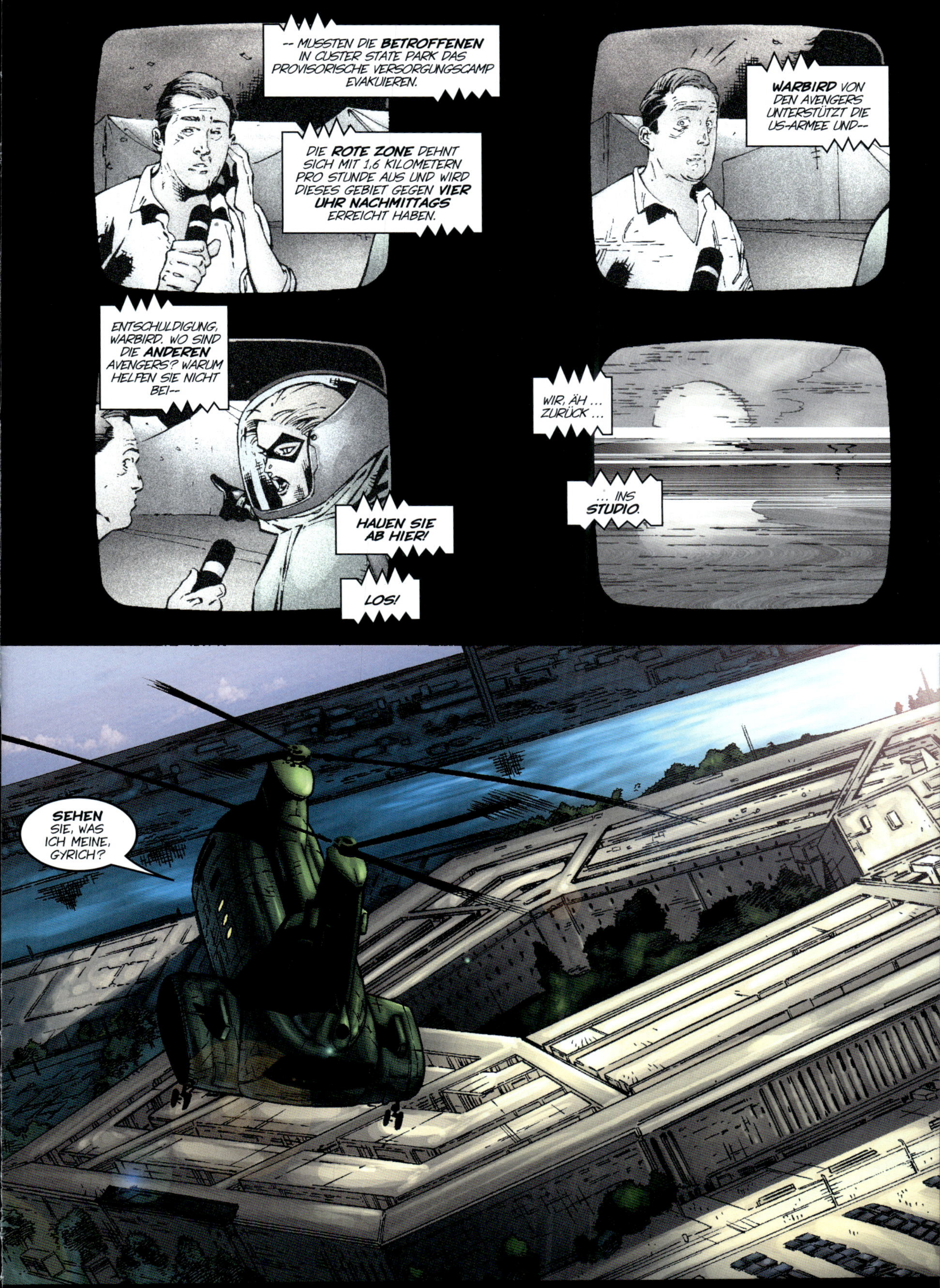

-- MUSSTEN DIE **BETROFFENEN** IN CUSTER STATE PARK DAS PROVISORISCHE VERSORGUNGSCAMP EVAKUIEREN.

DIE **ROTE ZONE** DEHNT SICH MIT 1,6 KILOMETERN PRO STUNDE AUS UND WIRD DIESES GEBIET GEGEN **VIER UHR NACHMITTAGS** ERREICHT HABEN.

WARBIRD VON DEN AVENGERS UNTERSTÜTZT DIE US-ARMEE UND--

ENTSCHULDIGUNG, WARBIRD. WO SIND DIE **ANDEREN** AVENGERS? WARUM HELFEN SIE NICHT BEI--

HAUEN SIE AB HIER!

LOS!

WIR, ÄH ... ZURÜCK ...

... INS **STUDIO**.

SEHEN SIE, WAS ICH MEINE, GYRICH?

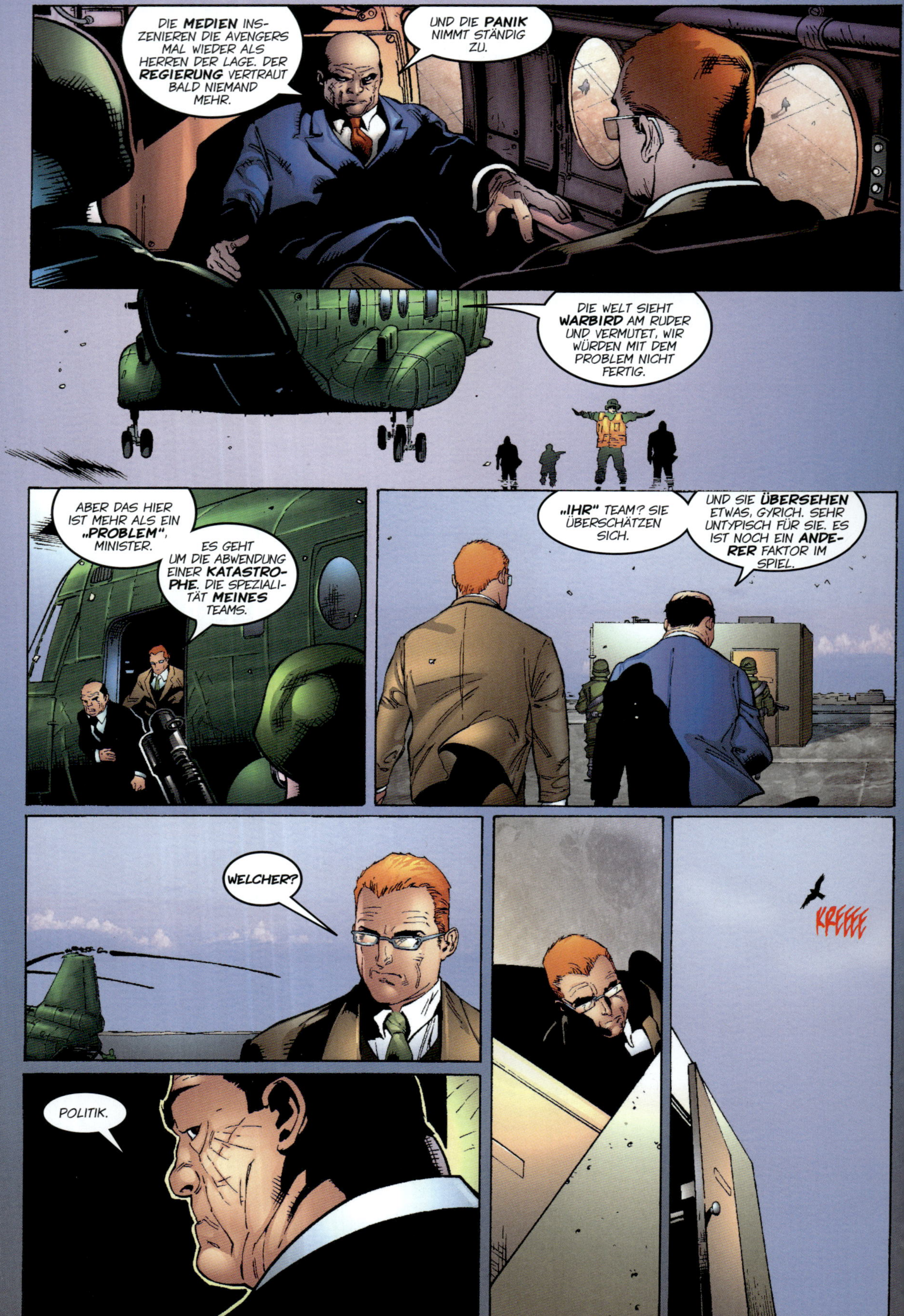
DIE MEDIEN INSZENIEREN DIE AVENGERS MAL WIEDER ALS HERREN DER LAGE. DER REGIERUNG VERTRAUT BALD NIEMAND MEHR.
UND DIE PANIK NIMMT STÄNDIG ZU.
DIE WELT SIEHT WARBIRD AM RUDER UND VERMUTET, WIR WÜRDEN MIT DEM PROBLEM NICHT FERTIG.
ABER DAS HIER IST MEHR ALS EIN „PROBLEM", MINISTER.
ES GEHT UM DIE ABWENDUNG EINER KATASTROPHE. DIE SPEZIALITÄT MEINES TEAMS.
„IHR" TEAM? SIE ÜBERSCHÄTZEN SICH.
UND SIE ÜBERSEHEN ETWAS, GYRICH. SEHR UNTYPISCH FÜR SIE. ES IST NOCH EIN ANDERER FAKTOR IM SPIEL.
WELCHER?
POLITIK.
KREEEE

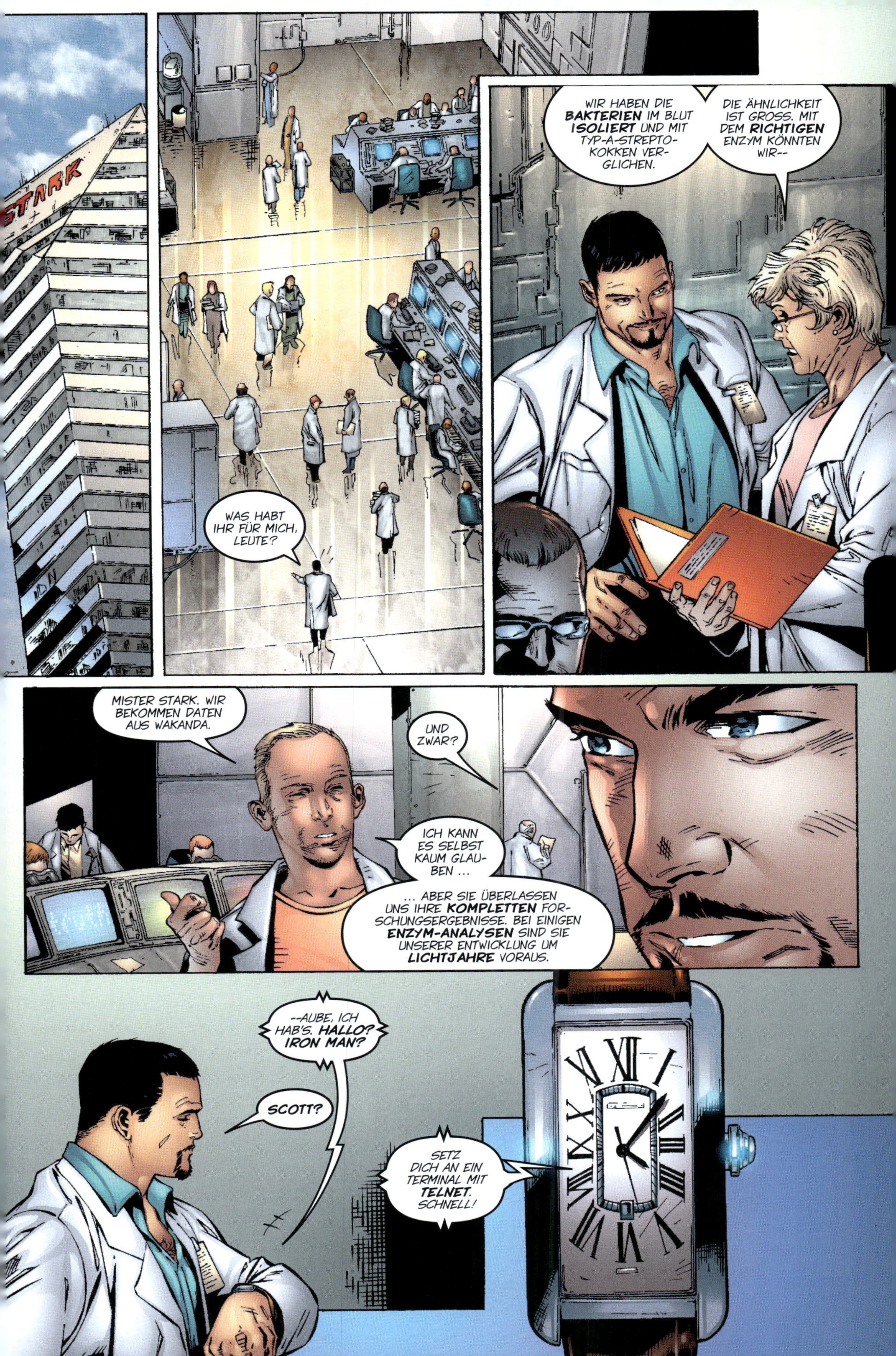
STARK
WAS HABT IHR FÜR MICH, LEUTE?
WIR HABEN DIE BAKTERIEN IM BLUT ISOLIERT UND MIT TYP-A-STREPTOKOKKEN VERGLICHEN.
DIE ÄHNLICHKEIT IST GROSS. MIT DEM RICHTIGEN ENZYM KÖNNTEN WIR--
MISTER STARK. WIR BEKOMMEN DATEN AUS WAKANDA.
UND ZWAR?
ICH KANN ES SELBST KAUM GLAUBEN ...
... ABER SIE ÜBERLASSEN UNS IHRE KOMPLETTEN FORSCHUNGSERGEBNISSE. BEI EINIGEN ENZYM-ANALYSEN SIND SIE UNSERER ENTWICKLUNG UM LICHTJAHRE VORAUS.
--AUBE, ICH HAB'S. HALLO? IRON MAN?
SCOTT?
SETZ DICH AN EIN TERMINAL MIT TELNET. SCHNELL!

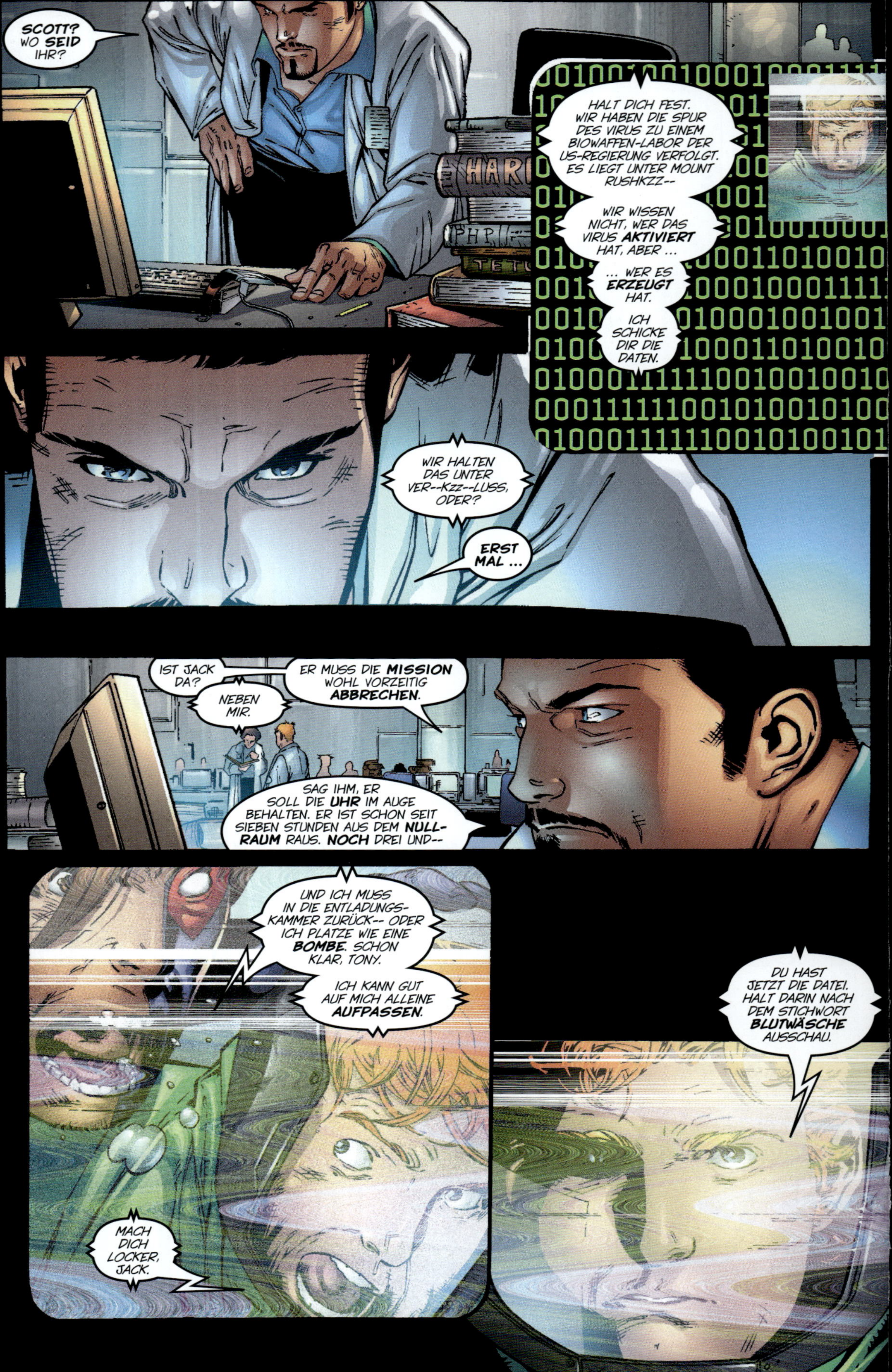
SCOTT? WO SEID IHR?
HALT DICH FEST. WIR HABEN DIE SPUR DES VIRUS ZU EINEM BIOWAFFEN-LABOR DER US-REGIERUNG VERFOLGT. ES LIEGT UNTER MOUNT RUSHKZZ--
WIR WISSEN NICHT, WER DAS VIRUS AKTIVIERT HAT, ABER ...
... WER ES ERZEUGT HAT.
ICH SCHICKE DIR DIE DATEN.
WIR HALTEN DAS UNTER VER--Kzz--LUSS, ODER?
ERST MAL ...
IST JACK DA?
NEBEN MIR.
ER MUSS DIE MISSION WOHL VORZEITIG ABBRECHEN.
SAG IHM, ER SOLL DIE UHR IM AUGE BEHALTEN. ER IST SCHON SEIT SIEBEN STUNDEN AUS DEM NULL-RAUM RAUS. NOCH DREI UND--
UND ICH MUSS IN DIE ENTLADUNGS-KAMMER ZURÜCK-- ODER ICH PLATZE WIE EINE BOMBE. SCHON KLAR, TONY.
ICH KANN GUT AUF MICH ALLEINE AUFPASSEN.
MACH DICH LOCKER, JACK.
DU HAST JETZT DIE DATEI. HALT DARIN NACH DEM STICHWORT BLUTWÄSCHE AUSSCHAU.

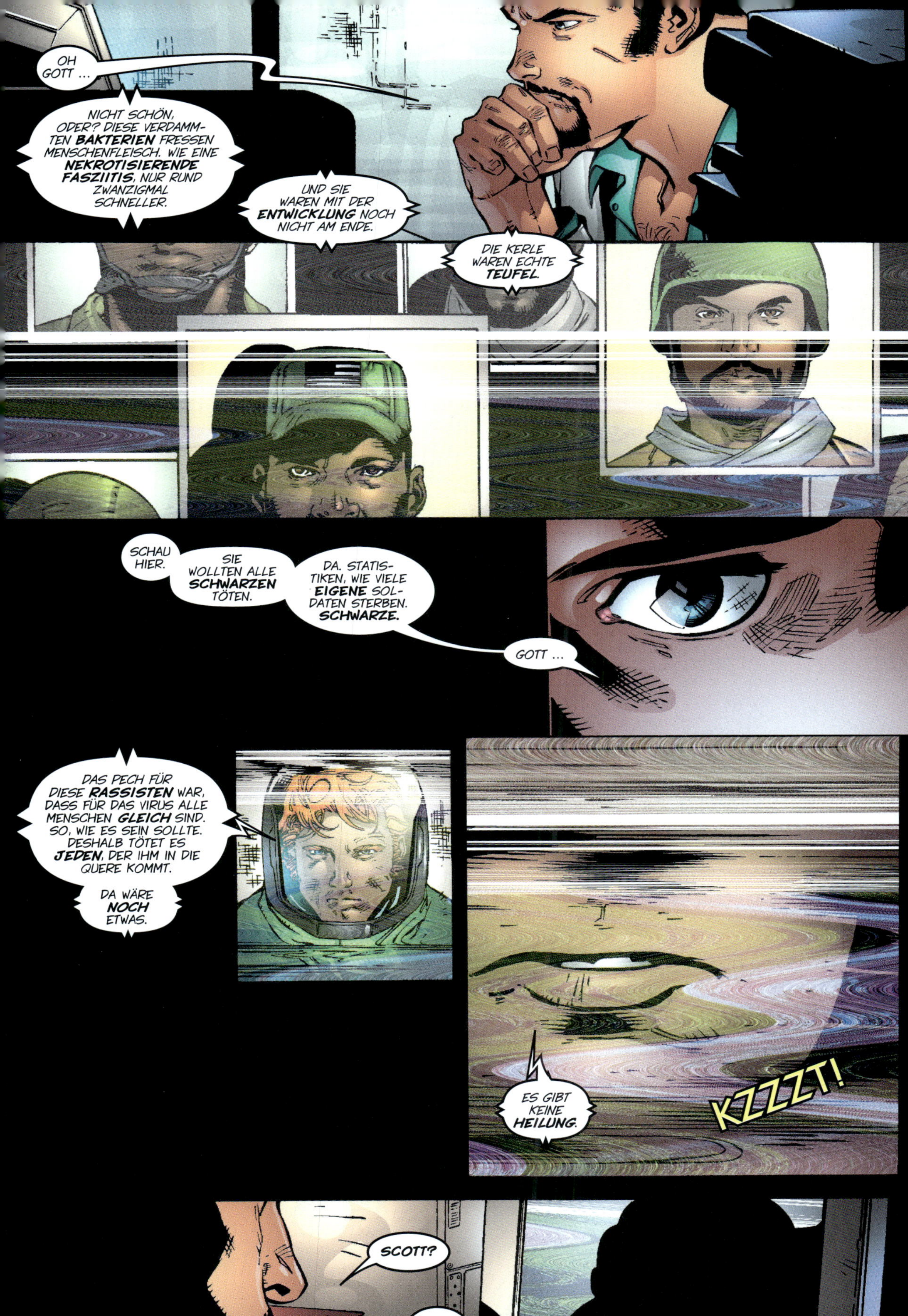
OH GOTT ...
NICHT SCHÖN, ODER? DIESE VERDAMMTEN BAKTERIEN FRESSEN MENSCHENFLEISCH. WIE EINE NEKROTISIERENDE FASZIITIS, NUR RUND ZWANZIGMAL SCHNELLER.
UND SIE WAREN MIT DER ENTWICKLUNG NOCH NICHT AM ENDE.
DIE KERLE WAREN ECHTE TEUFEL.
SCHAU HIER.
SIE WOLLTEN ALLE SCHWARZEN TÖTEN.
DA. STATISTIKEN, WIE VIELE EIGENE SOLDATEN STERBEN. SCHWARZE.
GOTT ...
DAS PECH FÜR DIESE RASSISTEN WAR, DASS FÜR DAS VIRUS ALLE MENSCHEN GLEICH SIND. SO, WIE ES SEIN SOLLTE. DESHALB TÖTET ES JEDEN, DER IHM IN DIE QUERE KOMMT.
DA WÄRE NOCH ETWAS.
ES GIBT KEINE HEILUNG.
KZZZZT!
SCOTT?
OFFLINE.

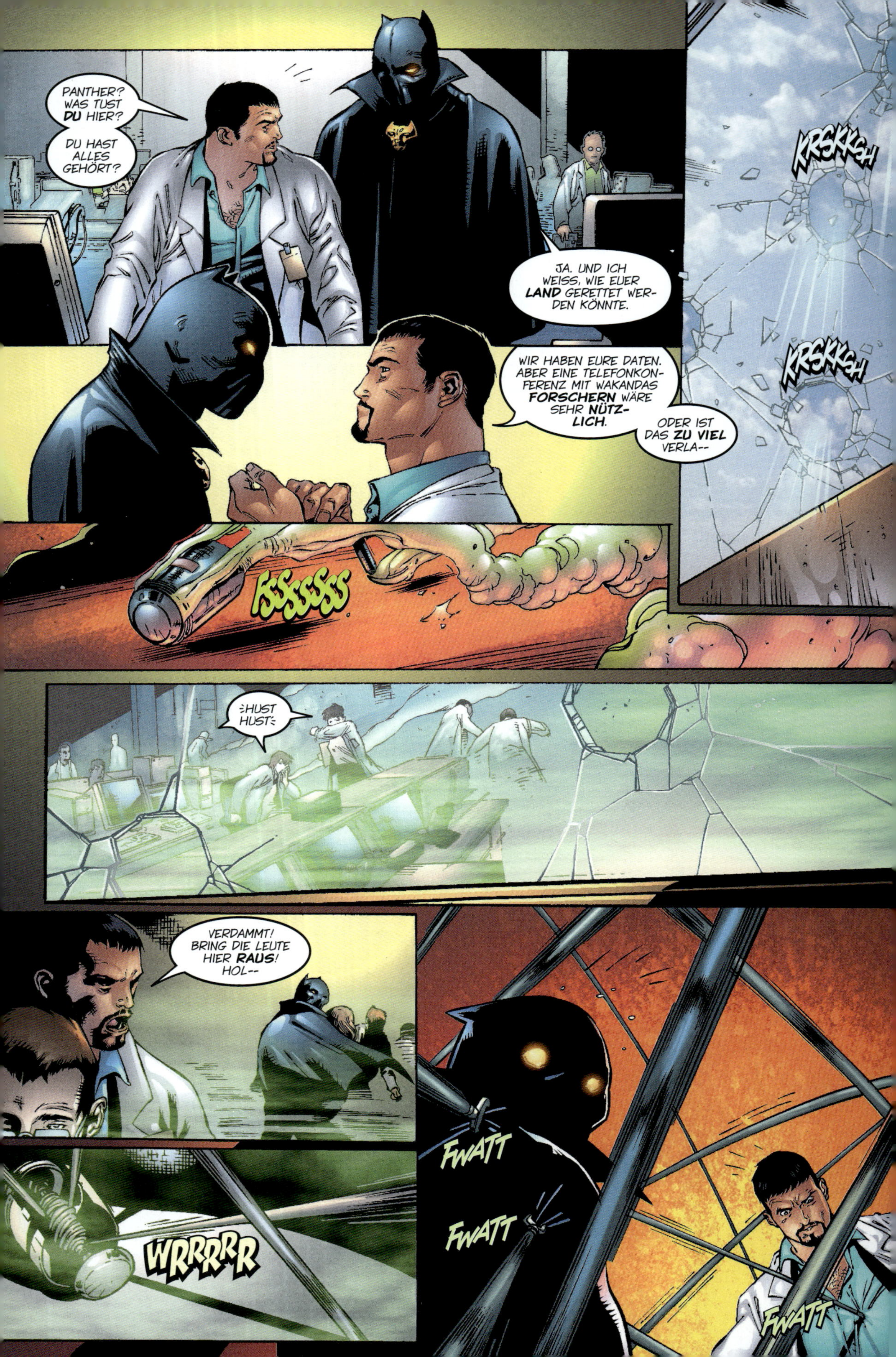
PANTHER? WAS TUST DU HIER?
DU HAST ALLES GEHÖRT?
JA. UND ICH WEISS, WIE EUER LAND GERETTET WERDEN KÖNNTE.
KRSKKSH
WIR HABEN EURE DATEN. ABER EINE TELEFONKONFERENZ MIT WAKANDAS FORSCHERN WÄRE SEHR NÜTZLICH.
ODER IST DAS ZU VIEL VERLA--
KRSKKSH
FSSSSSSS
HUST HUST
VERDAMMT! BRING DIE LEUTE HIER RAUS! HOL--
WRRRRR
FWATT
FWATT
FWATT

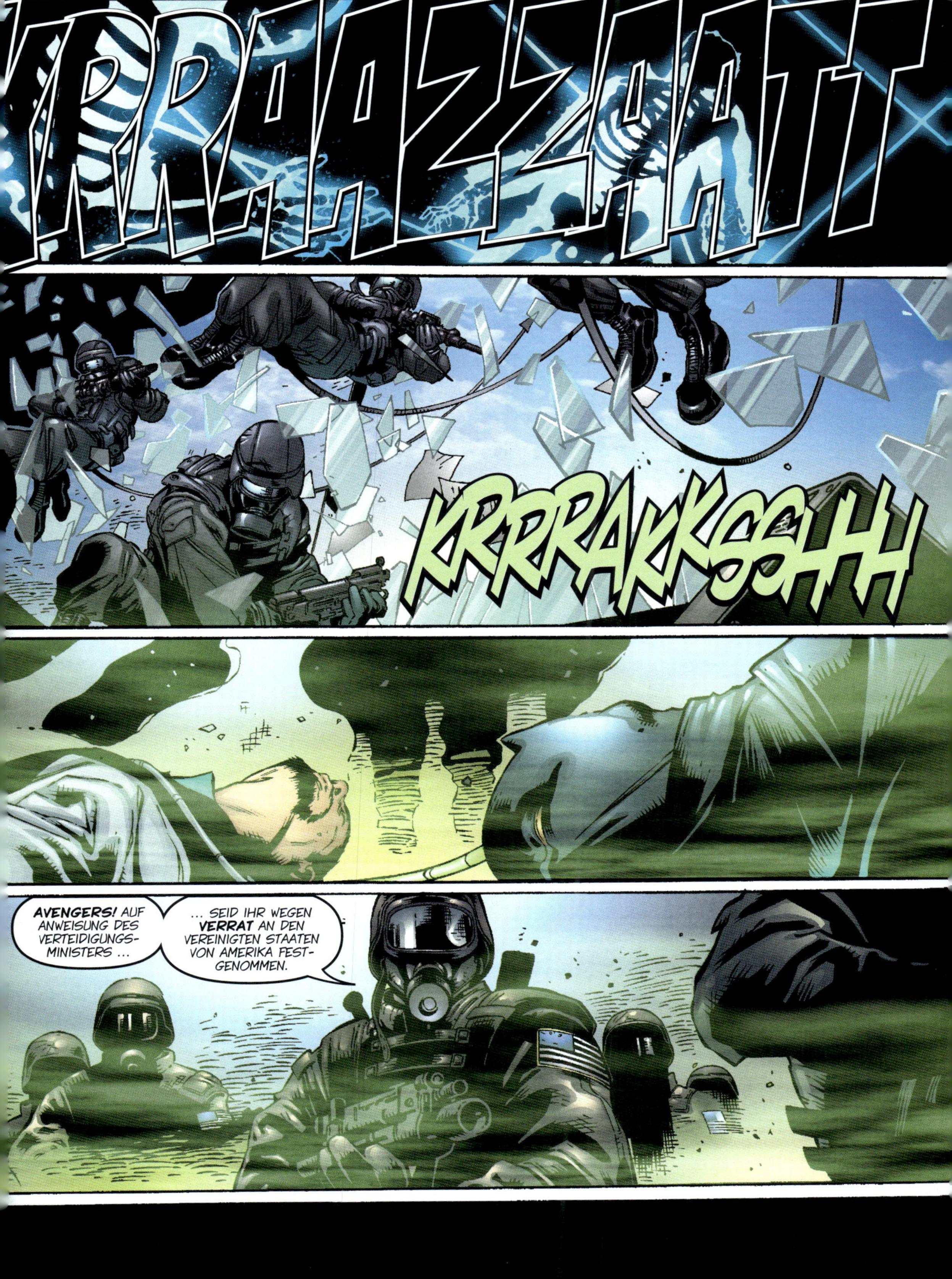
KRAAZZAATT
KRRRAKKSSHH
AVENGERS! AUF ANWEISUNG DES VERTEIDIGUNGS-MINISTERS ...
... SEID IHR WEGEN VERRAT AN DEN VEREINIGTEN STAATEN VON AMERIKA FEST-GENOMMEN.

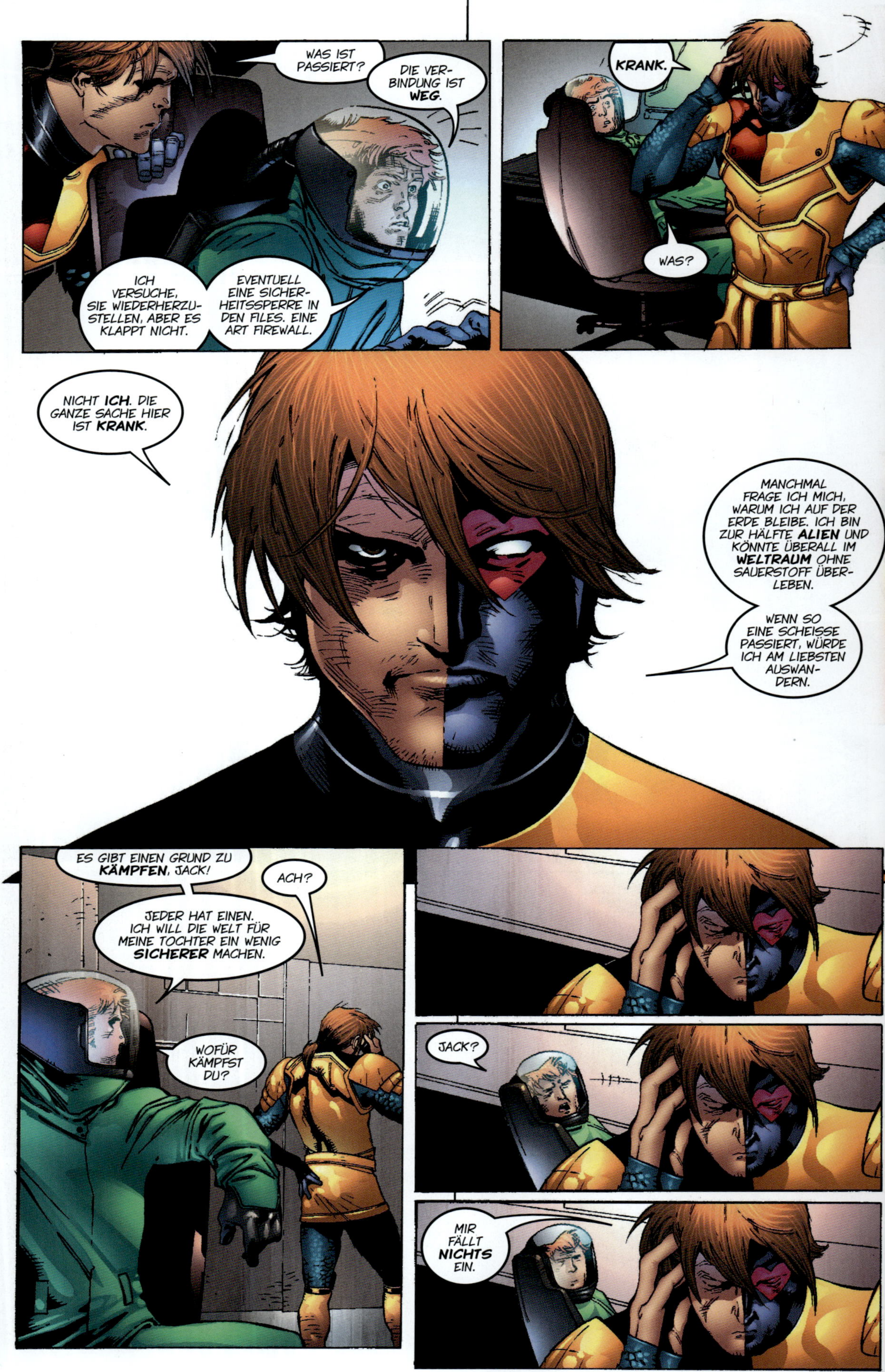
WAS IST PASSIERT?
DIE VERBINDUNG IST **WEG**.
ICH VERSUCHE, SIE WIEDERHERZUSTELLEN, ABER ES KLAPPT NICHT.
EVENTUELL EINE SICHERHEITSSPERRE IN DEN FILES. EINE ART FIREWALL.
KRANK.
WAS?
NICHT **ICH**. DIE GANZE SACHE HIER IST **KRANK**.
MANCHMAL FRAGE ICH MICH, WARUM ICH AUF DER ERDE BLEIBE. ICH BIN ZUR HÄLFTE **ALIEN** UND KÖNNTE ÜBERALL IM **WELTRAUM** OHNE SAUERSTOFF ÜBERLEBEN.
WENN SO EINE SCHEISSE PASSIERT, WÜRDE ICH AM LIEBSTEN AUSWANDERN.
ES GIBT EINEN GRUND ZU **KÄMPFEN**, JACK!
ACH?
JEDER HAT EINEN. ICH WILL DIE WELT FÜR MEINE TOCHTER EIN WENIG **SICHERER** MACHEN.
WOFÜR KÄMPFST DU?
JACK?
MIR FÄLLT **NICHTS** EIN.

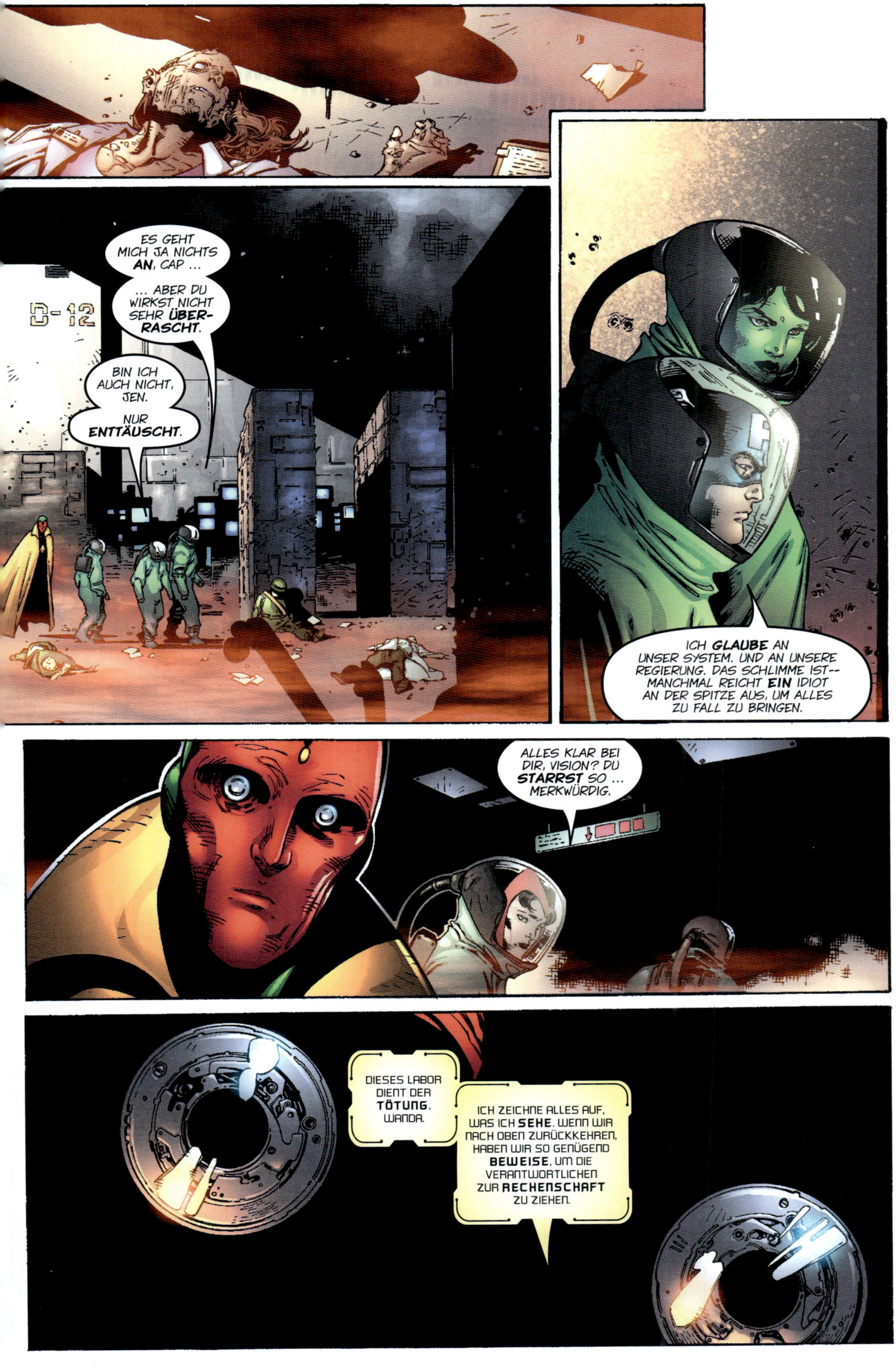

ES GEHT MICH JA NICHTS **AN**, CAP ...

... ABER DU WIRKST NICHT SEHR **ÜBERRASCHT**.

BIN ICH AUCH NICHT, JEN.

NUR **ENTTÄUSCHT**.

D-12

ICH **GLAUBE** AN UNSER SYSTEM. UND AN UNSERE REGIERUNG. DAS SCHLIMME IST-- MANCHMAL REICHT **EIN** IDIOT AN DER SPITZE AUS, UM ALLES ZU FALL ZU BRINGEN.

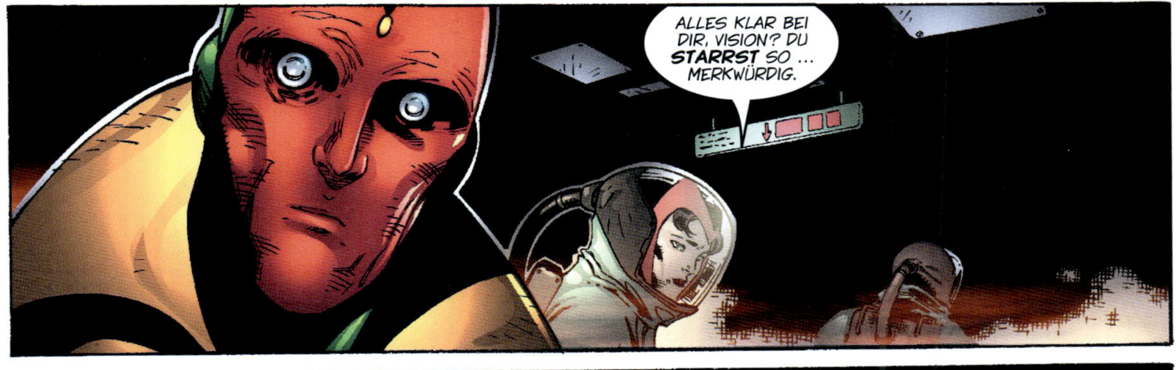

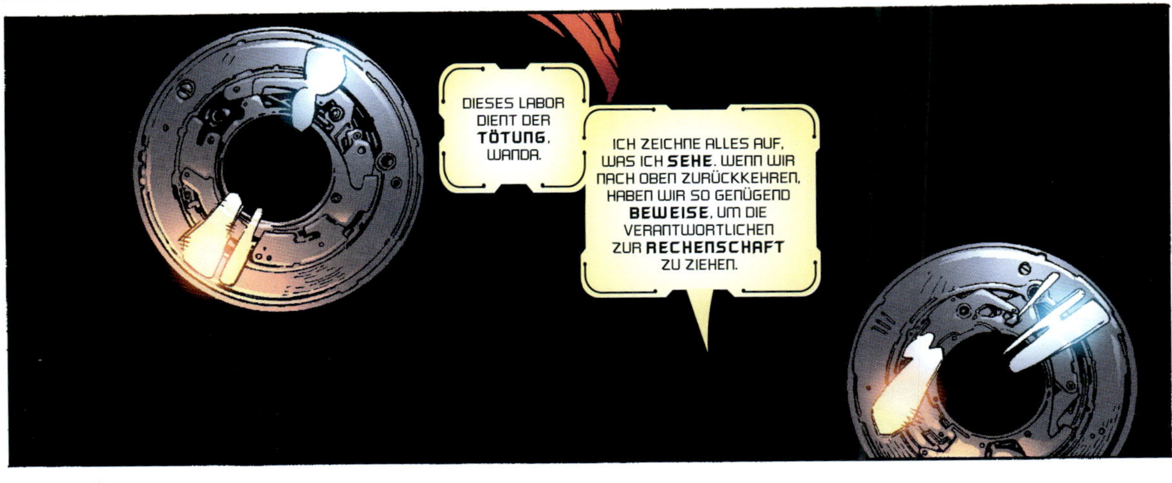

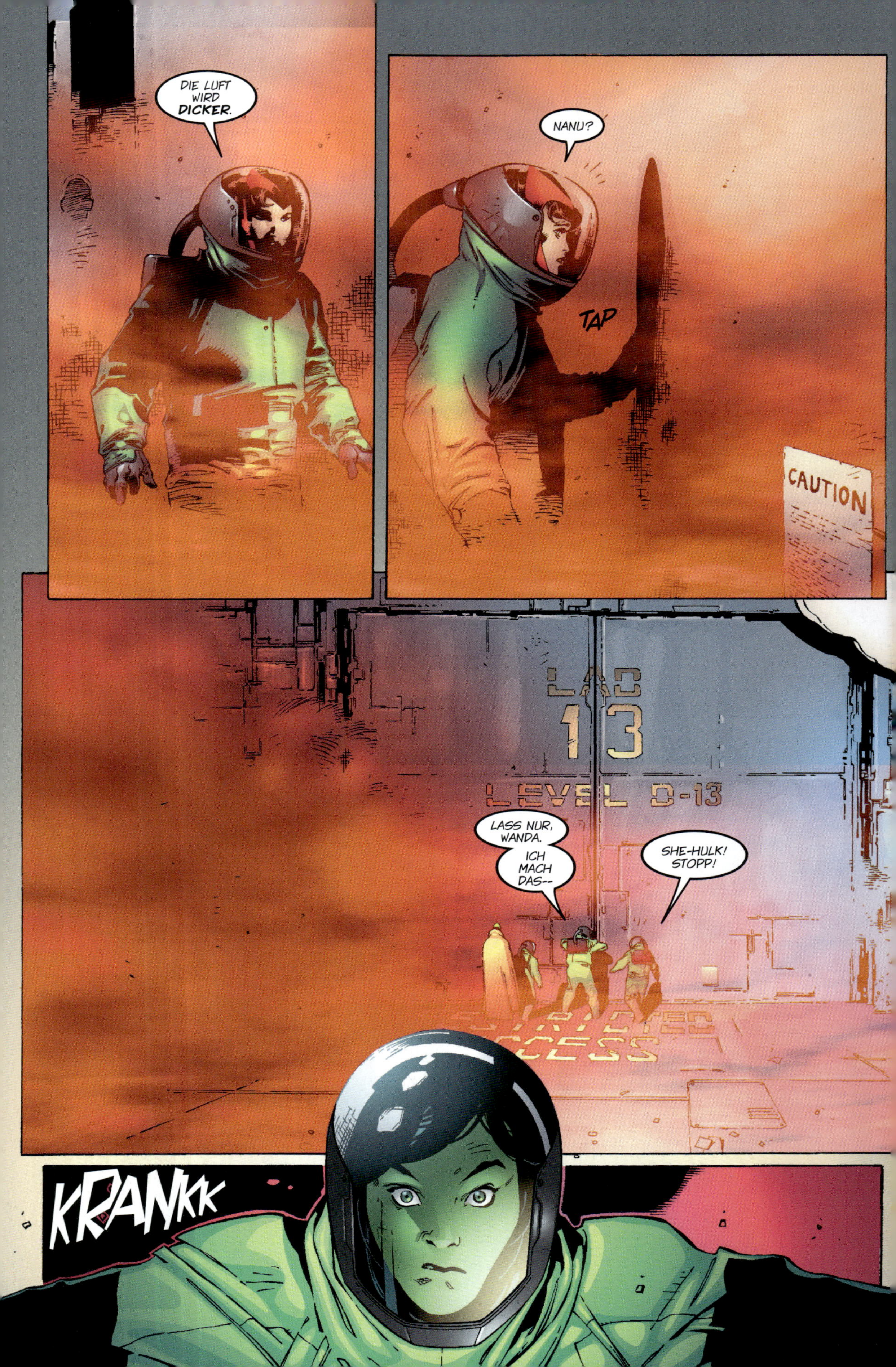
DIE LUFT WIRD DICKER.
NANU?
TAP
CAUTION
LAB 13
LEVEL D-13
LASS NUR, WANDA.
ICH MACH DAS--
SHE-HULK! STOPP!
KRANKK

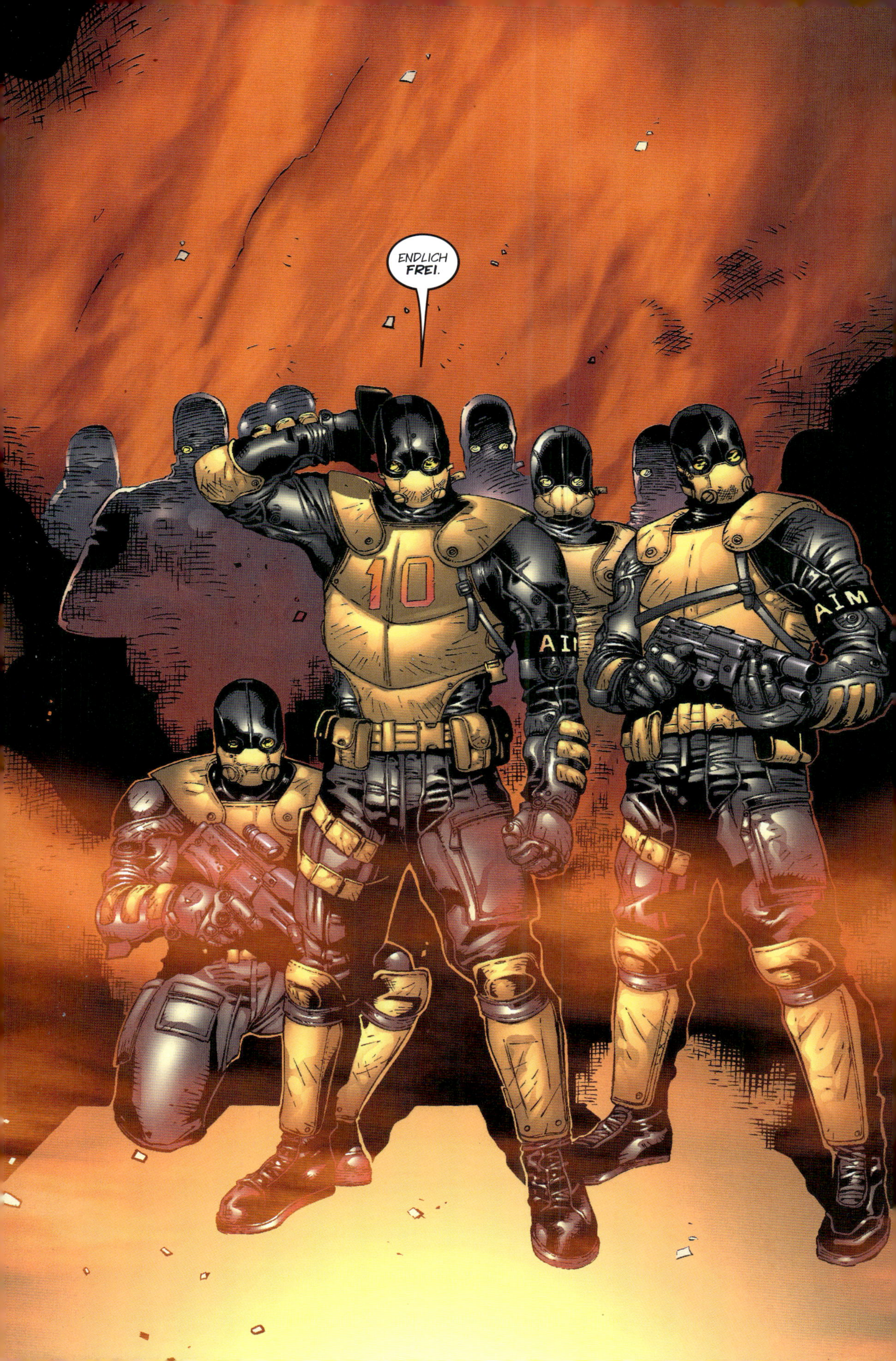
ENDLICH FREI.

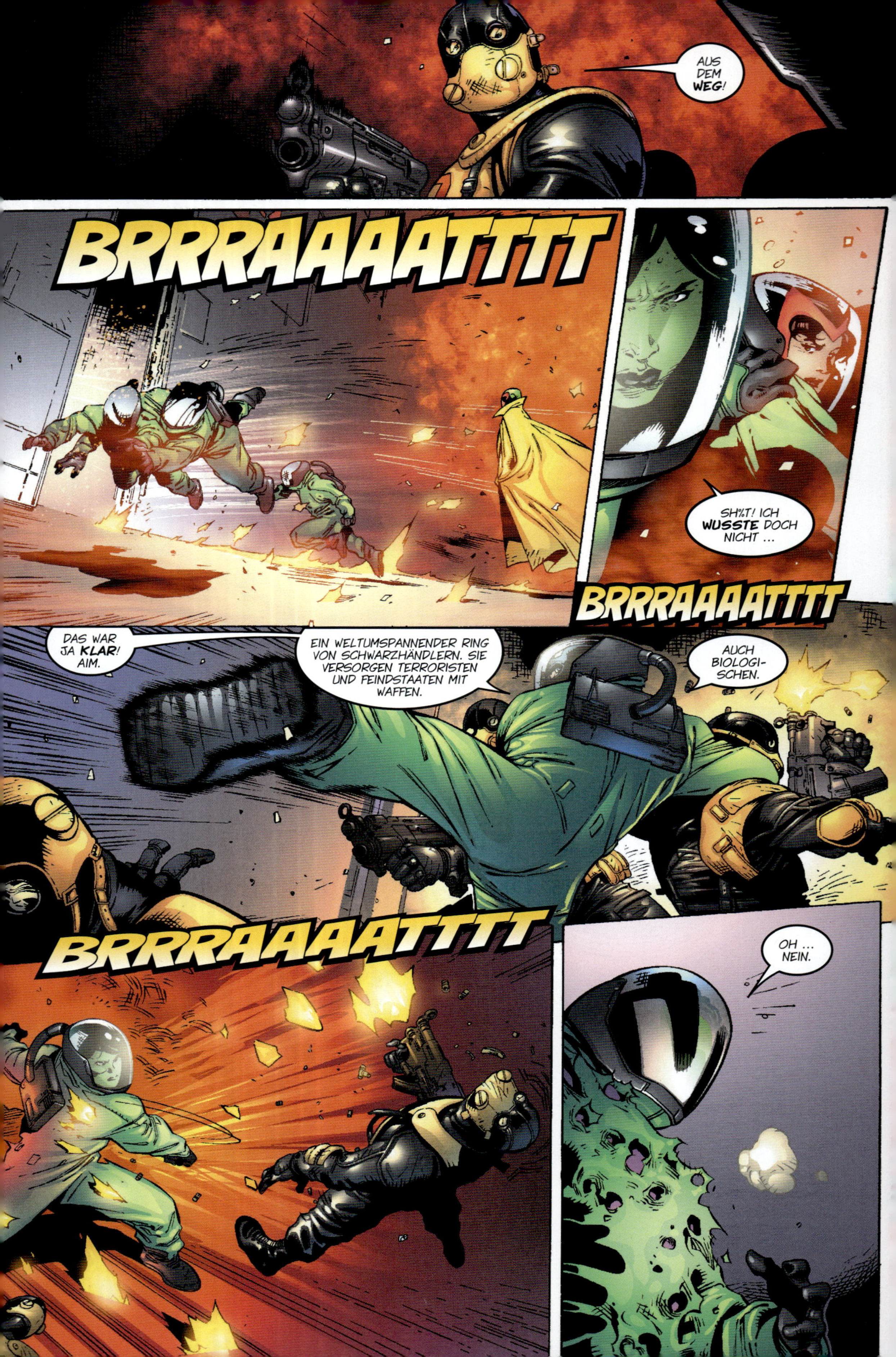
AUS DEM WEG!
BRRRAAAATTTT
SH%T! ICH WUSSTE DOCH NICHT ...
BRRRAAAATTTT
DAS WAR JA KLAR! AIM.
EIN WELTUMSPANNENDER RING VON SCHWARZHÄNDLERN. SIE VERSORGEN TERRORISTEN UND FEINDSTAATEN MIT WAFFEN.
AUCH BIOLOGI-SCHEN.
BRRRAAAATTTT
OH ... NEIN.

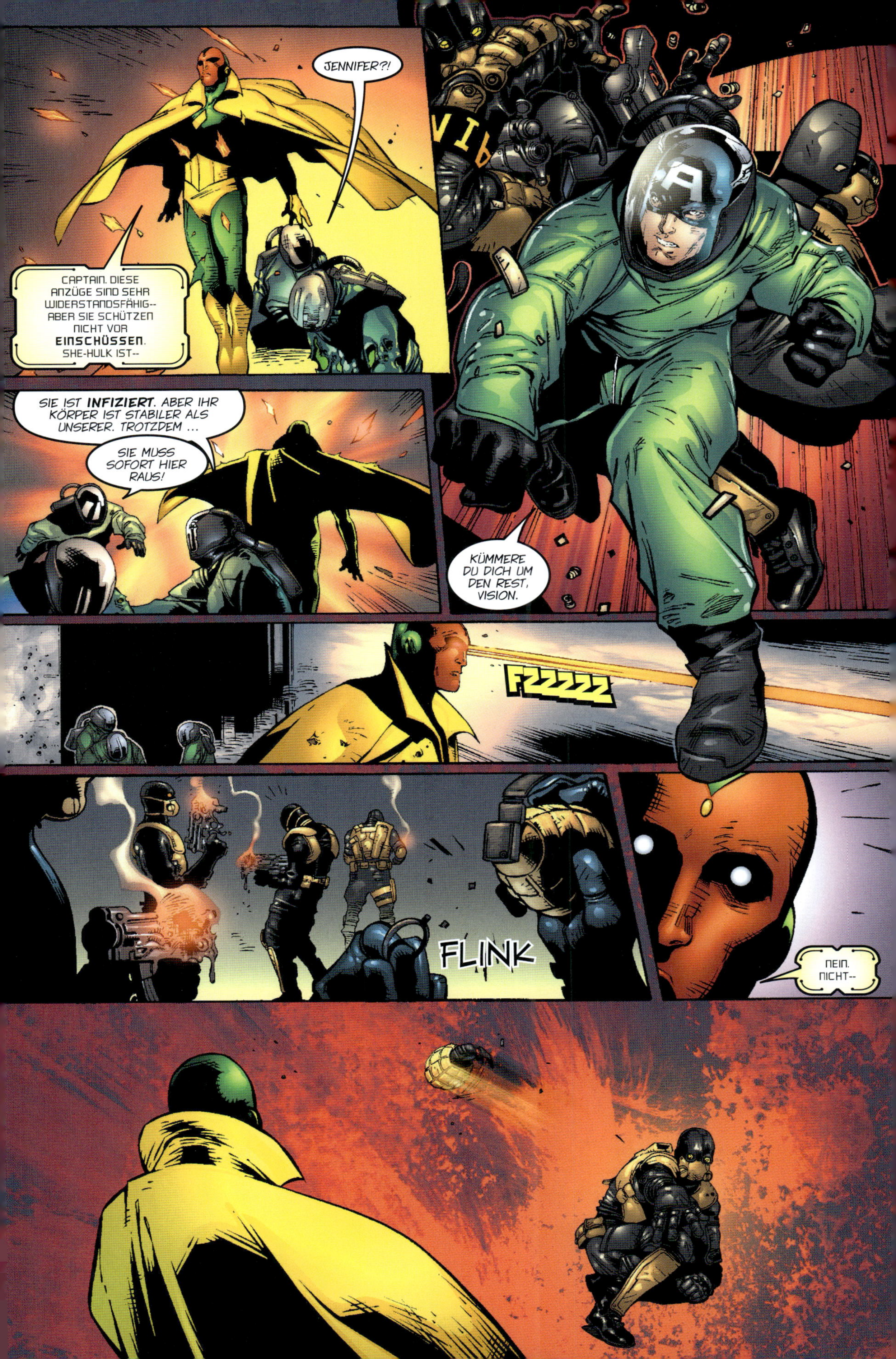
JENNIFER?!
CAPTAIN. DIESE ANZÜGE SIND SEHR WIDERSTANDSFÄHIG-- ABER SIE SCHÜTZEN NICHT VOR **EINSCHÜSSEN**. SHE-HULK IST--
SIE IST **INFIZIERT**. ABER IHR KÖRPER IST STABILER ALS UNSERER. TROTZDEM ...
SIE MUSS SOFORT HIER RAUS!
KÜMMERE DU DICH UM DEN REST, VISION.
FZZZZZ
FLINK
NEIN. NICHT--

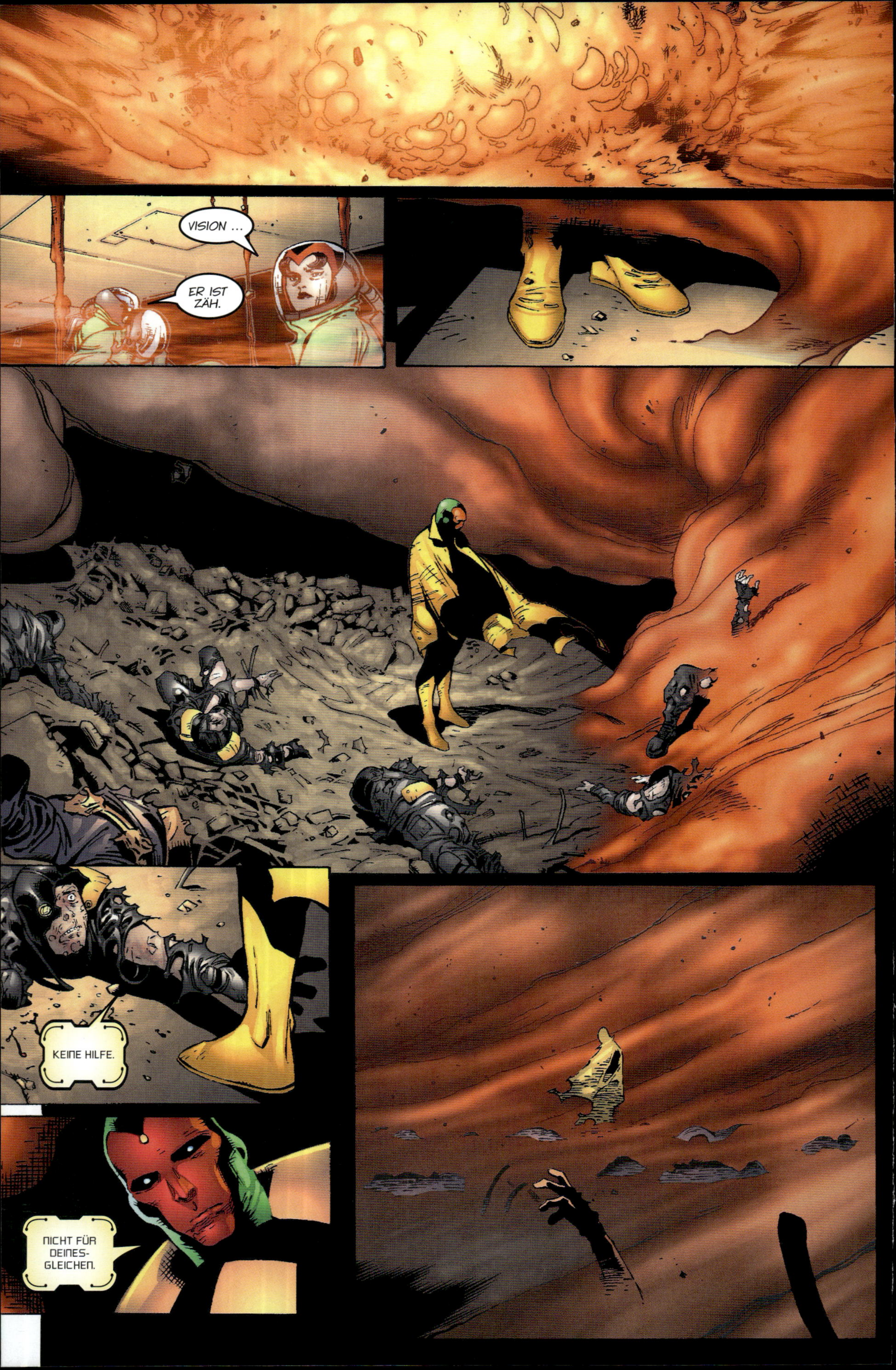
VISION …
ER IST ZÄH.
KEINE HILFE.
NICHT FÜR DEINES-GLEICHEN.

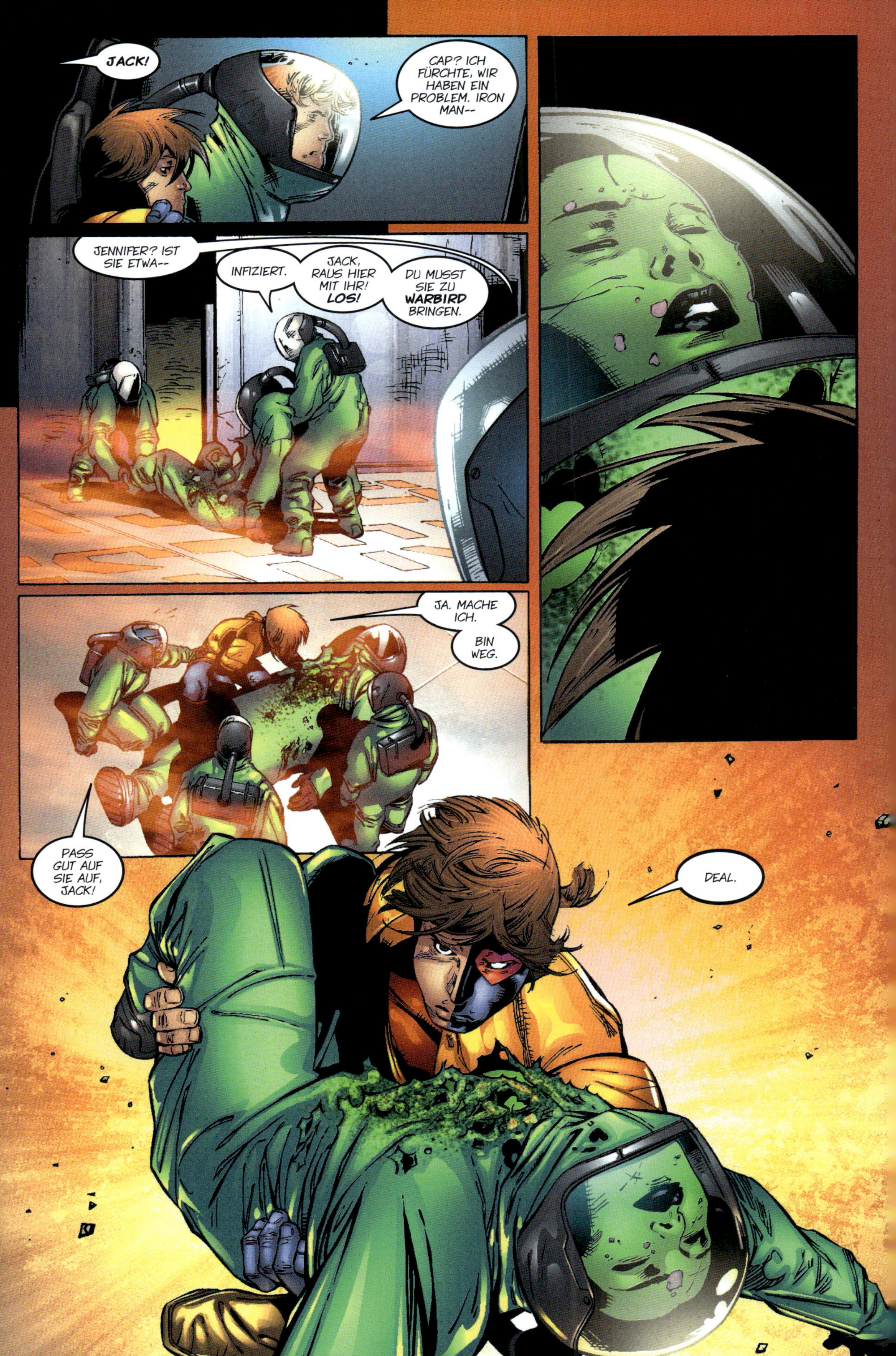
JACK!
CAP? ICH FÜRCHTE, WIR HABEN EIN PROBLEM. IRON MAN--
JENNIFER? IST SIE ETWA--
INFIZIERT.
JACK, RAUS HIER MIT IHR! LOS!
DU MUSST SIE ZU WARBIRD BRINGEN.
JA. MACHE ICH.
BIN WEG.
PASS GUT AUF SIE AUF, JACK!
DEAL.

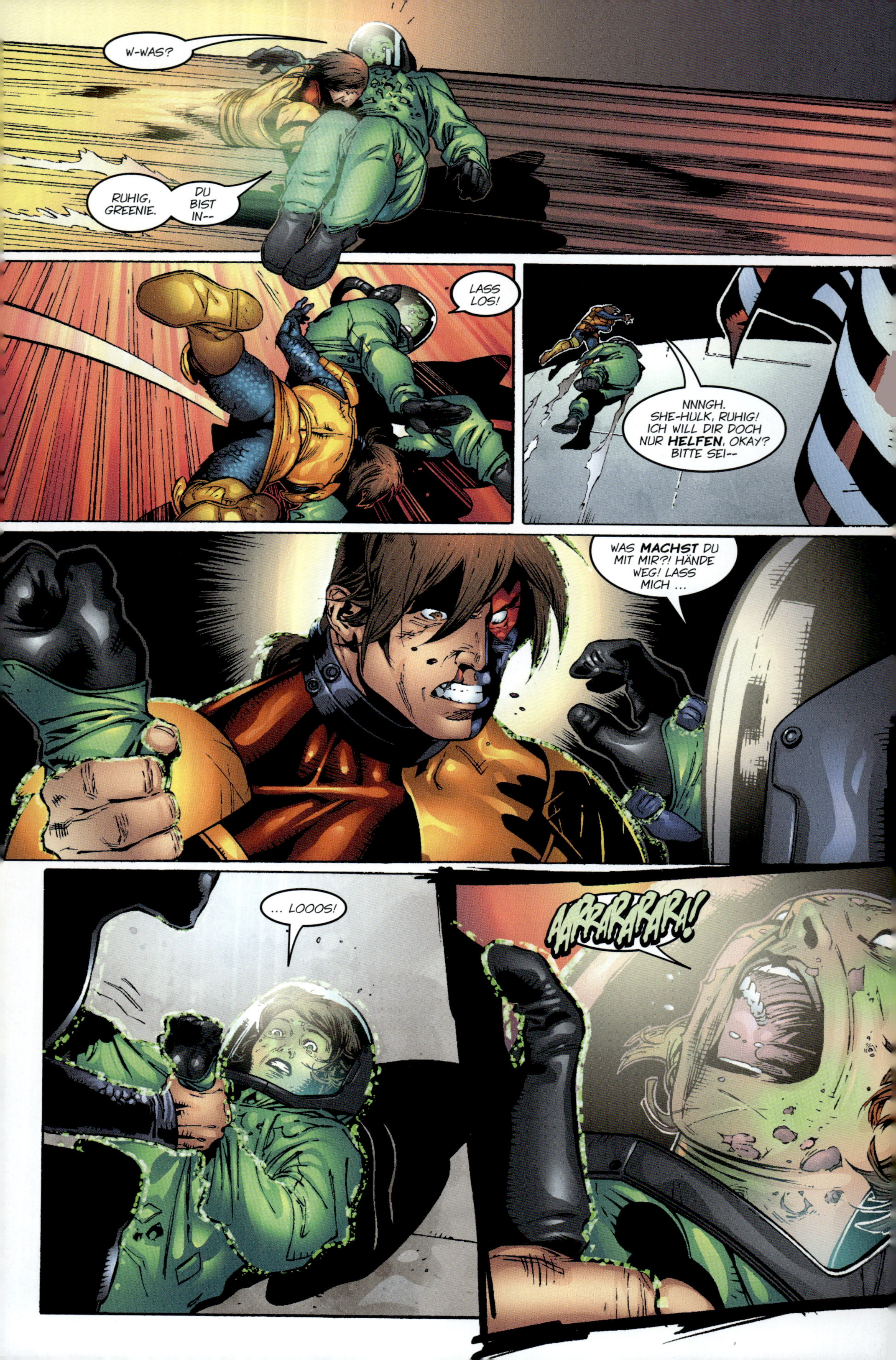
W-WAS?
RUHIG, GREENIE.
DU BIST IN--
LASS LOS!
NNNGH. SHE-HULK, RUHIG! ICH WILL DIR DOCH NUR **HELFEN**, OKAY? BITTE SEI--
WAS **MACHST** DU MIT MIR?! HÄNDE WEG! LASS MICH ...
... LOOOS!
AAARRARARARA!

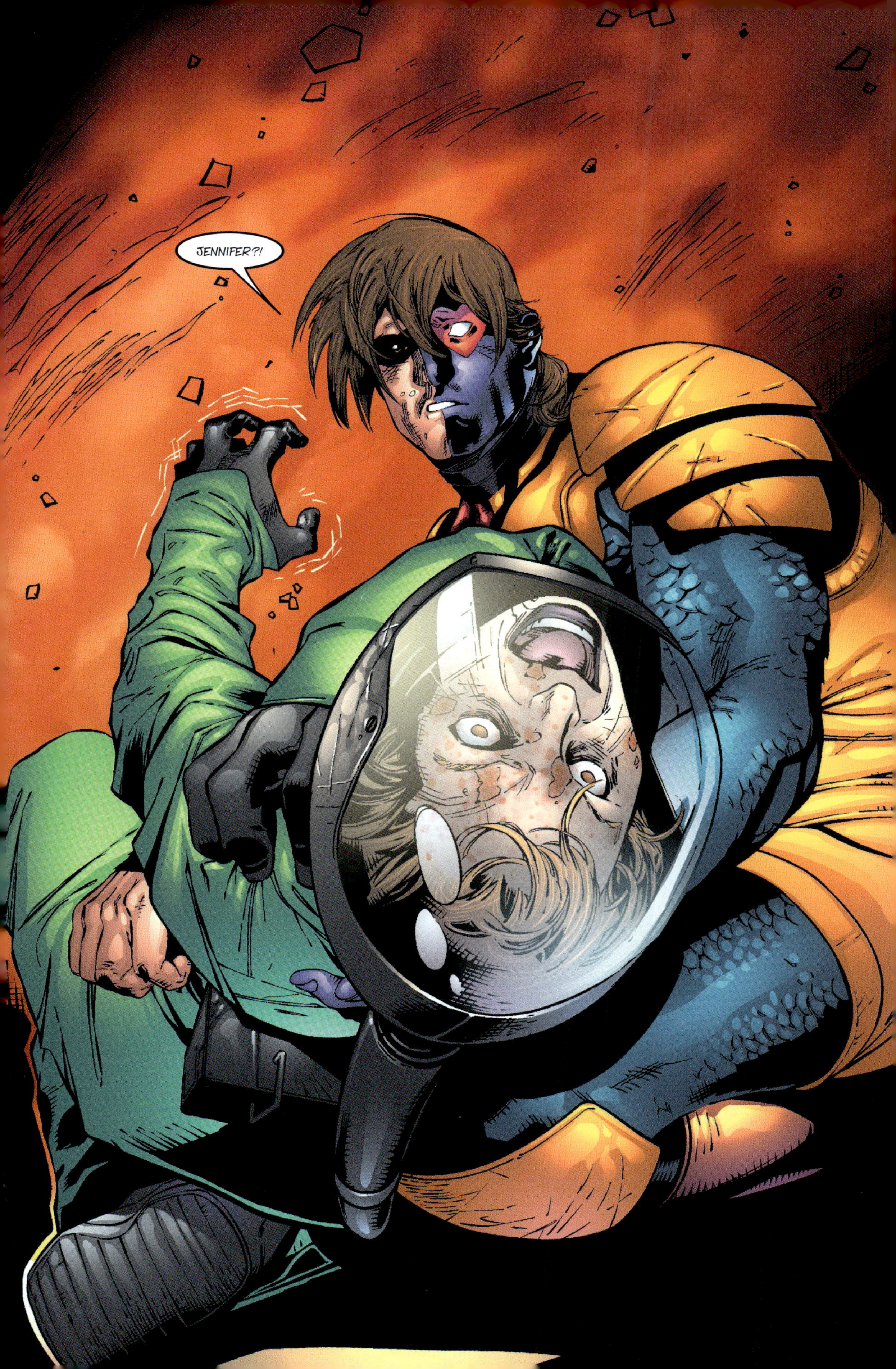
JENNIFER?!

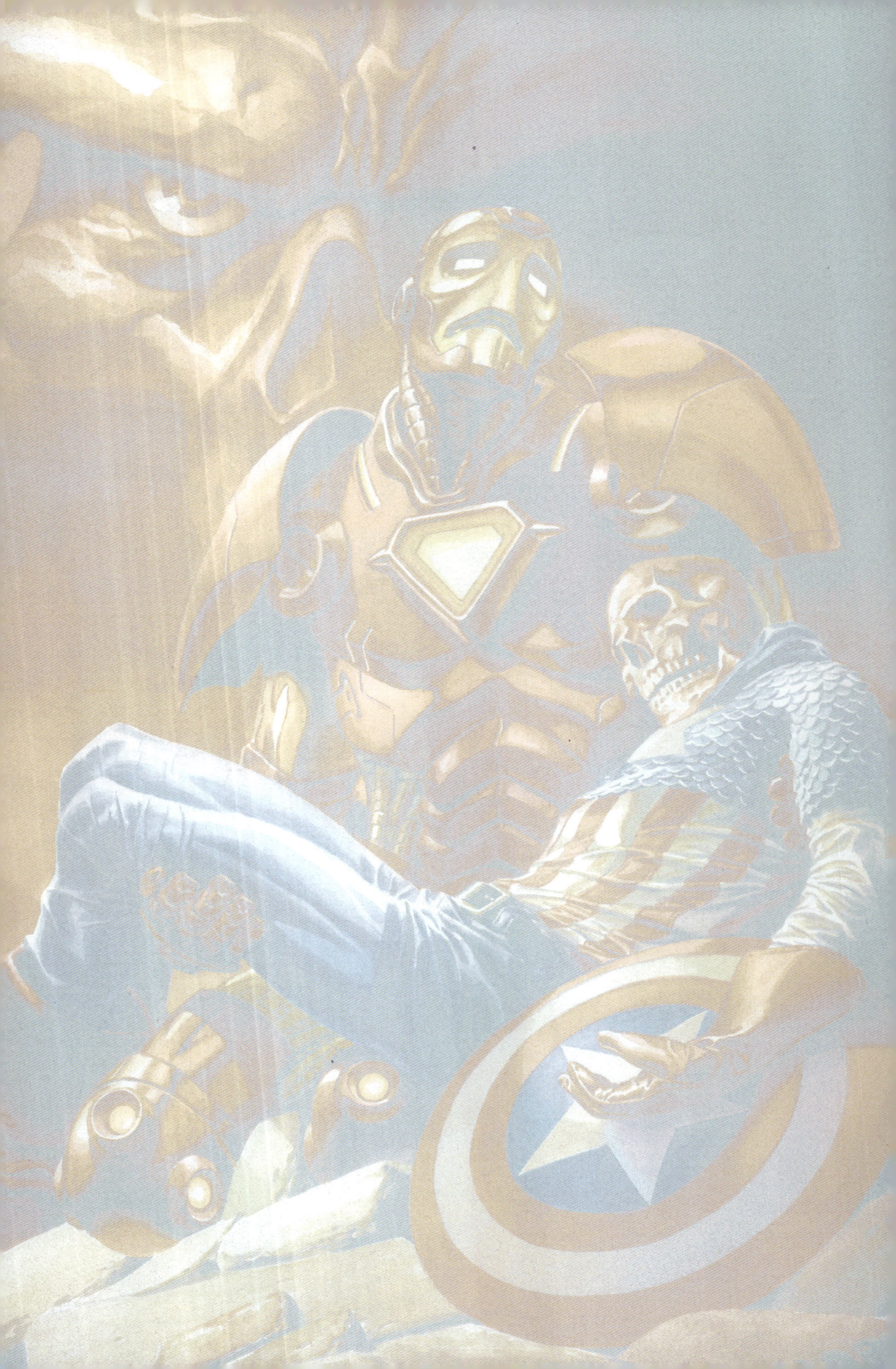

ROTE ZONE, TEIL 4: FLUCHT NACH VORN

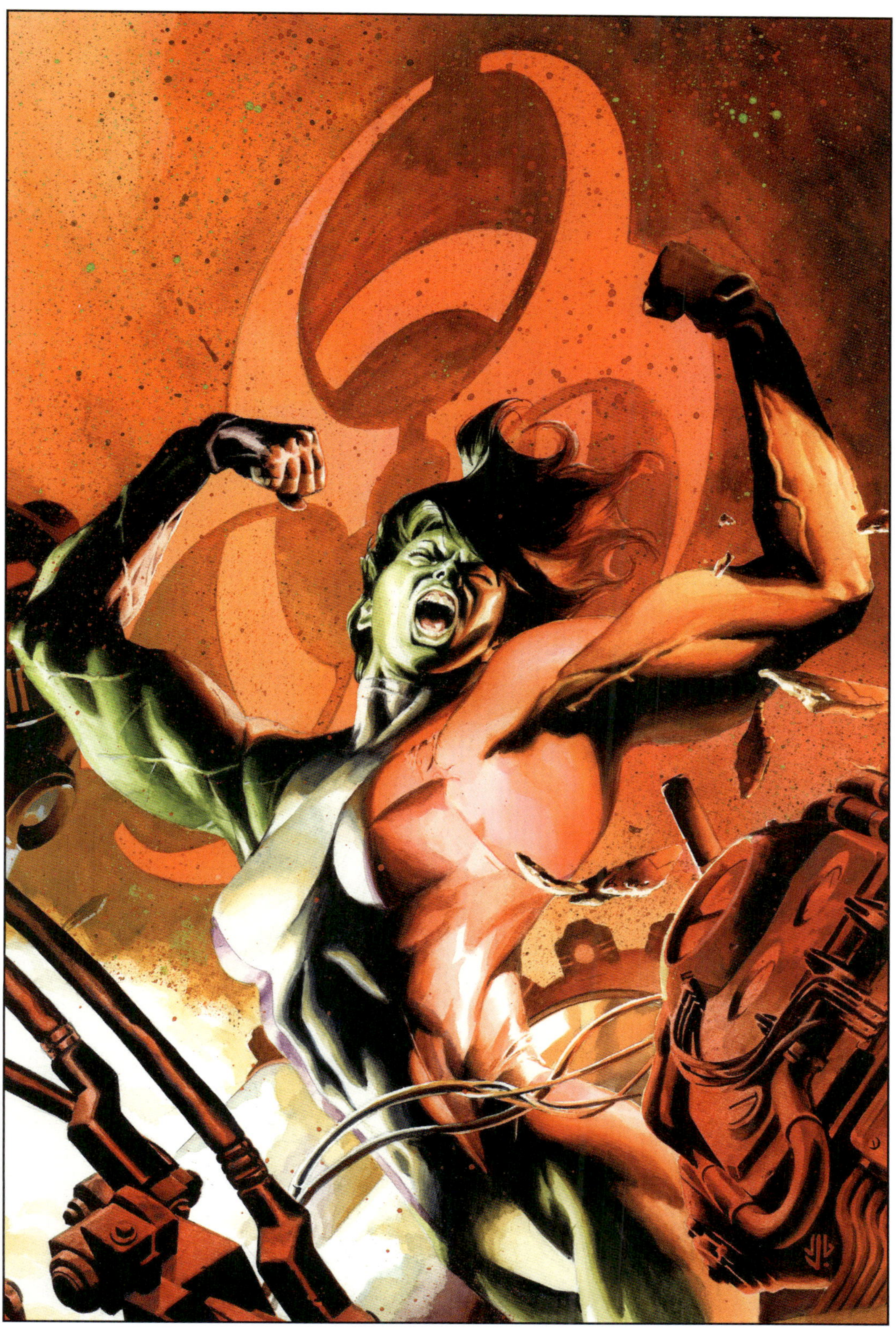

Avengers (1998) 68
Cover von **J. G. JONES**

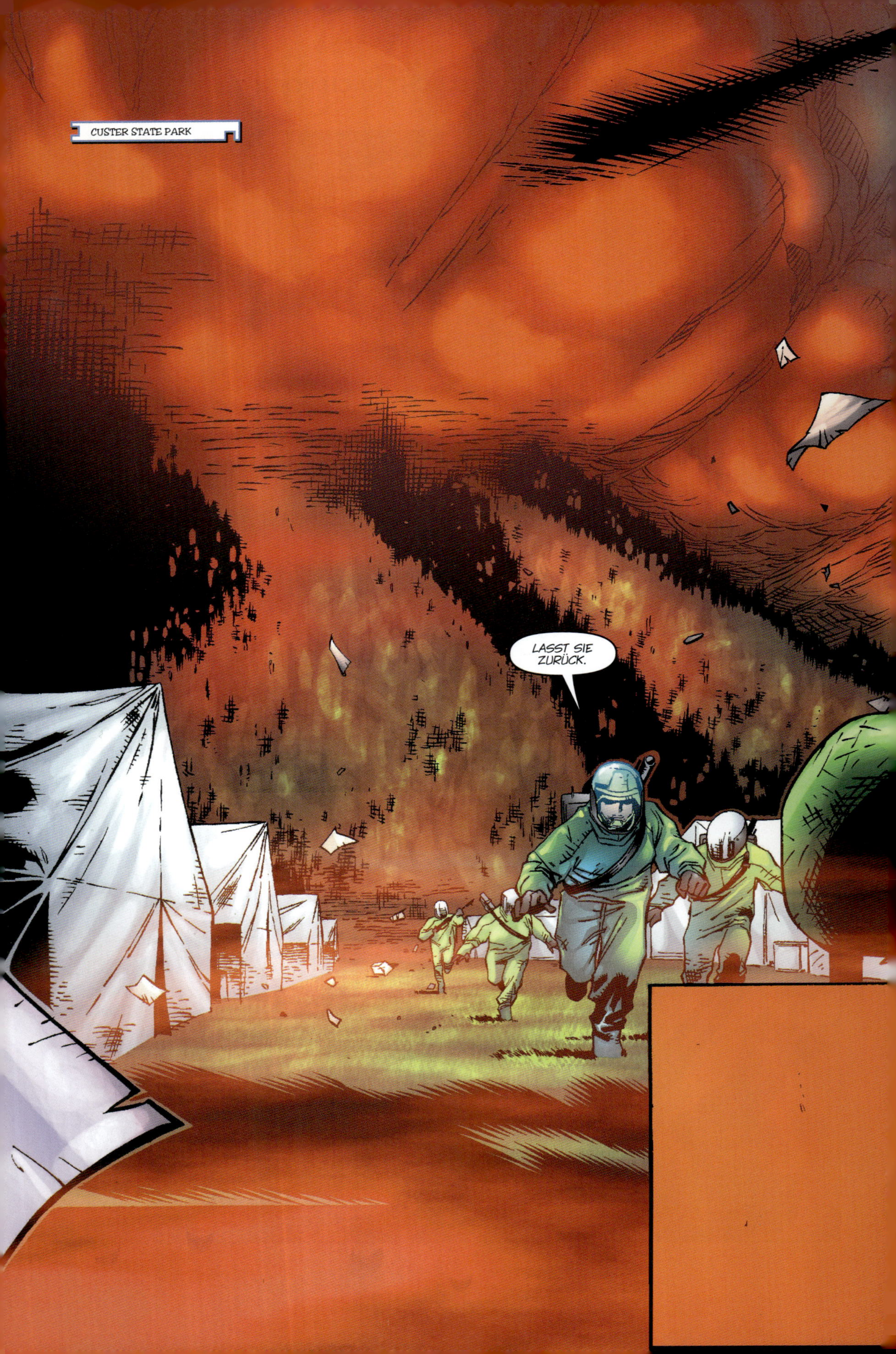
CUSTER STATE PARK
LASST SIE ZURÜCK.

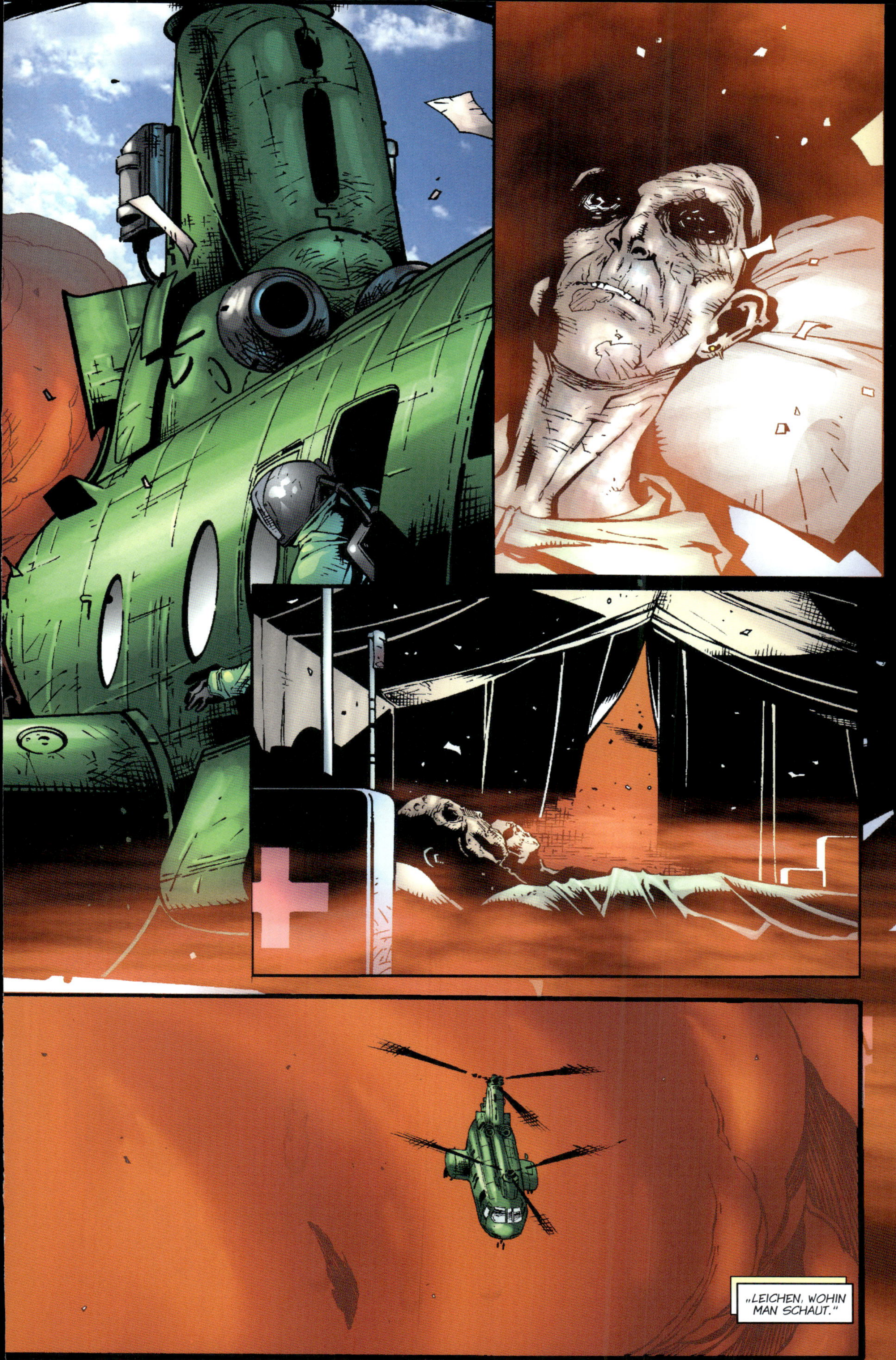
„LEICHEN, WOHIN MAN SCHAUT."

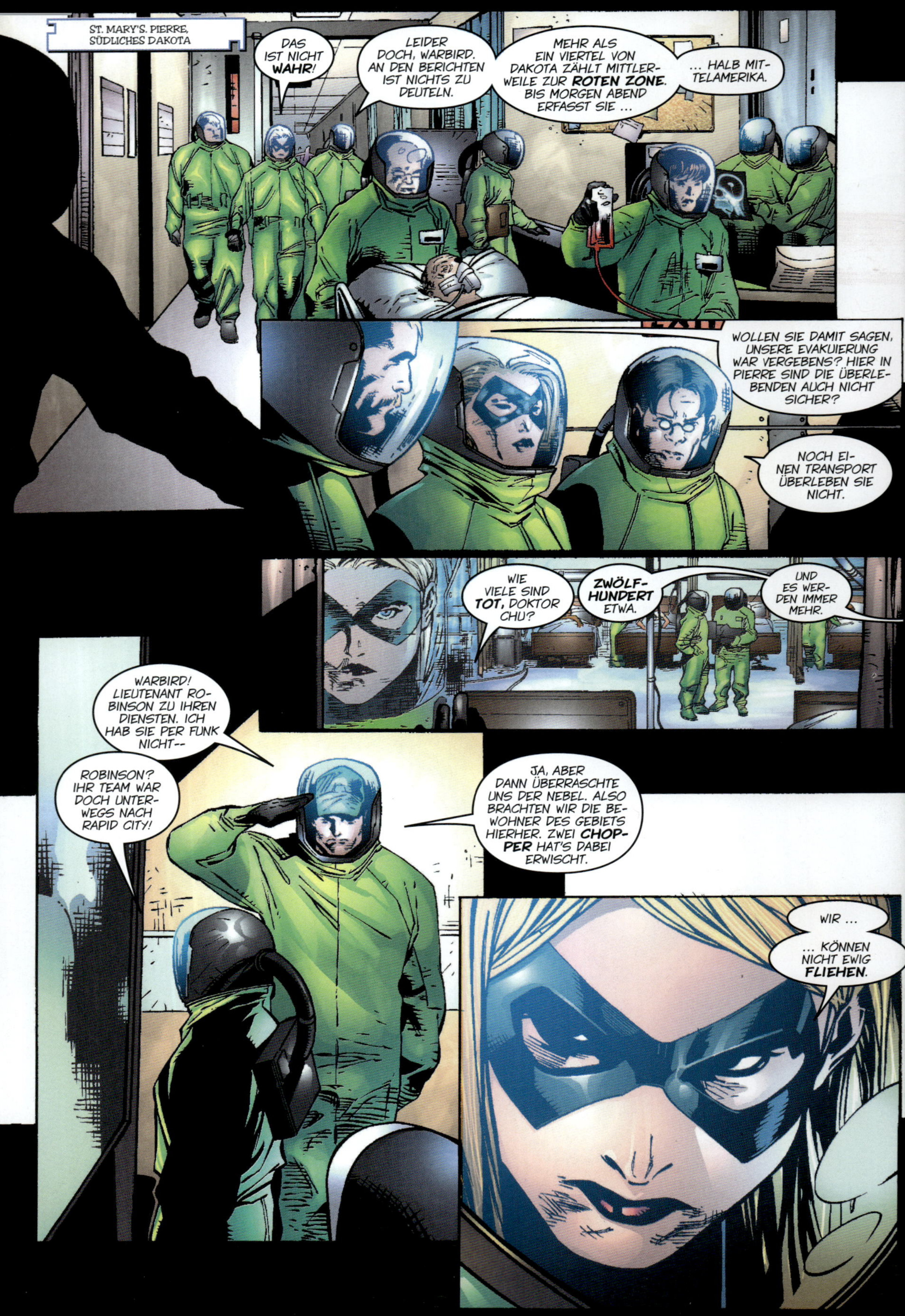
ST. MARY'S. PIERRE, SÜDLICHES DAKOTA
DAS IST NICHT **WAHR**!
LEIDER DOCH, WARBIRD. AN DEN BERICHTEN IST NICHTS ZU DEUTELN.
MEHR ALS EIN VIERTEL VON DAKOTA ZÄHLT MITTLERWEILE ZUR **ROTEN ZONE**. BIS MORGEN ABEND ERFASST SIE …
… HALB MITTELAMERIKA.
WOLLEN SIE DAMIT SAGEN, UNSERE EVAKUIERUNG WAR VERGEBENS? HIER IN PIERRE SIND DIE ÜBERLEBENDEN AUCH NICHT SICHER?
NOCH EINEN TRANSPORT ÜBERLEBEN SIE NICHT.
WIE VIELE SIND **TOT**, DOKTOR CHU?
ZWÖLFHUNDERT ETWA.
UND ES WERDEN IMMER MEHR.
WARBIRD! LIEUTENANT ROBINSON ZU IHREN DIENSTEN. ICH HAB SIE PER FUNK NICHT--
ROBINSON? IHR TEAM WAR DOCH UNTERWEGS NACH RAPID CITY!
JA, ABER DANN ÜBERRASCHTE UNS DER NEBEL. ALSO BRACHTEN WIR DIE BEWOHNER DES GEBIETS HIERHER. ZWEI **CHOPPER** HAT'S DABEI ERWISCHT.
WIR …
… KÖNNEN NICHT EWIG **FLIEHEN**.

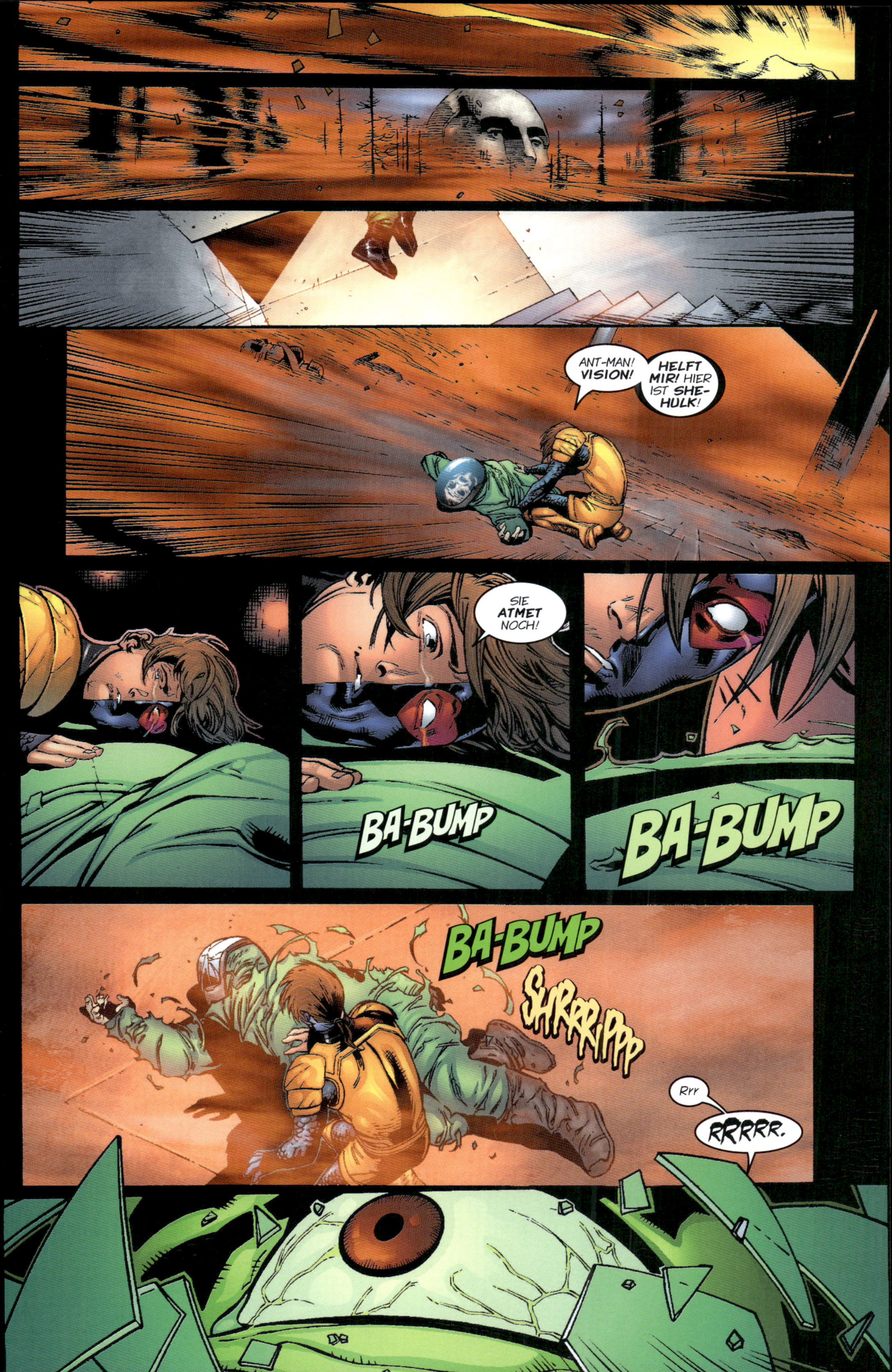
ANT-MAN! VISION!
HELFT MIR! HIER IST SHE-HULK!
SIE ATMET NOCH!
BA-BUMP
BA-BUMP
BA-BUMP
SHRRRIPPP
Rrr
RRRRR.

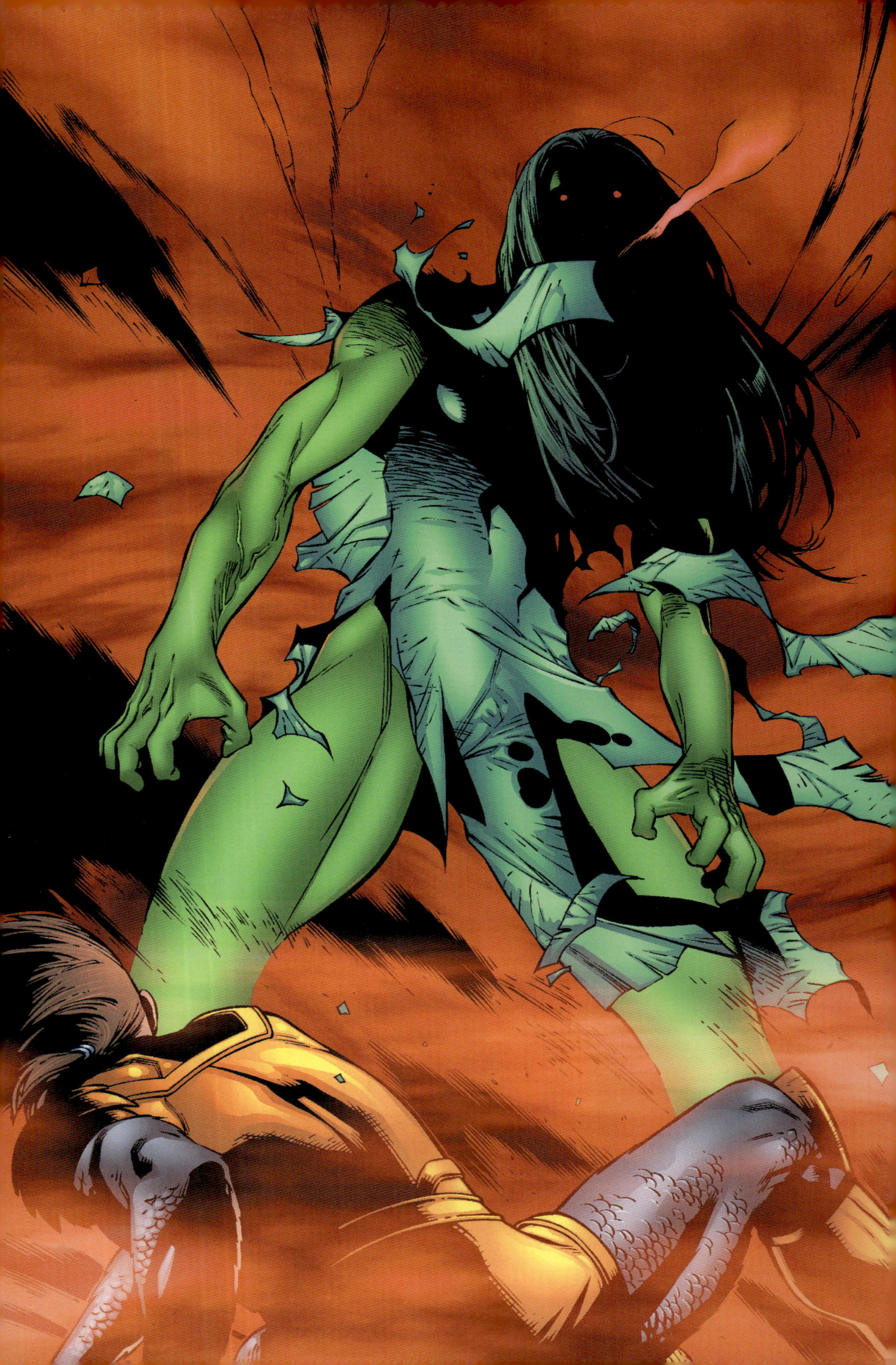

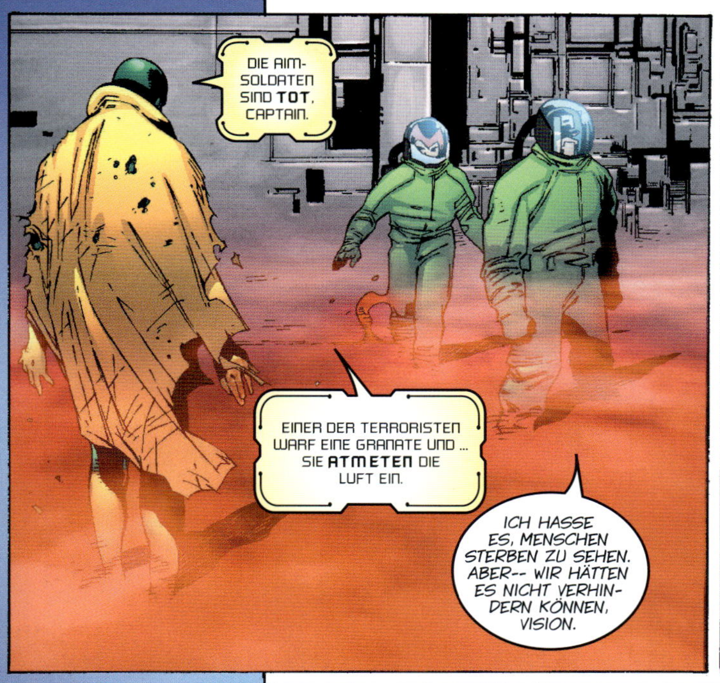
DIE AIM-SOLDATEN SIND **TOT**, CAPTAIN.
EINER DER TERRORISTEN WARF EINE GRANATE UND ... SIE **ATMETEN** DIE LUFT EIN.
ICH HASSE ES, MENSCHEN STERBEN ZU SEHEN. ABER-- WIR HÄTTEN ES NICHT VERHINDERN KÖNNEN, VISION.

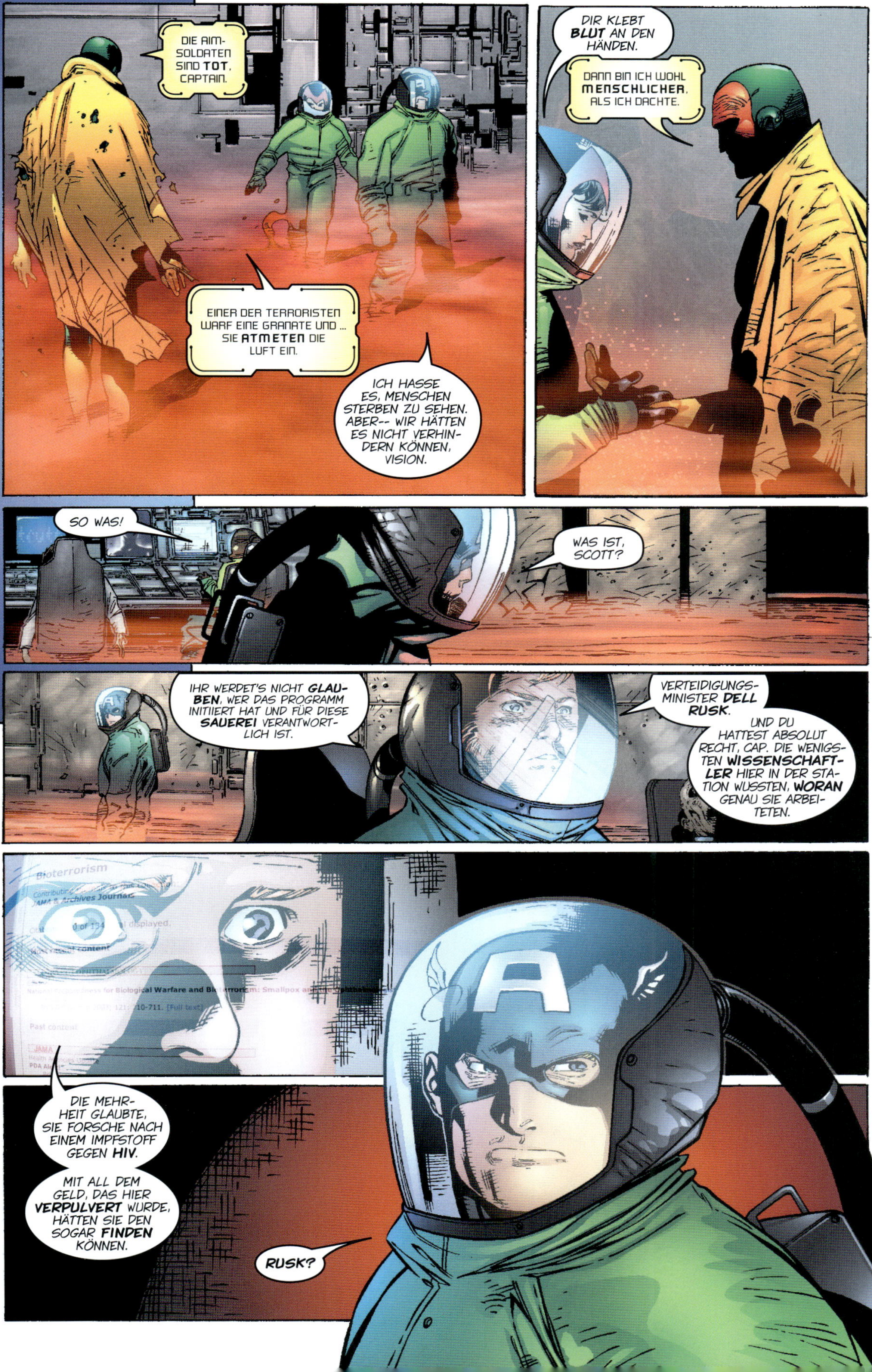

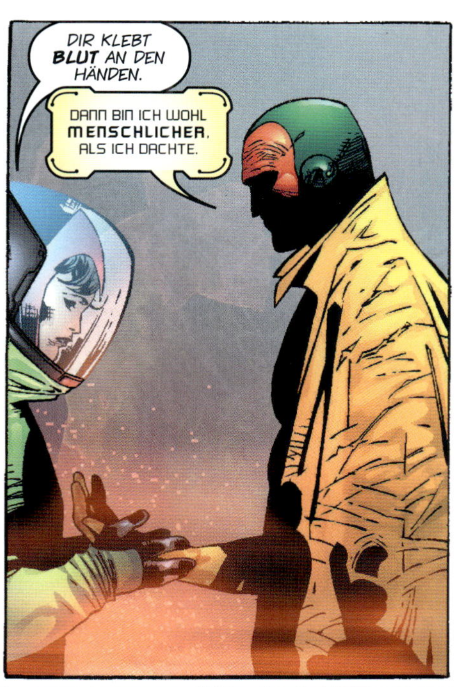
DIR KLEBT **BLUT** AN DEN HÄNDEN.
DANN BIN ICH WOHL **MENSCHLICHER**, ALS ICH DACHTE.

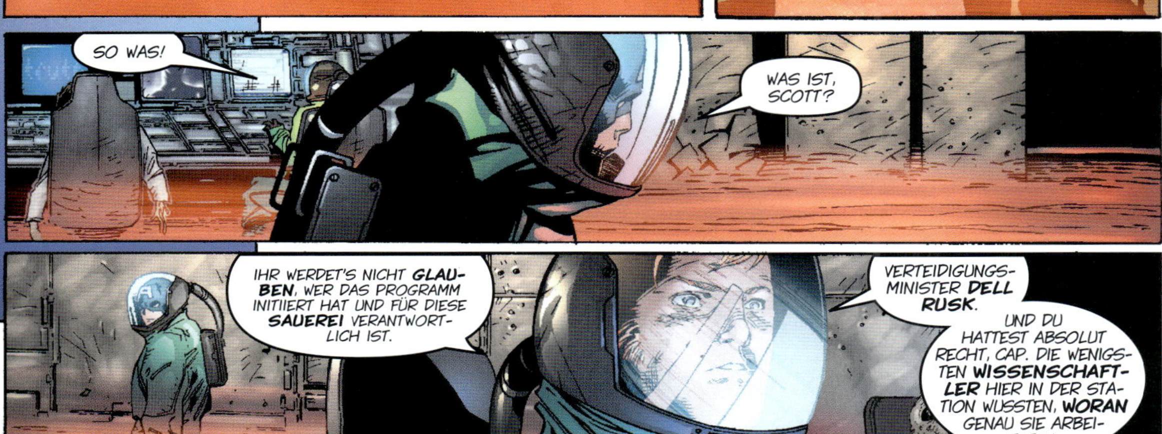
SO WAS!
WAS IST, SCOTT?
IHR WERDET'S NICHT **GLAUBEN**, WER DAS PROGRAMM INITIIERT HAT UND FÜR DIESE **SAUEREI** VERANTWORTLICH IST.
VERTEIDIGUNGSMINISTER **DELL RUSK**.
UND DU HATTEST ABSOLUT RECHT, CAP. DIE WENIGSTEN **WISSENSCHAFTLER** HIER IN DER STATION WUSSTEN, **WORAN** GENAU SIE ARBEITETEN.

Bioterrorism
DIE MEHRHEIT GLAUBTE, SIE FORSCHE NACH EINEM IMPFSTOFF GEGEN **HIV**.
MIT ALL DEM GELD, DAS HIER **VERPULVERT** WURDE, HÄTTEN SIE DEN SOGAR **FINDEN** KÖNNEN.
RUSK?

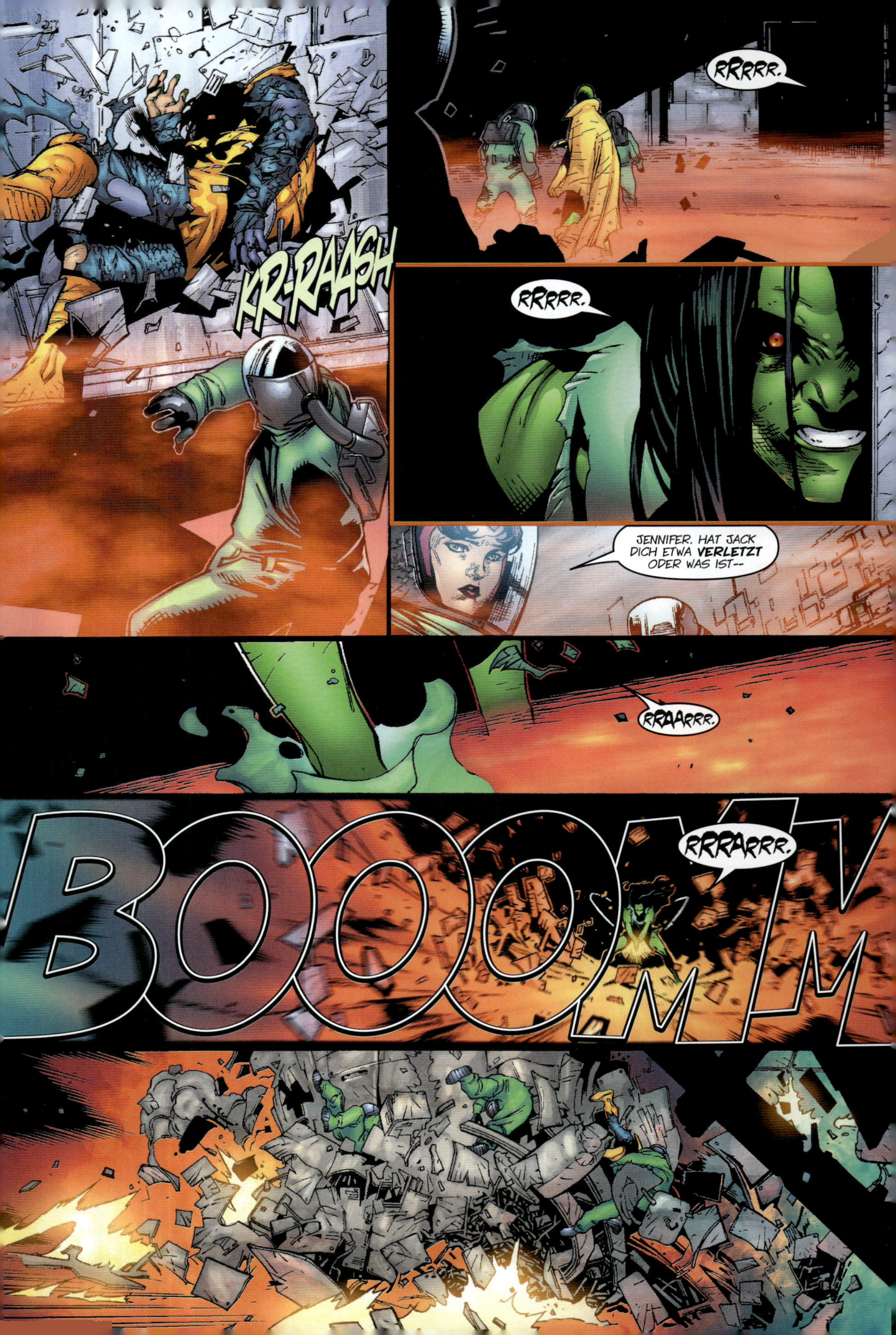
KR-RAASH
RRRRR.
RRRRR.
JENNIFER. HAT JACK DICH ETWA **VERLETZT** ODER WAS IST--
RRAARRR.
BOOOMM
RRRARRR.

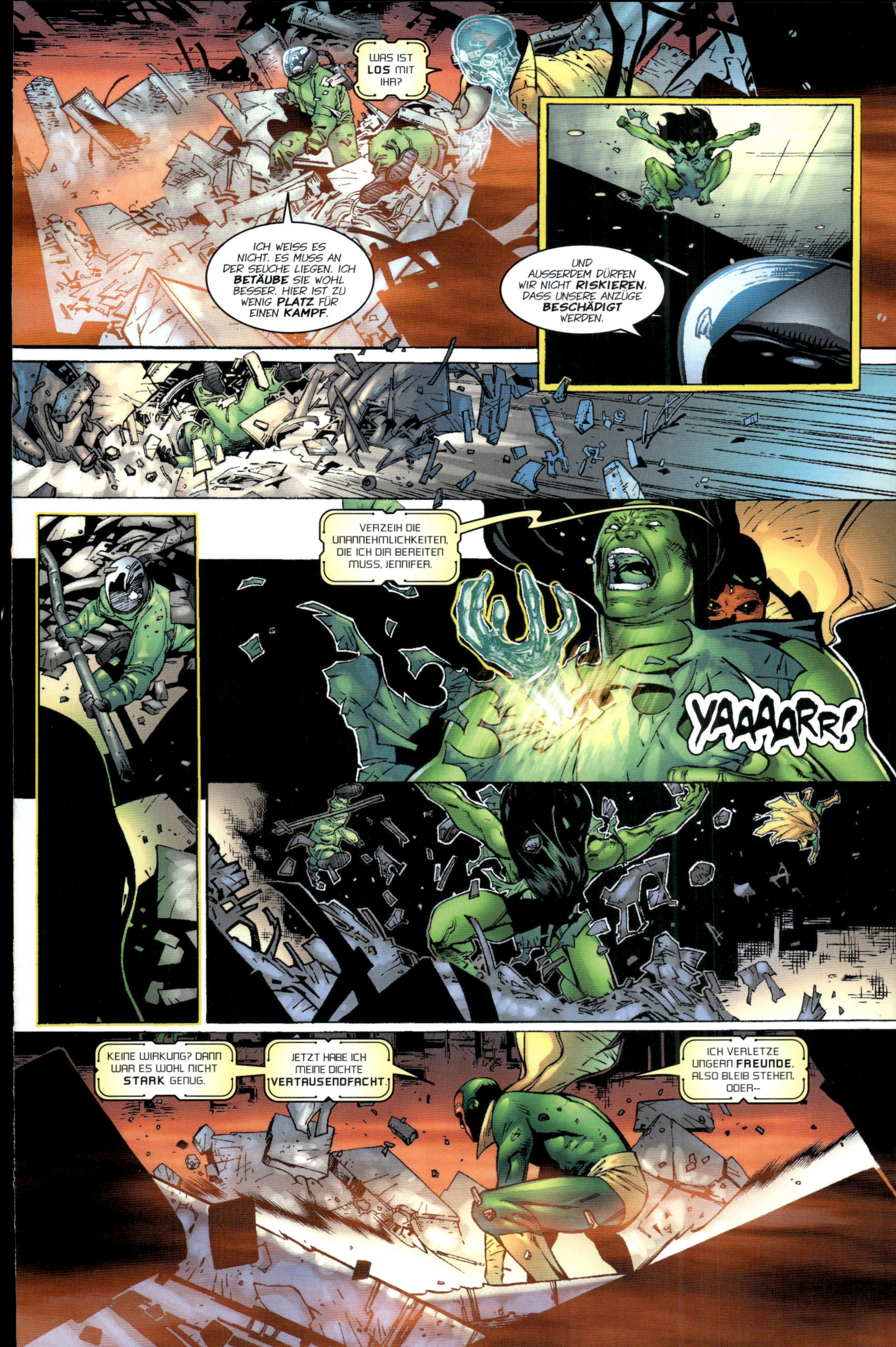
WAS IST LOS MIT IHR?
ICH WEISS ES NICHT. ES MUSS AN DER SEUCHE LIEGEN. ICH BETÄUBE SIE WOHL BESSER. HIER IST ZU WENIG PLATZ FÜR EINEN KAMPF.
UND AUSSERDEM DÜRFEN WIR NICHT RISKIEREN, DASS UNSERE ANZÜGE BESCHÄDIGT WERDEN.
VERZEIH DIE UNANNEHMLICHKEITEN, DIE ICH DIR BEREITEN MUSS, JENNIFER.
YAAAARR!
KEINE WIRKUNG? DANN WAR ES WOHL NICHT STARK GENUG.
JETZT HABE ICH MEINE DICHTE VERTAUSENDFACHT.
ICH VERLETZE UNGERN FREUNDE, ALSO BLEIB STEHEN, ODER--

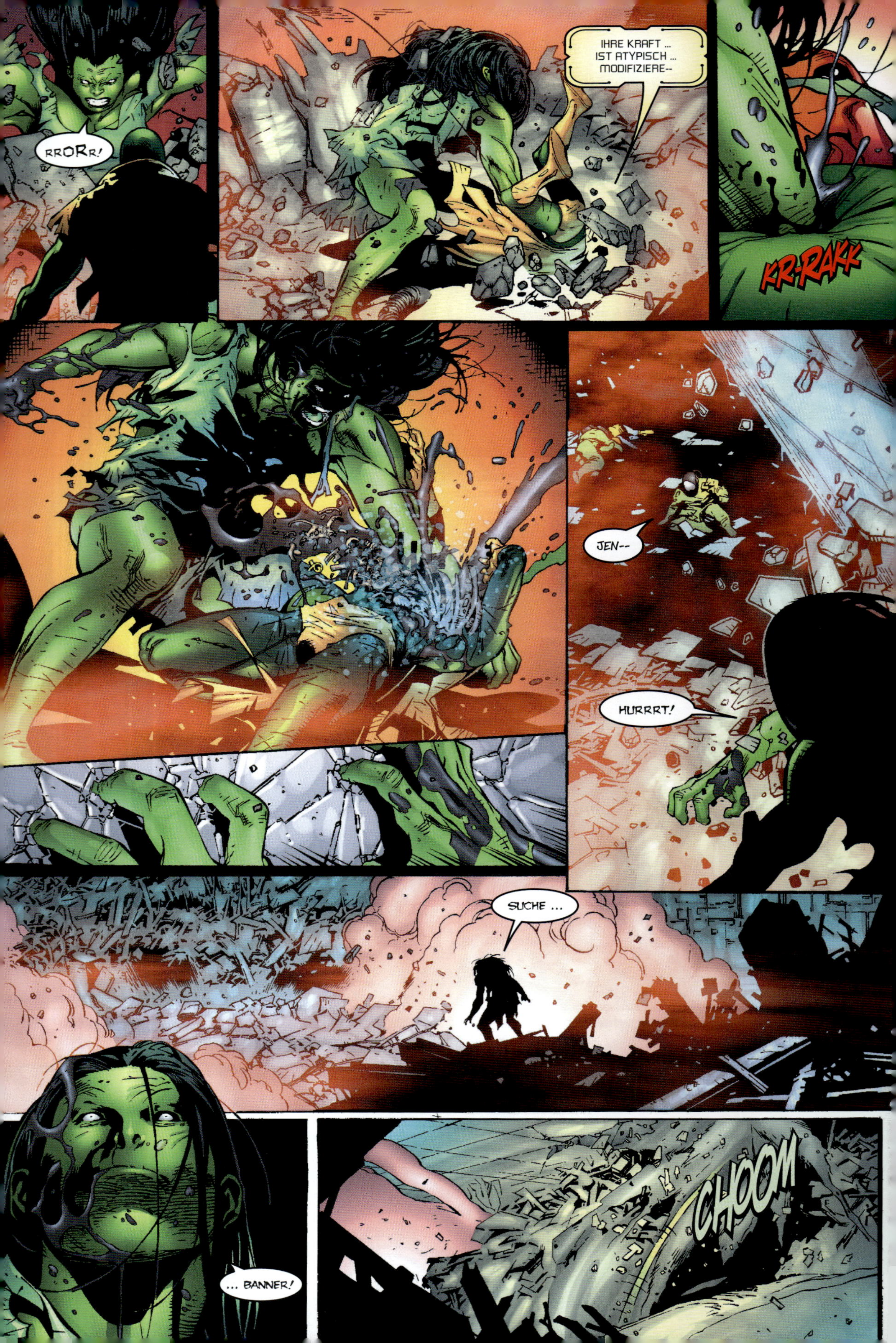
RRORR!
IHRE KRAFT ... IST ATYPISCH ... MODIFIZIERE--
KR-RAKK
JEN--
HURRRT!
SUCHE ...
... BANNER!
CHOOM

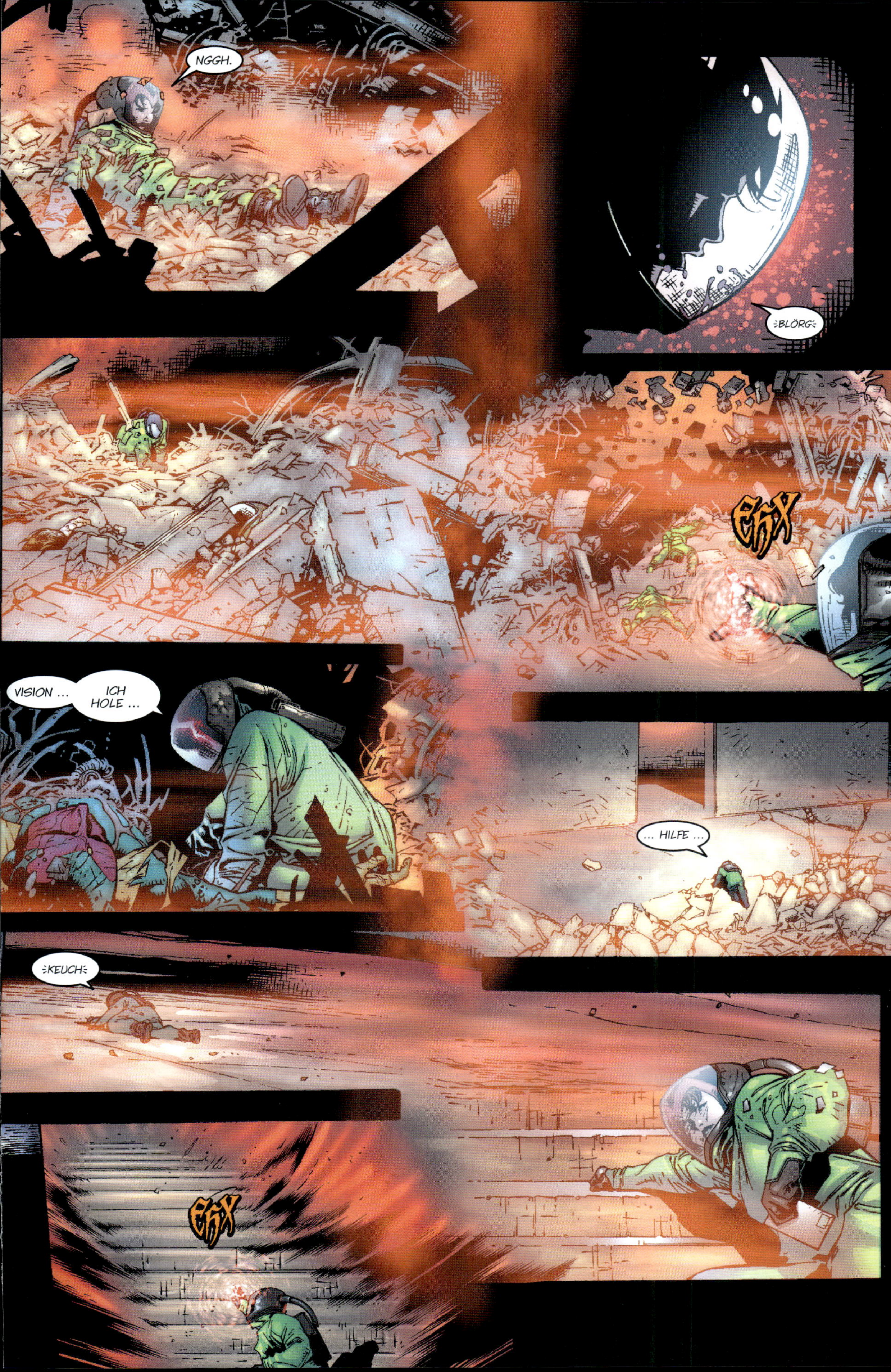
NGGH.
BLÖRG
EHX
VISION ...
ICH HOLE ...
... HILFE ...
KEUCH
EHX

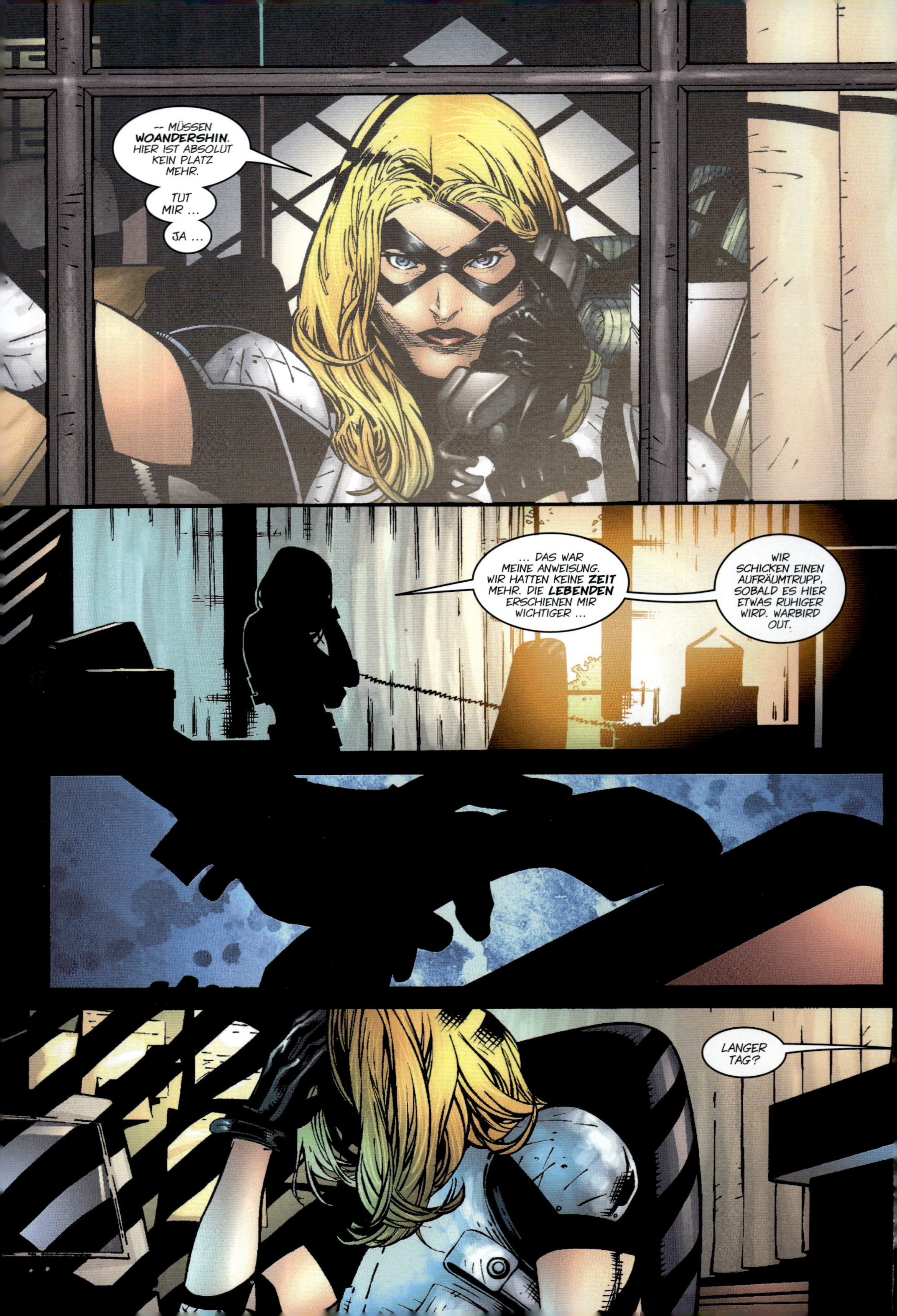
-- MÜSSEN WOANDERSHIN. HIER IST ABSOLUT KEIN PLATZ MEHR.
TUT MIR ...
JA ...
... DAS WAR MEINE ANWEISUNG. WIR HATTEN KEINE ZEIT MEHR. DIE LEBENDEN ERSCHIENEN MIR WICHTIGER ...
WIR SCHICKEN EINEN AUFRÄUMTRUPP, SOBALD ES HIER ETWAS RUHIGER WIRD. WARBIRD OUT.
LANGER TAG?

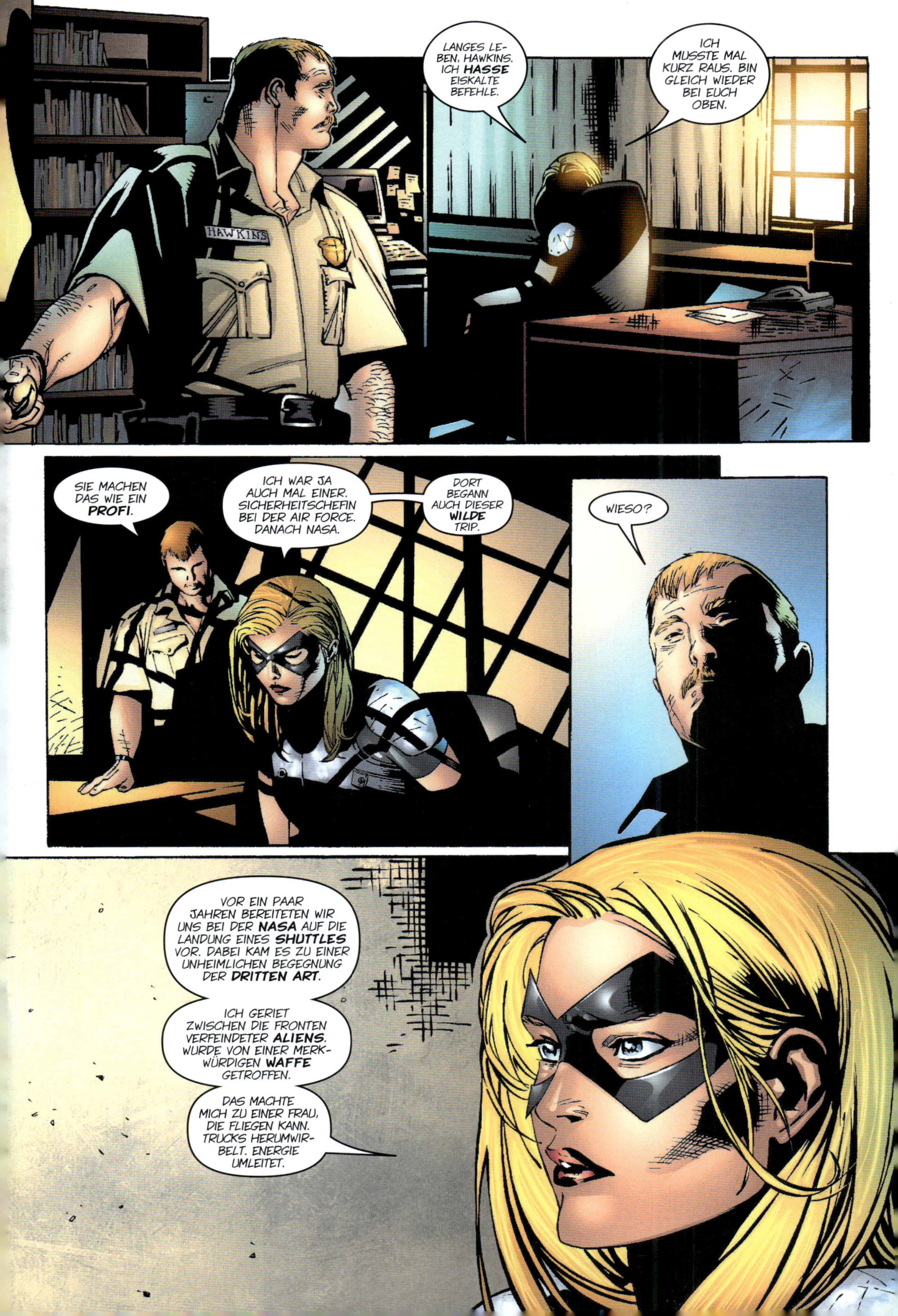

LANGES LEBEN, HAWKINS. ICH **HASSE** EISKALTE BEFEHLE.

ICH MUSSTE MAL KURZ RAUS. BIN GLEICH WIEDER BEI EUCH OBEN.

SIE MACHEN DAS WIE EIN **PROFI**.

ICH WAR JA AUCH MAL EINER. SICHERHEITSCHEFIN BEI DER AIR FORCE. DANACH NASA.

DORT BEGANN AUCH DIESER **WILDE** TRIP.

WIESO?

VOR EIN PAAR JAHREN BEREITETEN WIR UNS BEI DER **NASA** AUF DIE LANDUNG EINES **SHUTTLES** VOR. DABEI KAM ES ZU EINER UNHEIMLICHEN BEGEGNUNG DER **DRITTEN ART**.

ICH GERIET ZWISCHEN DIE FRONTEN VERFEINDETER **ALIENS**. WURDE VON EINER MERKWÜRDIGEN **WAFFE** GETROFFEN.

DAS MACHTE MICH ZU EINER FRAU, DIE FLIEGEN KANN. TRUCKS HERUMWIRBELT. ENERGIE UMLEITET.

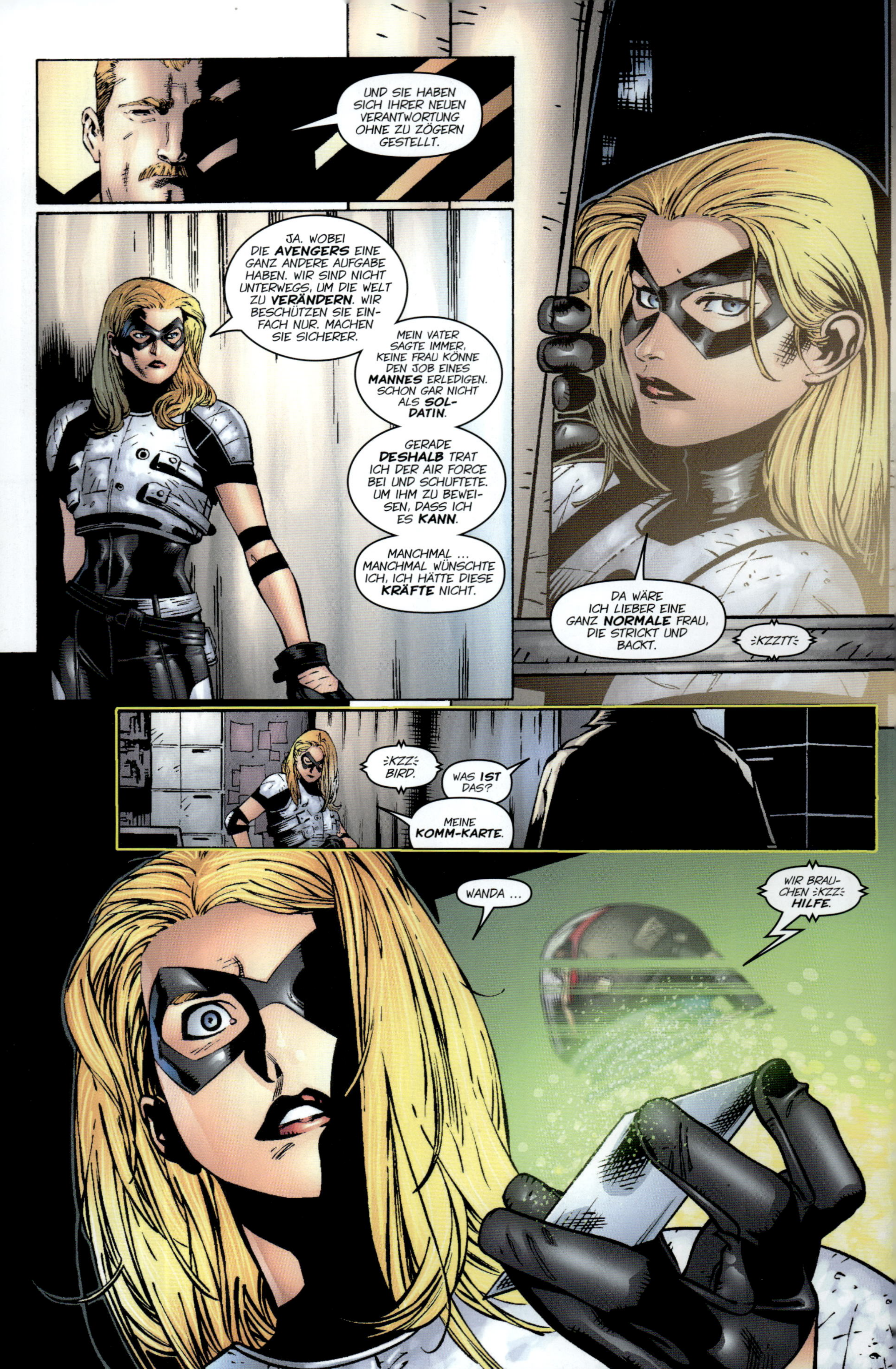
UND SIE HABEN SICH IHRER NEUEN VERANTWORTUNG OHNE ZU ZÖGERN GESTELLT.
JA. WOBEI DIE AVENGERS EINE GANZ ANDERE AUFGABE HABEN. WIR SIND NICHT UNTERWEGS, UM DIE WELT ZU VERÄNDERN. WIR BESCHÜTZEN SIE EINFACH NUR. MACHEN SIE SICHERER.
MEIN VATER SAGTE IMMER, KEINE FRAU KÖNNE DEN JOB EINES MANNES ERLEDIGEN. SCHON GAR NICHT ALS SOLDATIN.
GERADE DESHALB TRAT ICH DER AIR FORCE BEI UND SCHUFTETE. UM IHM ZU BEWEISEN, DASS ICH ES KANN.
MANCHMAL ... MANCHMAL WÜNSCHTE ICH, ICH HÄTTE DIESE KRÄFTE NICHT.
DA WÄRE ICH LIEBER EINE GANZ NORMALE FRAU, DIE STRICKT UND BACKT.
KZZTT
KZZ BIRD.
WAS IST DAS?
MEINE KOMM-KARTE.
WANDA ...
WIR BRAUCHEN KZZ HILFE.

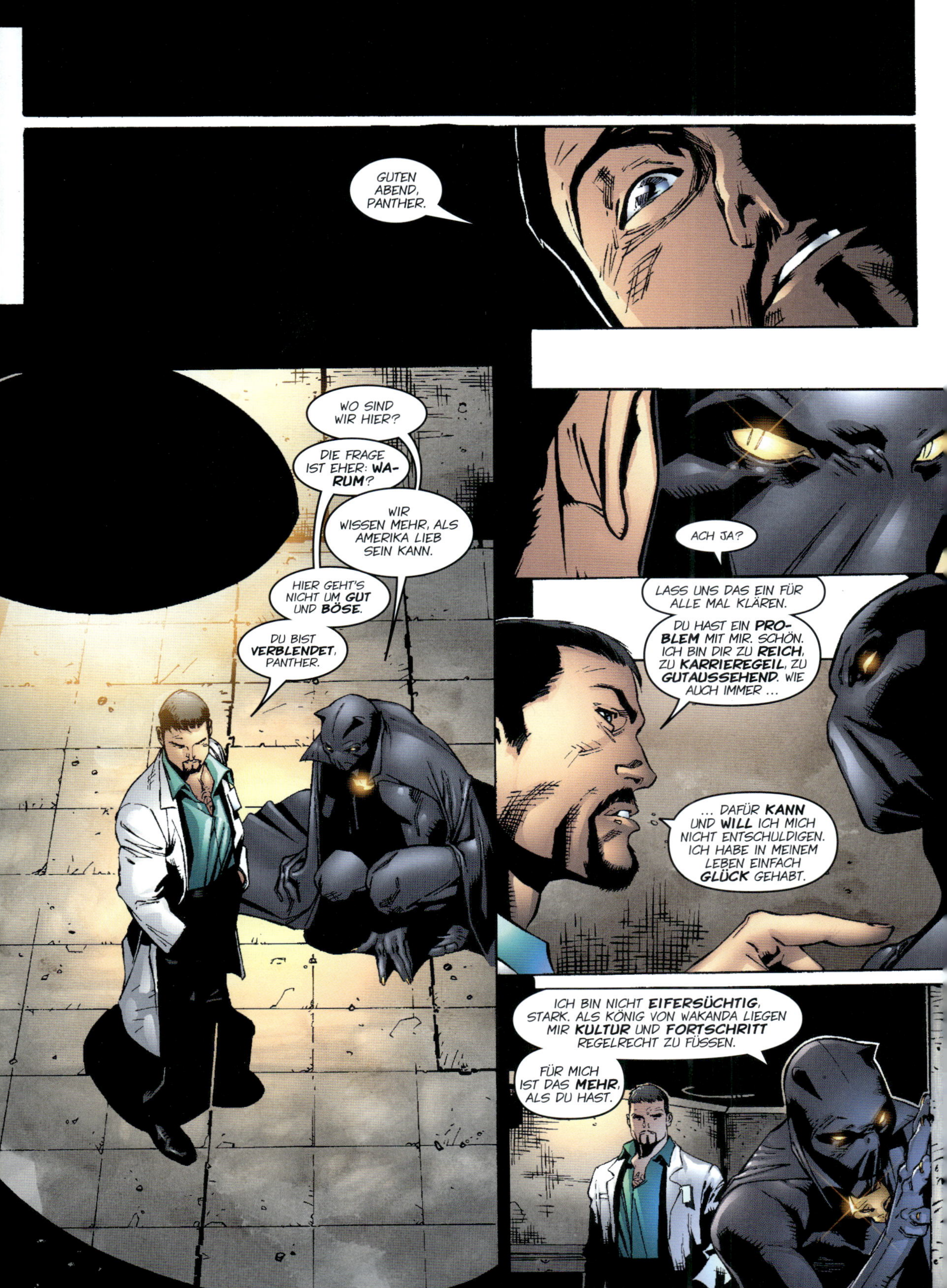
GUTEN ABEND, PANTHER.
ACH JA?
WO SIND WIR HIER?
DIE FRAGE IST EHER: WARUM?
WIR WISSEN MEHR, ALS AMERIKA LIEB SEIN KANN.
HIER GEHT'S NICHT UM GUT UND BÖSE.
DU BIST VERBLENDET, PANTHER.
LASS UNS DAS EIN FÜR ALLE MAL KLÄREN.
DU HAST EIN PROBLEM MIT MIR. SCHÖN. ICH BIN DIR ZU REICH, ZU KARRIEREGEIL, ZU GUTAUSSEHEND. WIE AUCH IMMER …
… DAFÜR KANN UND WILL ICH MICH NICHT ENTSCHULDIGEN. ICH HABE IN MEINEM LEBEN EINFACH GLÜCK GEHABT.
ICH BIN NICHT EIFERSÜCHTIG, STARK. ALS KÖNIG VON WAKANDA LIEGEN MIR KULTUR UND FORTSCHRITT REGELRECHT ZU FÜSSEN.
FÜR MICH IST DAS MEHR, ALS DU HAST.

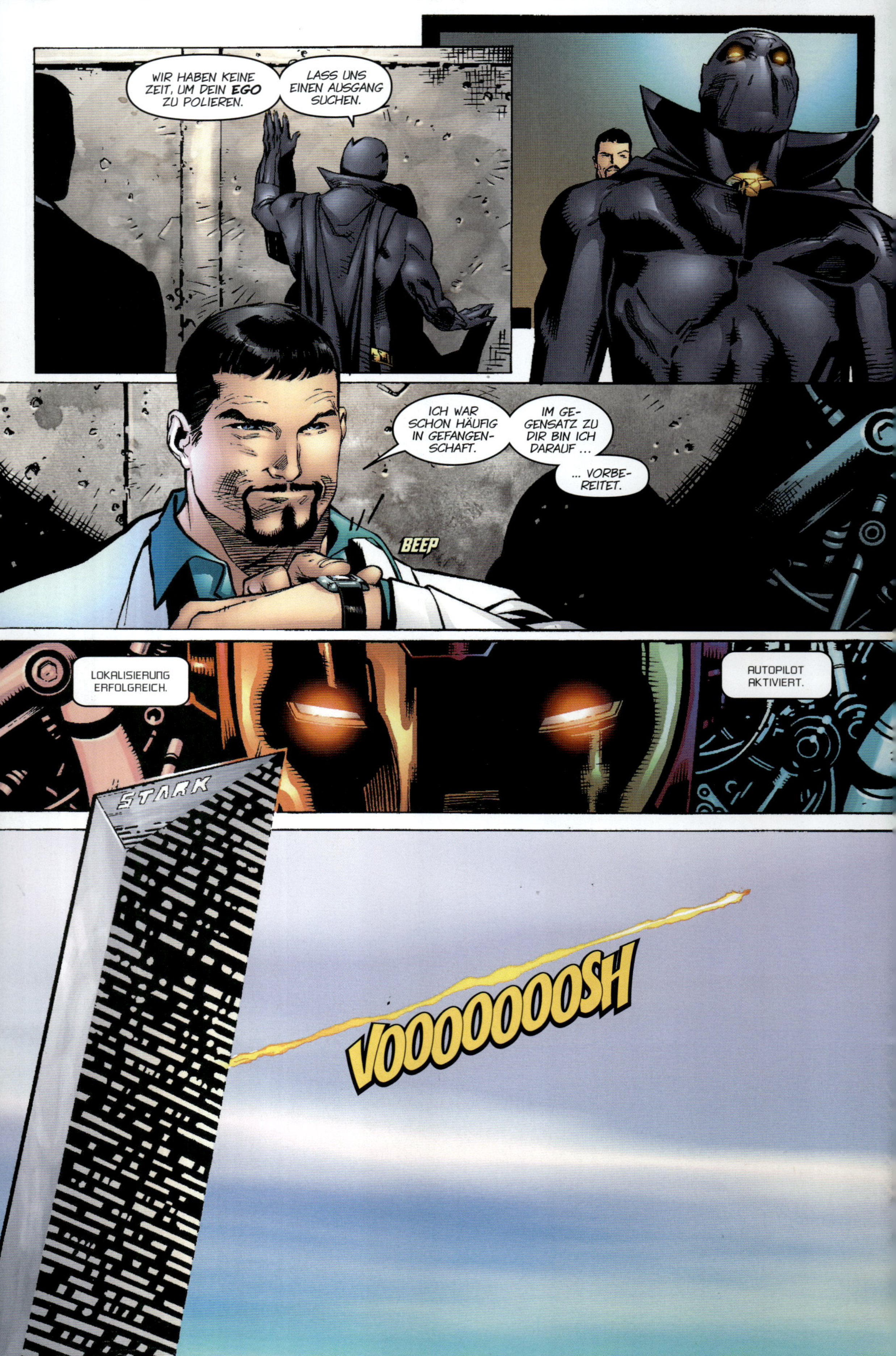
WIR HABEN KEINE ZEIT, UM DEIN EGO ZU POLIEREN.
LASS UNS EINEN AUSGANG SUCHEN.
ICH WAR SCHON HÄUFIG IN GEFANGEN-SCHAFT.
IM GE-GENSATZ ZU DIR BIN ICH DARAUF ...
... VORBE-REITET.
BEEP
LOKALISIERUNG ERFOLGREICH.
AUTOPILOT AKTIVIERT.
STARK
VOOOOOOOOSH

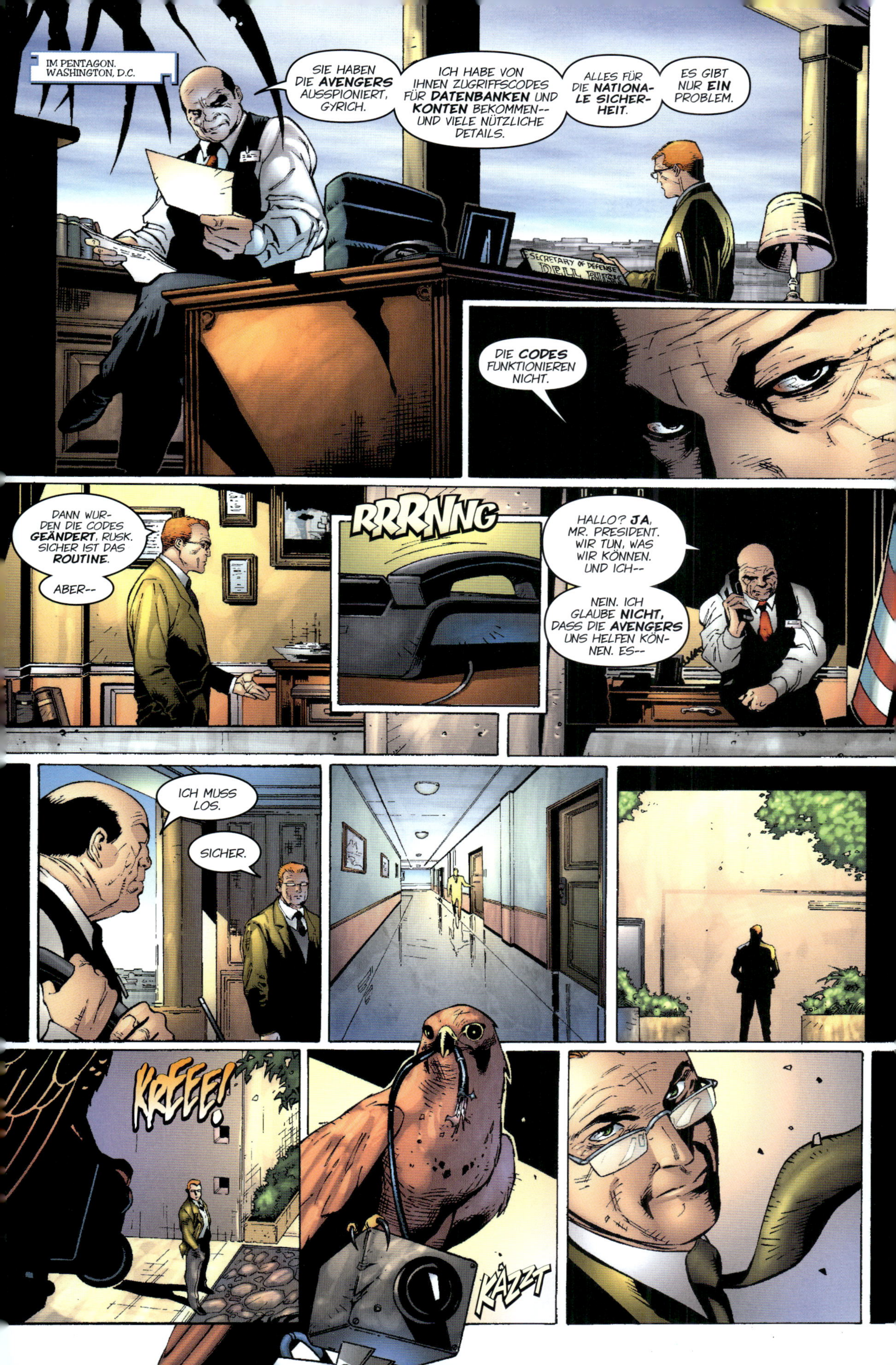

IM PENTAGON.
WASHINGTON, D.C.
SIE HABEN DIE AVENGERS AUSSPIONIERT, GYRICH.
ICH HABE VON IHNEN ZUGRIFFSCODES FÜR DATENBANKEN UND KONTEN BEKOMMEN-- UND VIELE NÜTZLICHE DETAILS.
ALLES FÜR DIE NATIONALE SICHERHEIT.
ES GIBT NUR EIN PROBLEM.
SECRETARY OF DEFENSE
DELL RUSK
DIE CODES FUNKTIONIEREN NICHT.
DANN WURDEN DIE CODES GEÄNDERT, RUSK. SICHER IST DAS ROUTINE.
ABER--
RRRNNG
HALLO? JA, MR. PRESIDENT. WIR TUN, WAS WIR KÖNNEN. UND ICH--
NEIN. ICH GLAUBE NICHT, DASS DIE AVENGERS UNS HELFEN KÖNNEN. ES--
ICH MUSS LOS.
SICHER.
KREEE!
KÄZZT

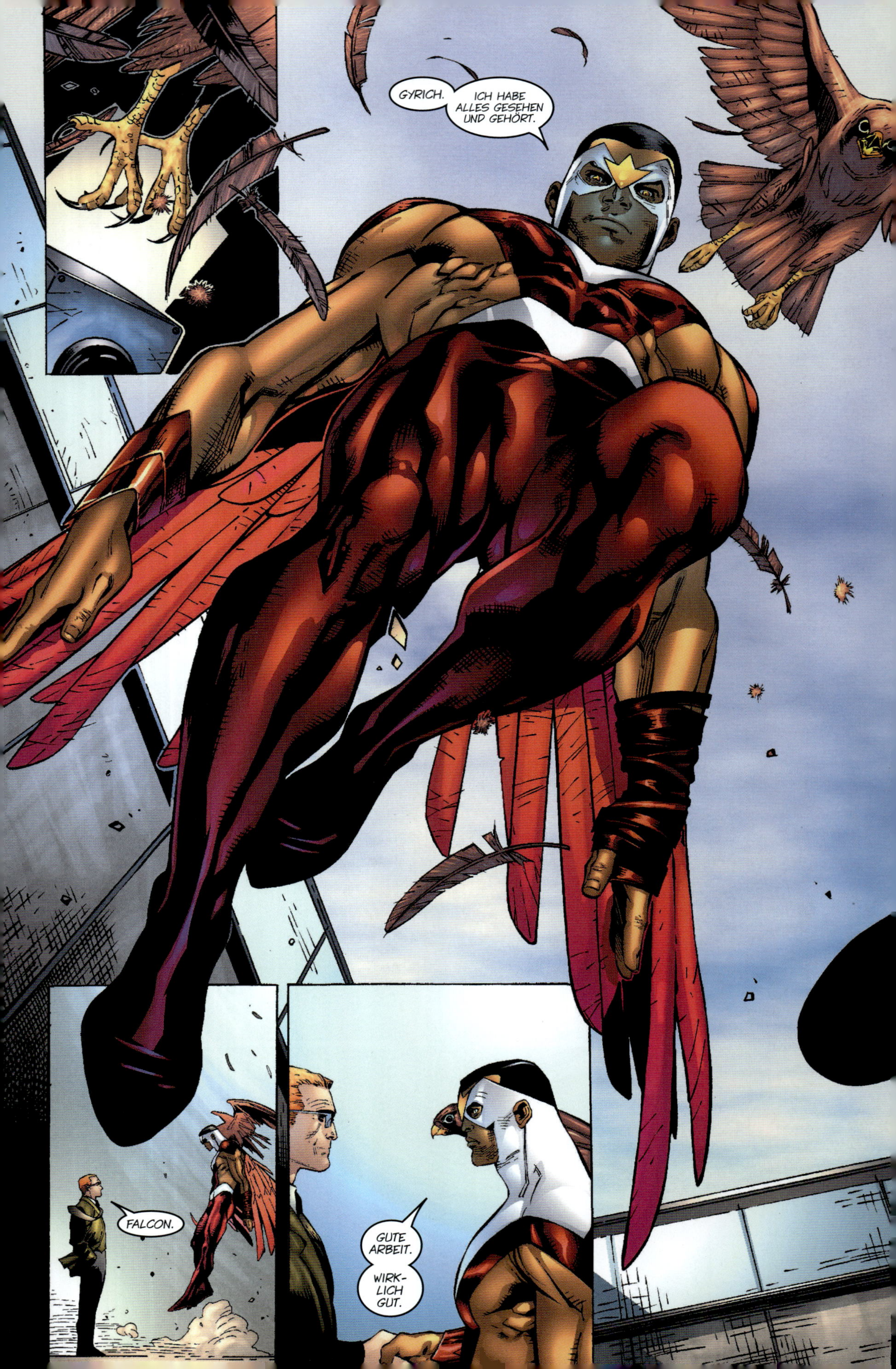
GYRICH.
ICH HABE ALLES GESEHEN UND GEHÖRT.
FALCON.
GUTE ARBEIT.
WIRK-LICH GUT.

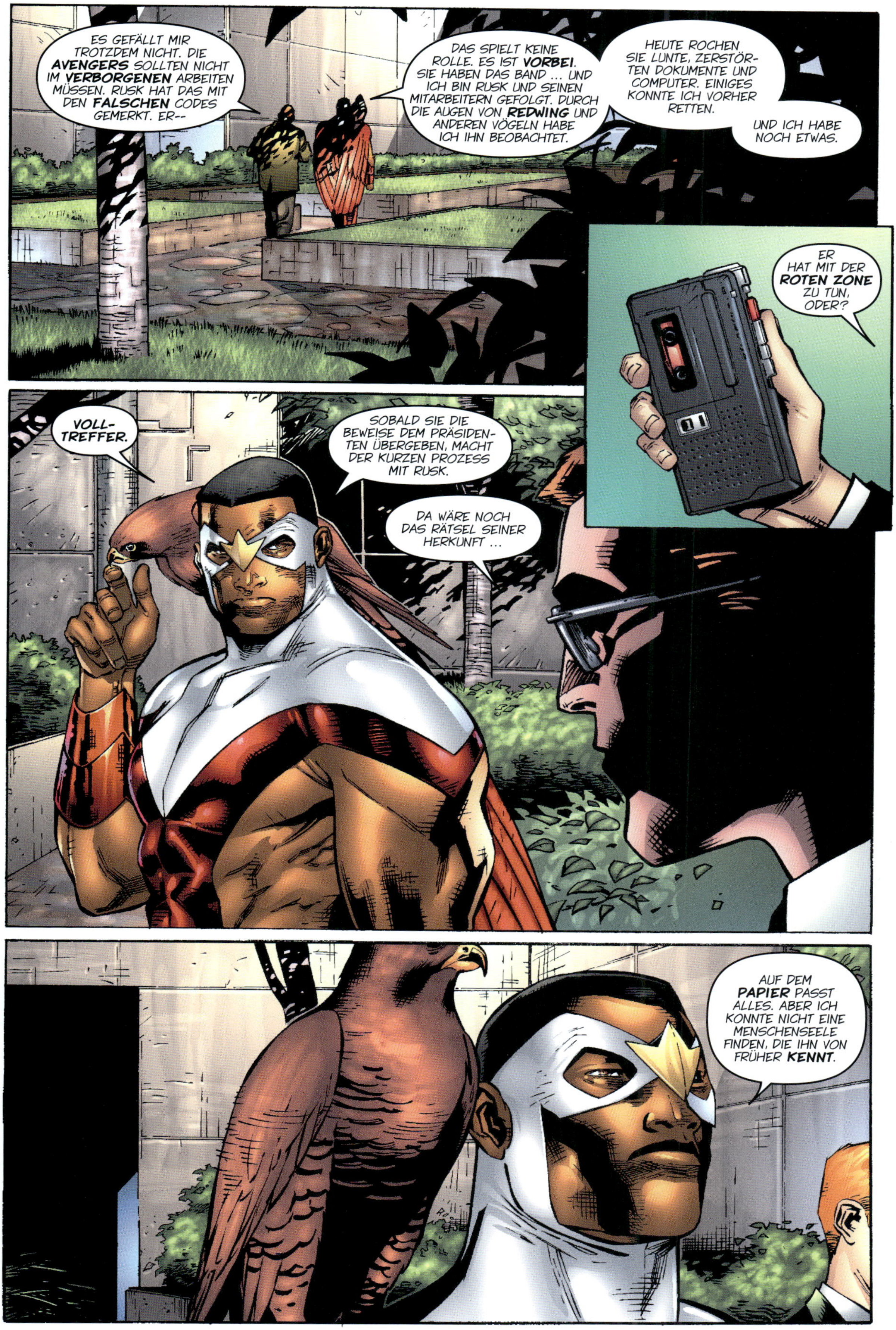

ES GEFÄLLT MIR TROTZDEM NICHT. DIE **AVENGERS** SOLLTEN NICHT IM **VERBORGENEN** ARBEITEN MÜSSEN. RUSK HAT DAS MIT DEN **FALSCHEN** CODES GEMERKT. ER--

DAS SPIELT KEINE ROLLE. ES IST **VORBEI**. SIE HABEN DAS BAND ... UND ICH BIN RUSK UND SEINEN MITARBEITERN GEFOLGT. DURCH DIE AUGEN VON **REDWING** UND ANDEREN VÖGELN HABE ICH IHN BEOBACHTET.

HEUTE ROCHEN SIE LUNTE, ZERSTÖRTEN DOKUMENTE UND COMPUTER. EINIGES KONNTE ICH VORHER RETTEN.

UND ICH HABE NOCH ETWAS.

ER HAT MIT DER **ROTEN ZONE** ZU TUN, ODER?

VOLL-TREFFER.

SOBALD SIE DIE BEWEISE DEM PRÄSIDENTEN ÜBERGEBEN, MACHT DER KURZEN PROZESS MIT RUSK.

DA WÄRE NOCH DAS RÄTSEL SEINER HERKUNFT ...

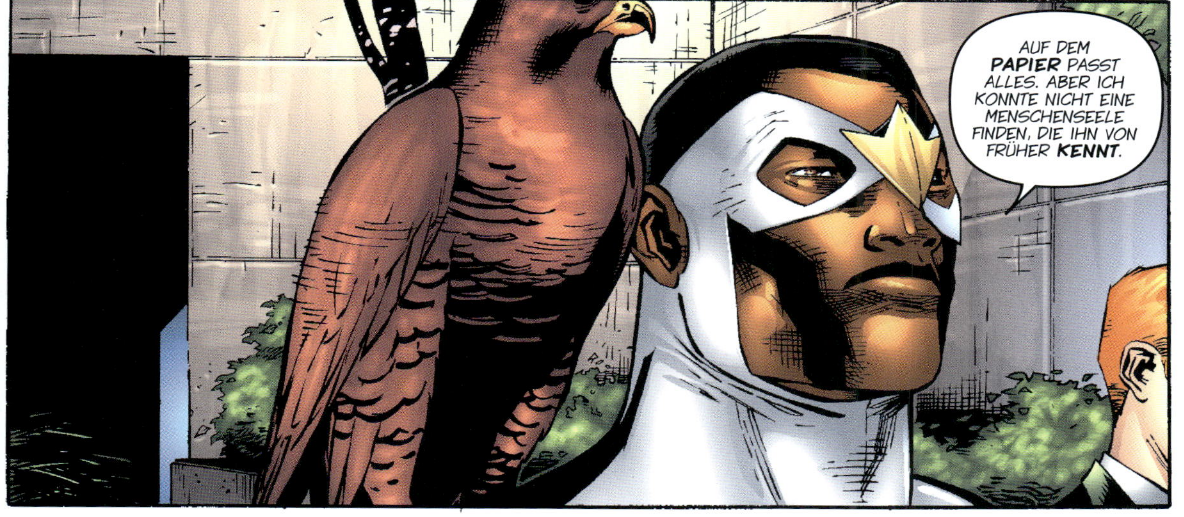

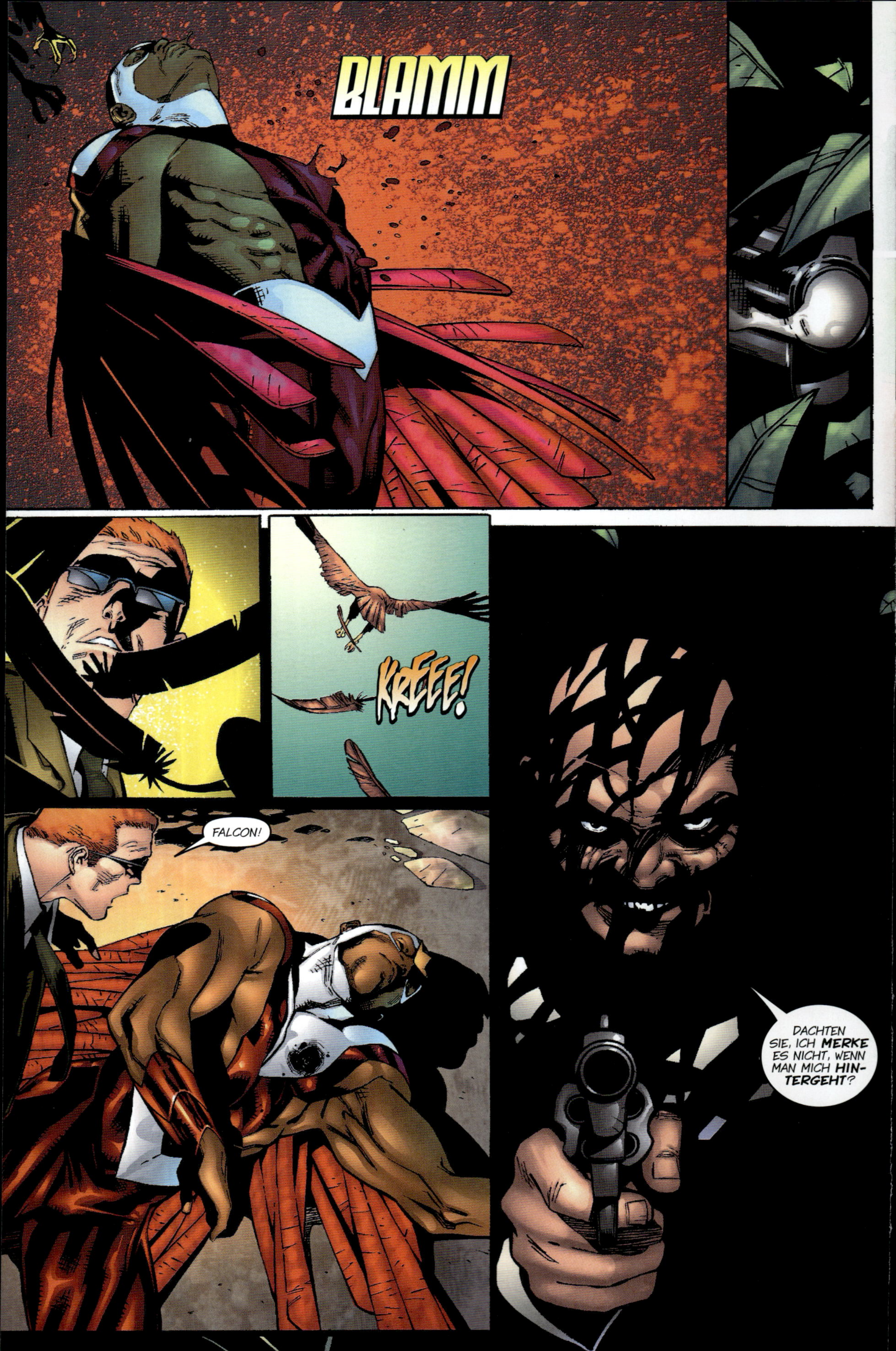

BLAMM

KREEE!

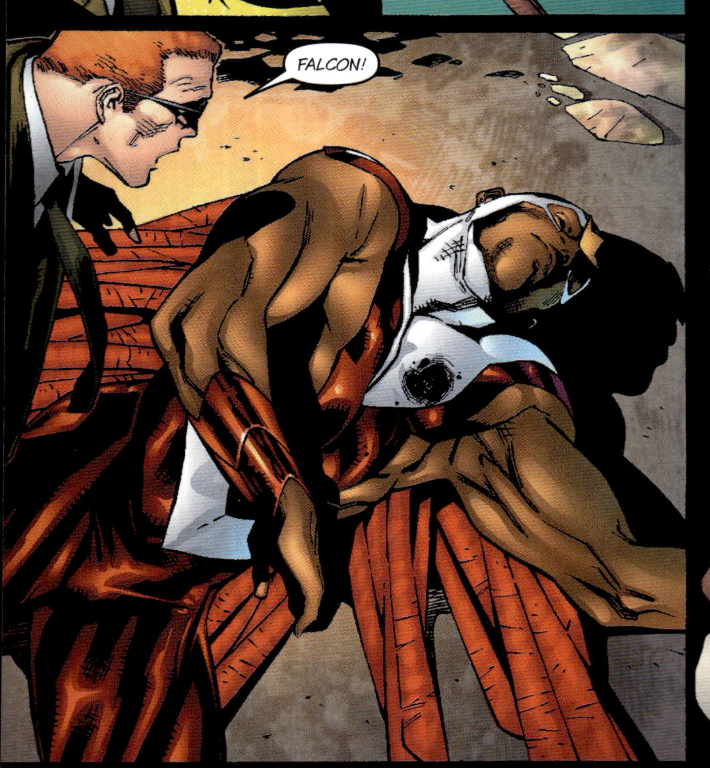
FALCON!

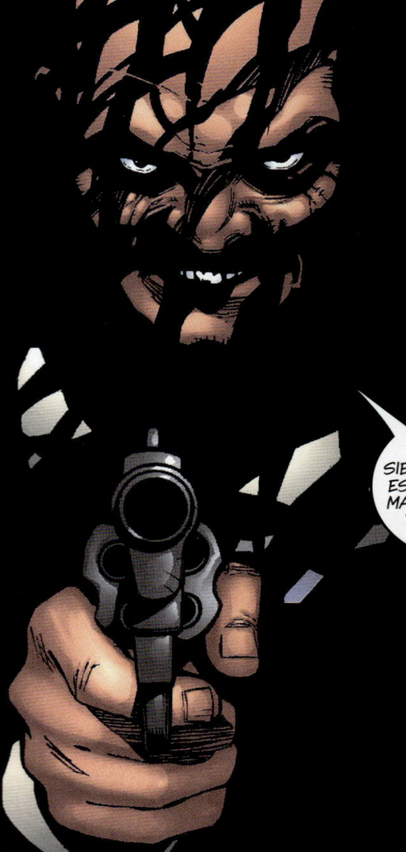
DACHTEN SIE, ICH **MERKE** ES NICHT, WENN MAN MICH **HIN-TERGEHT**?

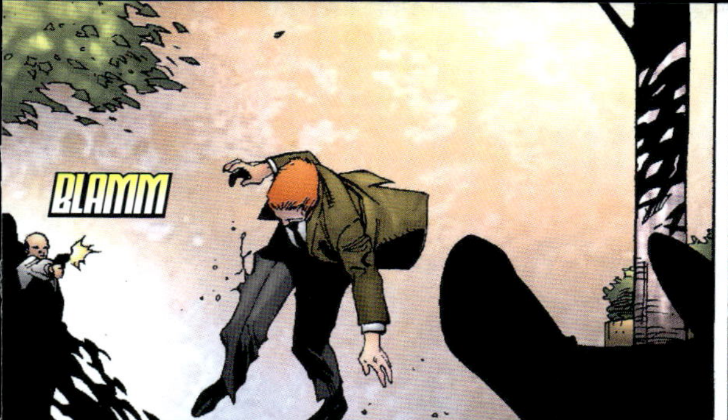
BLAMM

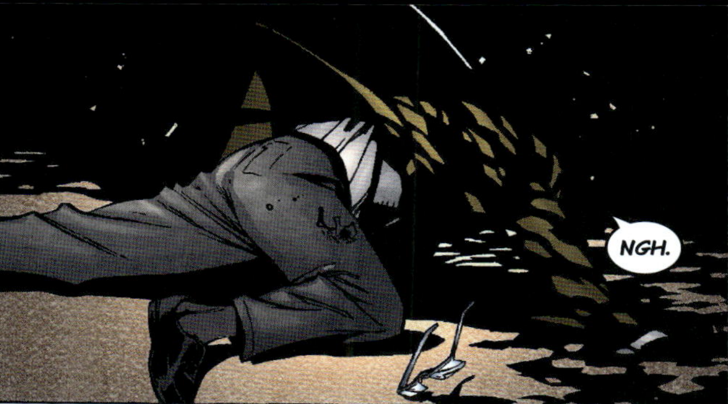
NGH.

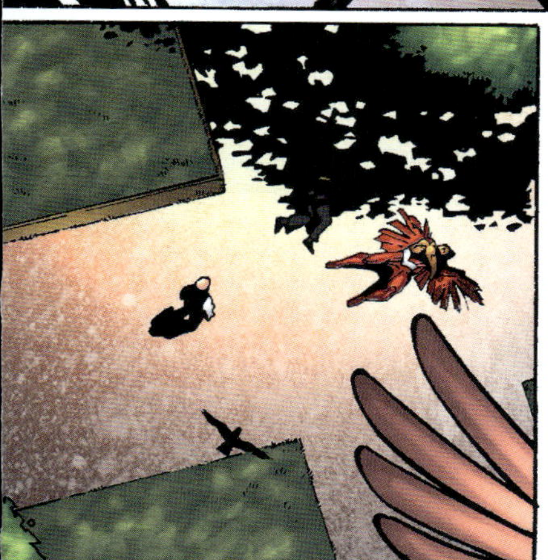

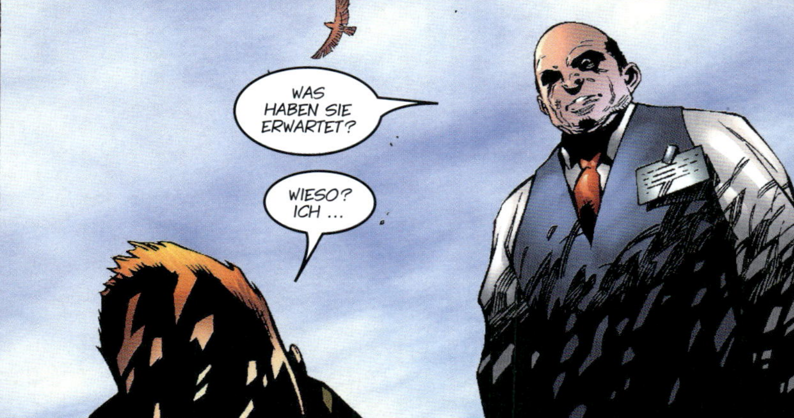
WAS HABEN SIE ERWARTET?
WIESO? ICH …

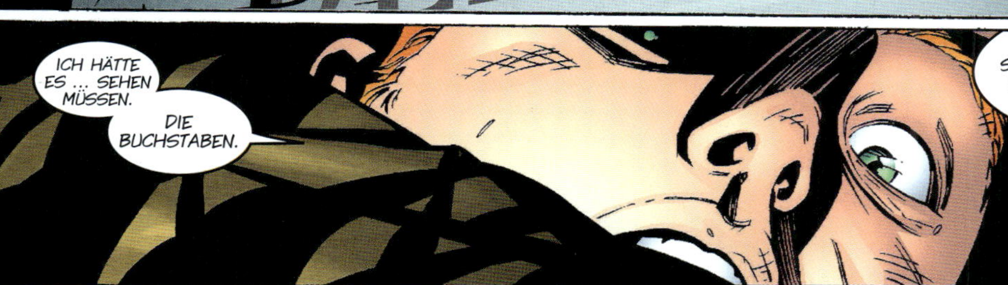
DELL RUSK

ICH HÄTTE ES … SEHEN MÜSSEN.
DIE BUCHSTABEN.
DELL RUSK. SIE … SIE **WOLLTEN**, DASS WIR SIE ENTLARVEN. W-WAS HABEN SIE VOR? WOLLEN …
… S-S-SIE UNSER LAND WIEDER **ZERSTÖREN**?

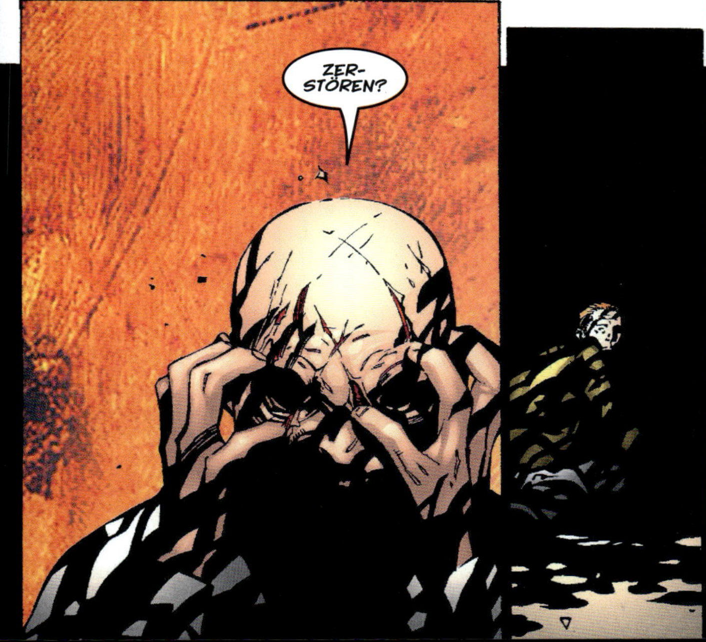
ZER-STÖREN?

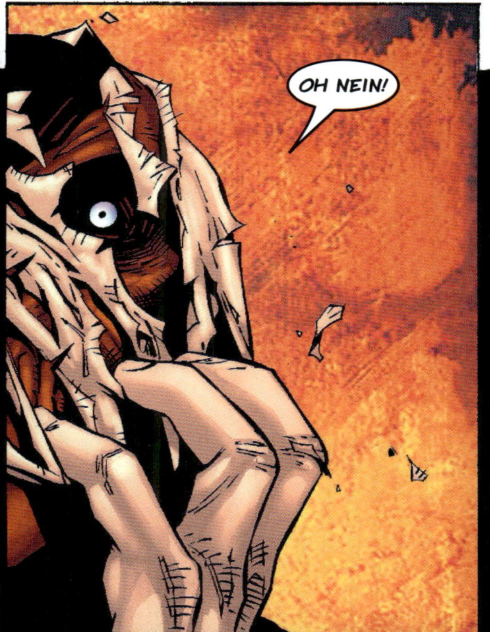
OH NEIN!

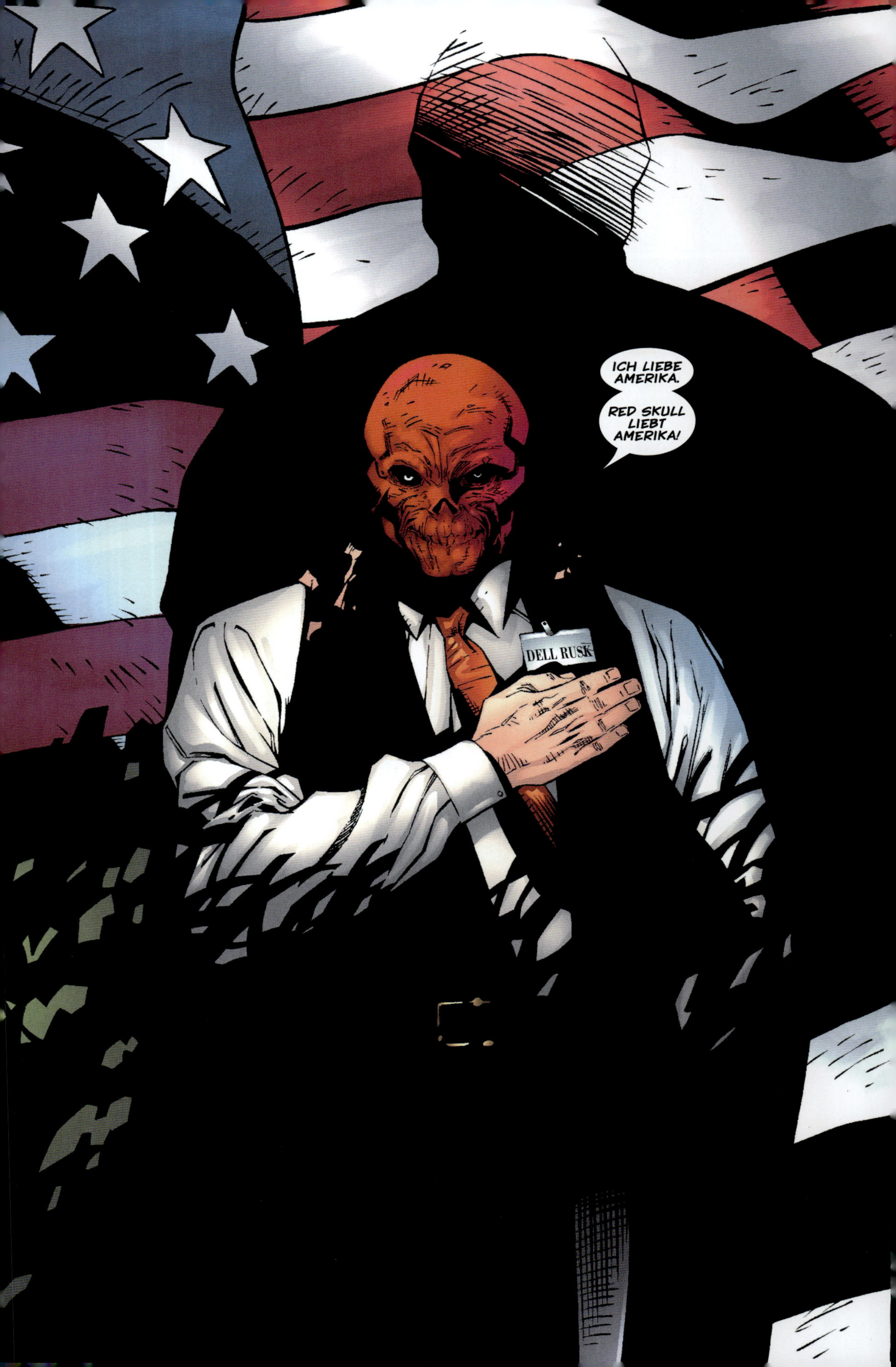
ICH LIEBE AMERIKA.
RED SKULL LIEBT AMERIKA!
DELL RUSK

ROTE ZONE, TEIL 5: ROT, WEISS UND BLAU

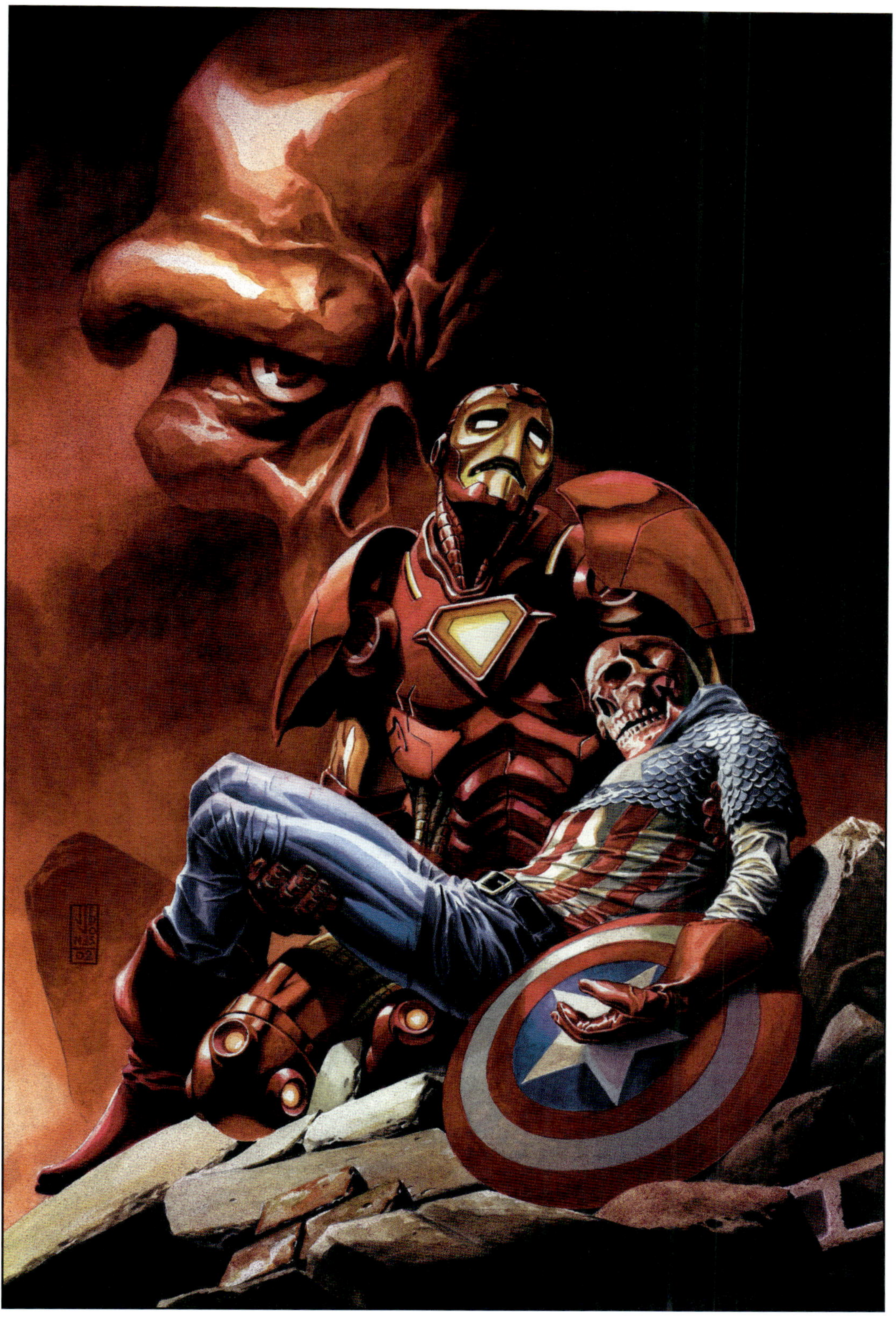

Avengers (1998) 69
Cover von **J. G. JONES**

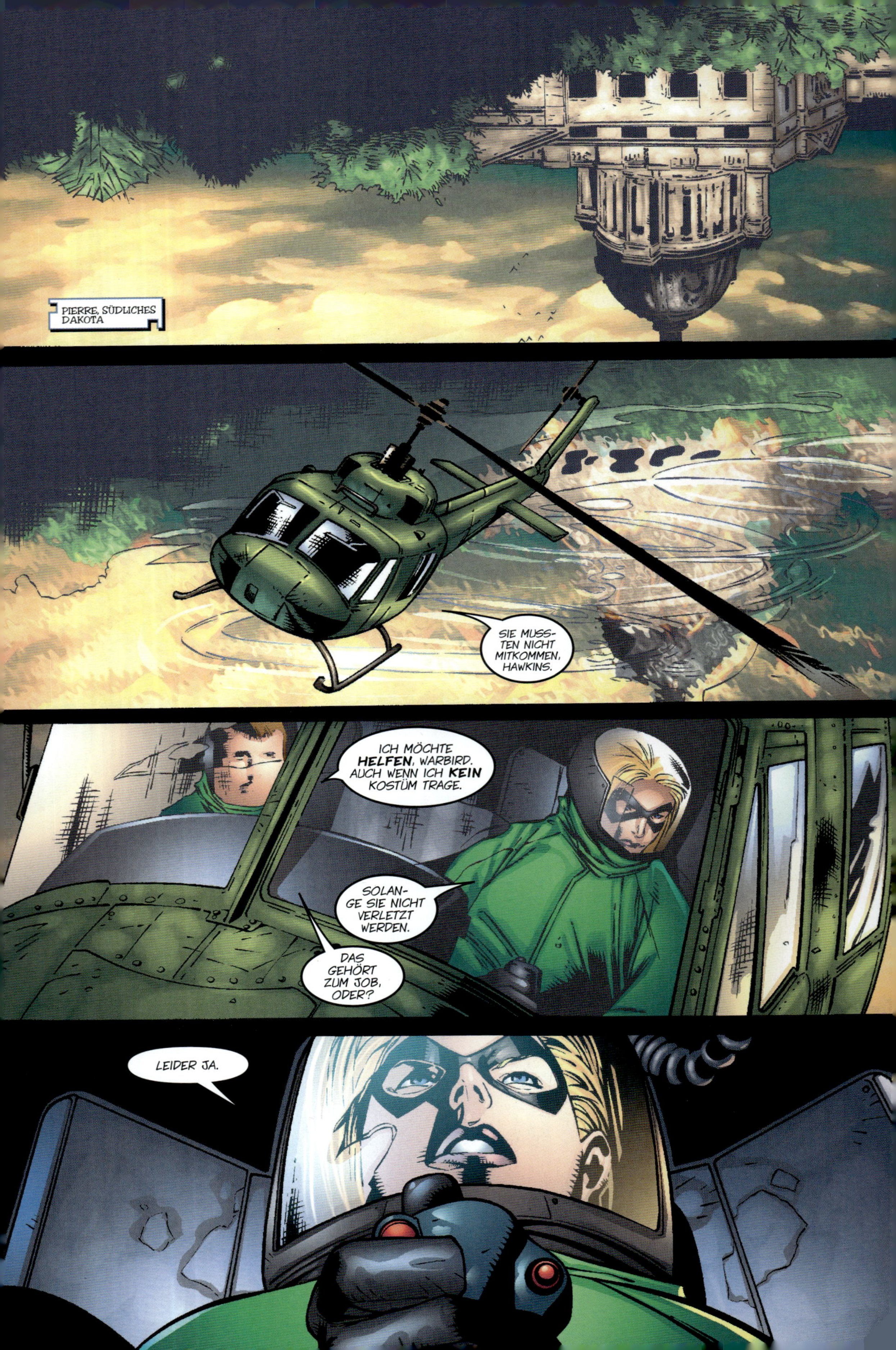
PIERRE, SÜDLICHES DAKOTA
SIE MUSSTEN NICHT MITKOMMEN, HAWKINS.
ICH MÖCHTE HELFEN, WARBIRD. AUCH WENN ICH KEIN KOSTÜM TRAGE.
SOLANGE SIE NICHT VERLETZT WERDEN.
DAS GEHÖRT ZUM JOB, ODER?
LEIDER JA.

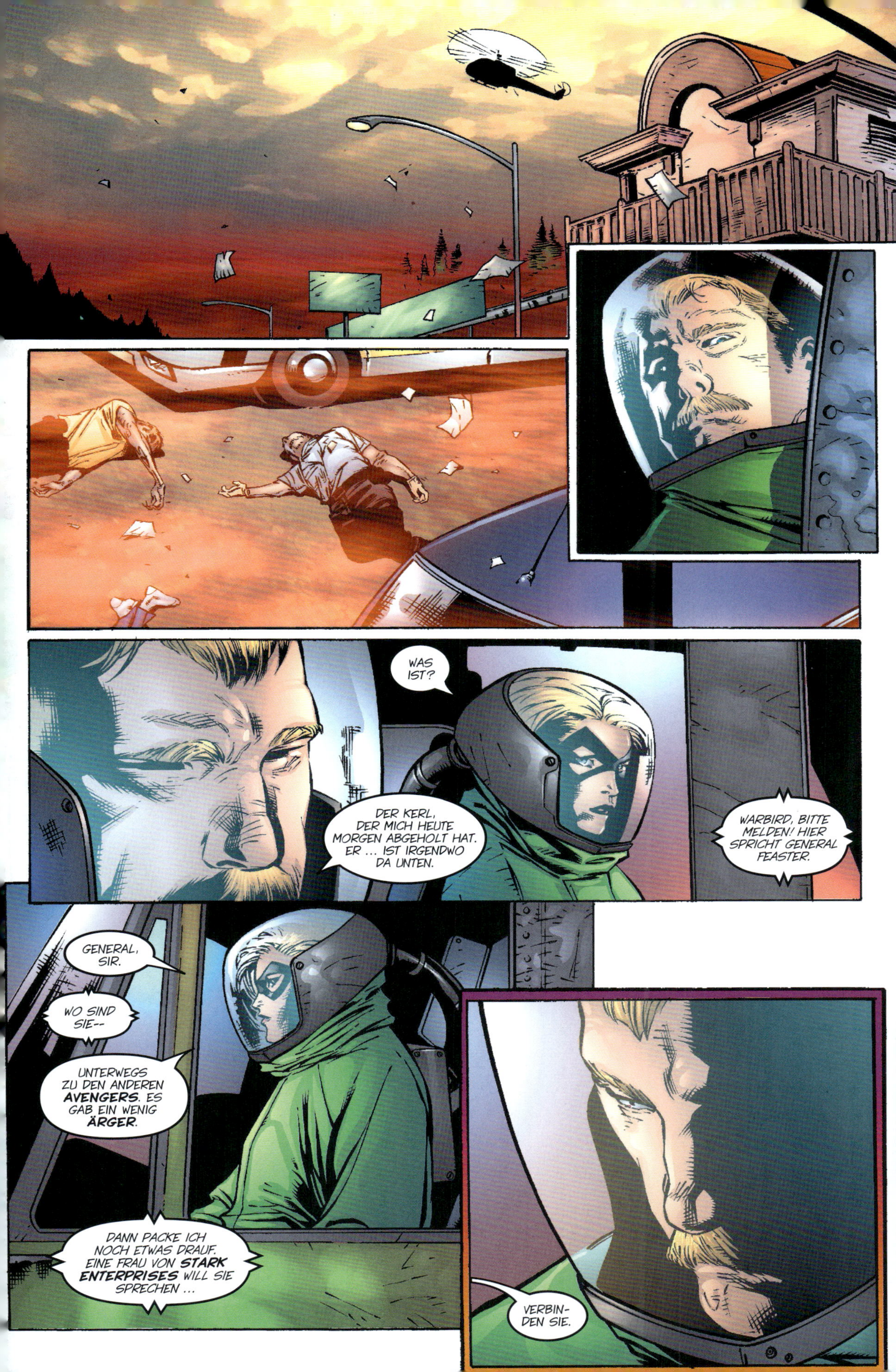
WAS IST?
DER KERL, DER MICH HEUTE MORGEN ABGEHOLT HAT. ER ... IST IRGENDWO DA UNTEN.
WARBIRD, BITTE MELDEN! HIER SPRICHT GENERAL FEASTER.
GENERAL, SIR.
WO SIND SIE--
UNTERWEGS ZU DEN ANDEREN AVENGERS. ES GAB EIN WENIG ÄRGER.
DANN PACKE ICH NOCH ETWAS DRAUF. EINE FRAU VON STARK ENTERPRISES WILL SIE SPRECHEN ...
VERBIN-DEN SIE.

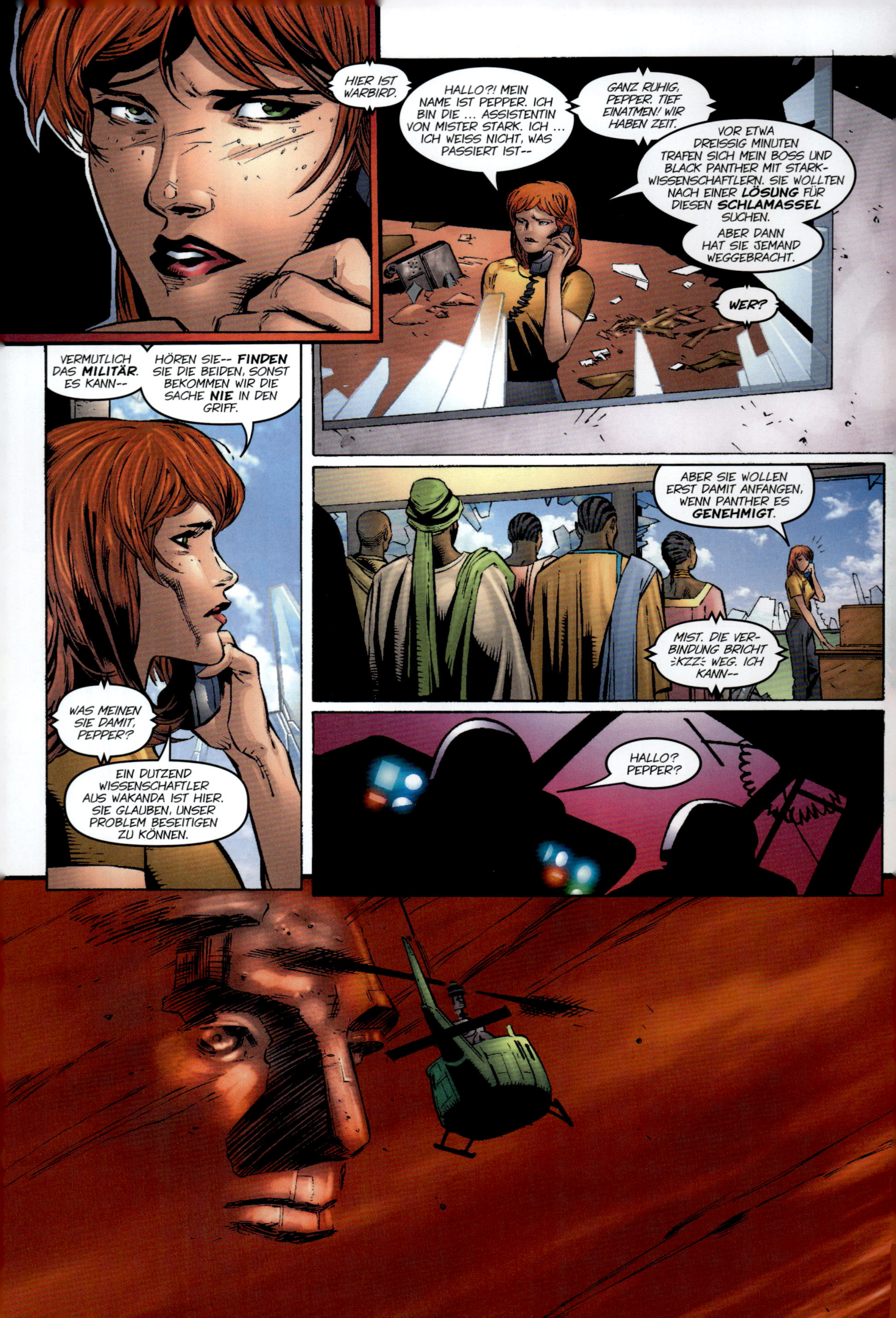
HIER IST WARBIRD.
HALLO?! MEIN NAME IST PEPPER. ICH BIN DIE ... ASSISTENTIN VON MISTER STARK. ICH ... ICH WEISS NICHT, WAS PASSIERT IST--
GANZ RUHIG, PEPPER. TIEF EINATMEN! WIR HABEN ZEIT.
VOR ETWA DREISSIG MINUTEN TRAFEN SICH MEIN BOSS UND BLACK PANTHER MIT STARK-WISSENSCHAFTLERN. SIE WOLLTEN NACH EINER **LÖSUNG** FÜR DIESEN **SCHLAMASSEL** SUCHEN.
ABER DANN HAT SIE JEMAND WEGGEBRACHT.
WER?
VERMUTLICH DAS **MILITÄR**. ES KANN--
HÖREN SIE-- **FINDEN** SIE DIE BEIDEN, SONST BEKOMMEN WIR DIE SACHE **NIE** IN DEN GRIFF.
WAS MEINEN SIE DAMIT, PEPPER?
EIN DUTZEND WISSENSCHAFTLER AUS WAKANDA IST HIER. SIE GLAUBEN, UNSER PROBLEM BESEITIGEN ZU KÖNNEN.
ABER SIE WOLLEN ERST DAMIT ANFANGEN, WENN PANTHER ES **GENEHMIGT**.
MIST. DIE VERBINDUNG BRICHT :KZZ: WEG. ICH KANN--
HALLO? PEPPER?

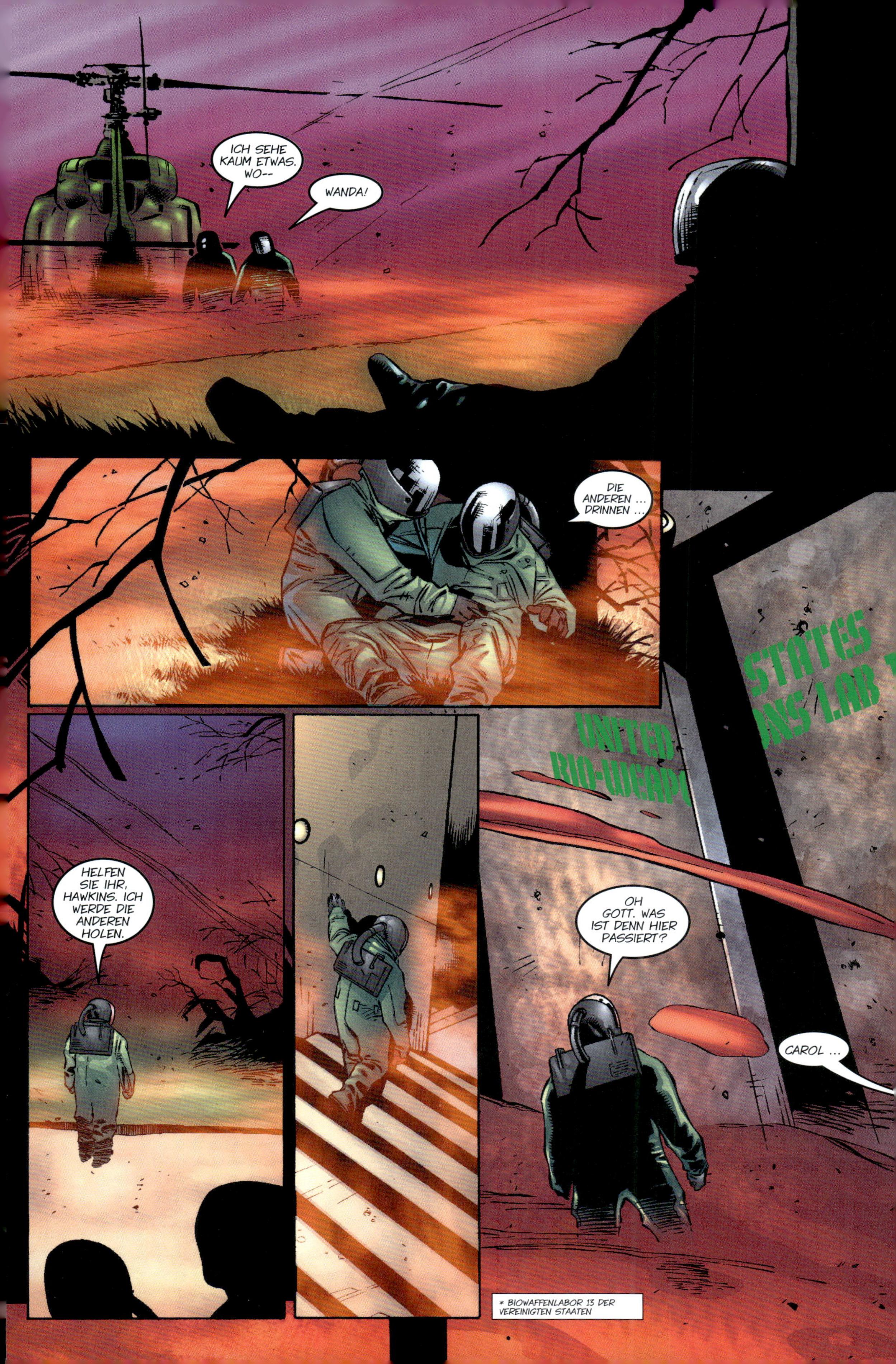
ICH SEHE KAUM ETWAS. WO--
WANDA!
DIE ANDEREN ... DRINNEN ...
STATES
ONS LAB
UNITED
BIO-WEAPO
HELFEN SIE IHR, HAWKINS. ICH WERDE DIE ANDEREN HOLEN.
OH GOTT. WAS IST DENN HIER PASSIERT?
CAROL ...
* BIOWAFFENLABOR 13 DER VEREINIGTEN STAATEN

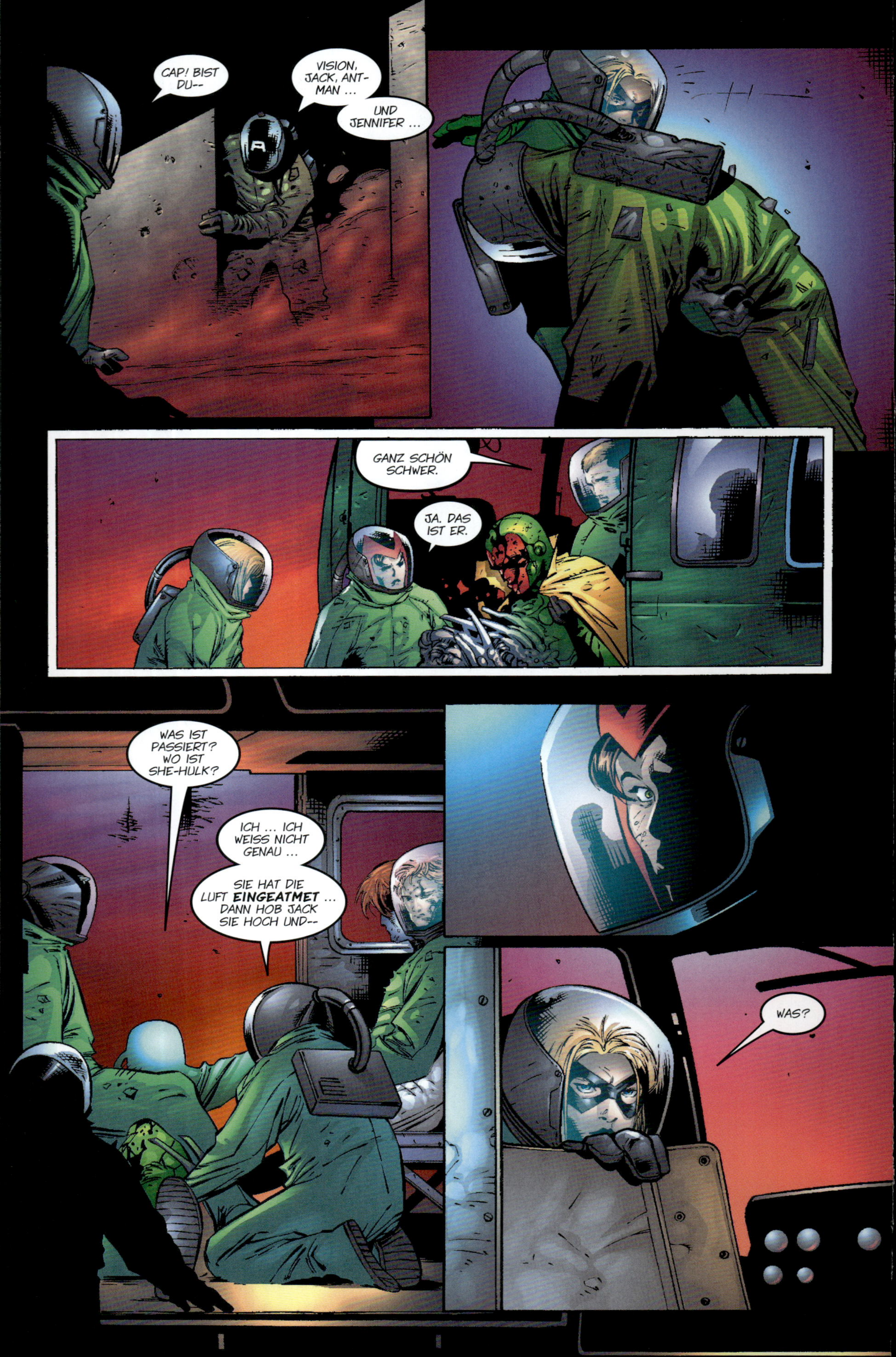

CAP! BIST DU--
VISION, JACK, ANT-MAN ...
UND JENNIFER ...
GANZ SCHÖN SCHWER.
JA. DAS IST ER.
WAS IST PASSIERT? WO IST SHE-HULK?
ICH ... ICH WEISS NICHT GENAU ...
SIE HAT DIE LUFT **EINGEATMET** ... DANN HOB JACK SIE HOCH UND--
WAS?

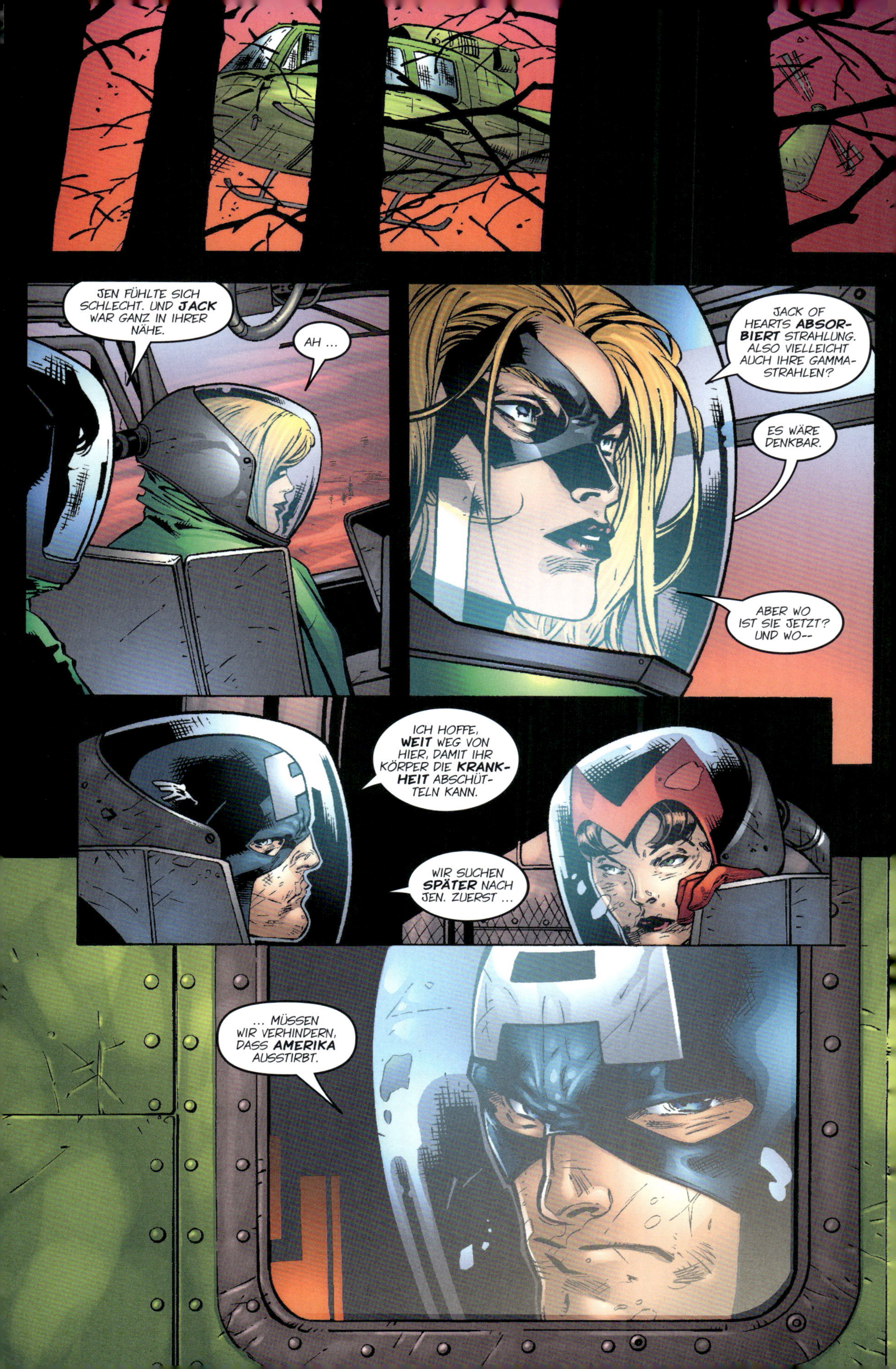
JEN FÜHLTE SICH SCHLECHT. UND JACK WAR GANZ IN IHRER NÄHE.
AH ...
JACK OF HEARTS ABSORBIERT STRAHLUNG. ALSO VIELLEICHT AUCH IHRE GAMMASTRAHLEN?
ES WÄRE DENKBAR.
ABER WO IST SIE JETZT? UND WO--
ICH HOFFE, WEIT WEG VON HIER, DAMIT IHR KÖRPER DIE KRANKHEIT ABSCHÜTTELN KANN.
WIR SUCHEN SPÄTER NACH JEN. ZUERST ...
... MÜSSEN WIR VERHINDERN, DASS AMERIKA AUSSTIRBT.

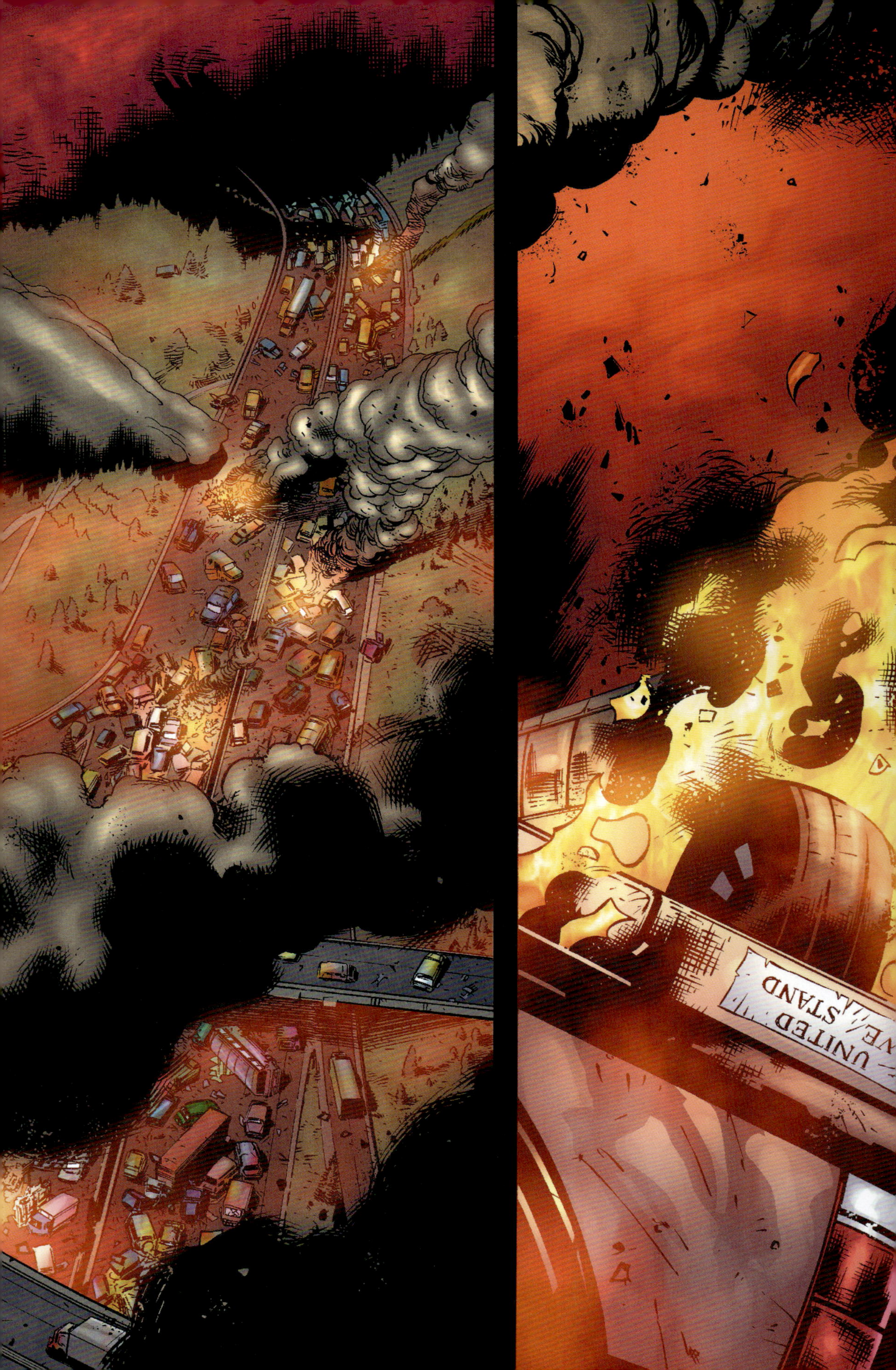
UNITED
STAND

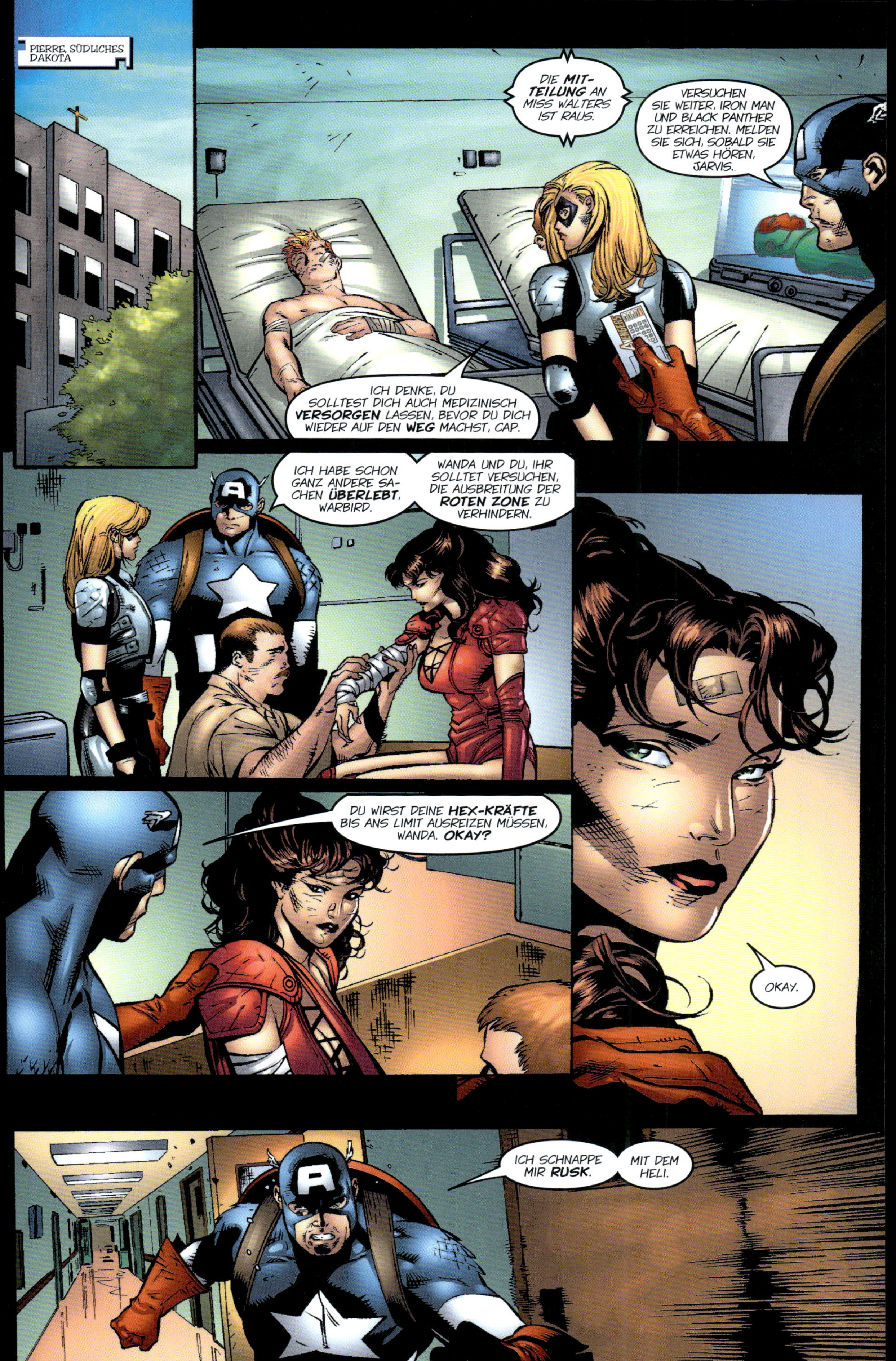
PIERRE, SÜDLICHES DAKOTA
DIE MITTEILUNG AN MISS WALTERS IST RAUS.
VERSUCHEN SIE WEITER, IRON MAN UND BLACK PANTHER ZU ERREICHEN. MELDEN SIE SICH, SOBALD SIE ETWAS HÖREN, JARVIS.
ICH DENKE, DU SOLLTEST DICH AUCH MEDIZINISCH VERSORGEN LASSEN, BEVOR DU DICH WIEDER AUF DEN WEG MACHST, CAP.
ICH HABE SCHON GANZ ANDERE SACHEN ÜBERLEBT, WARBIRD.
WANDA UND DU, IHR SOLLTET VERSUCHEN, DIE AUSBREITUNG DER ROTEN ZONE ZU VERHINDERN.
DU WIRST DEINE HEX-KRÄFTE BIS ANS LIMIT AUSREIZEN MÜSSEN, WANDA. OKAY?
OKAY.
ICH SCHNAPPE MIR RUSK.
MIT DEM HELI.

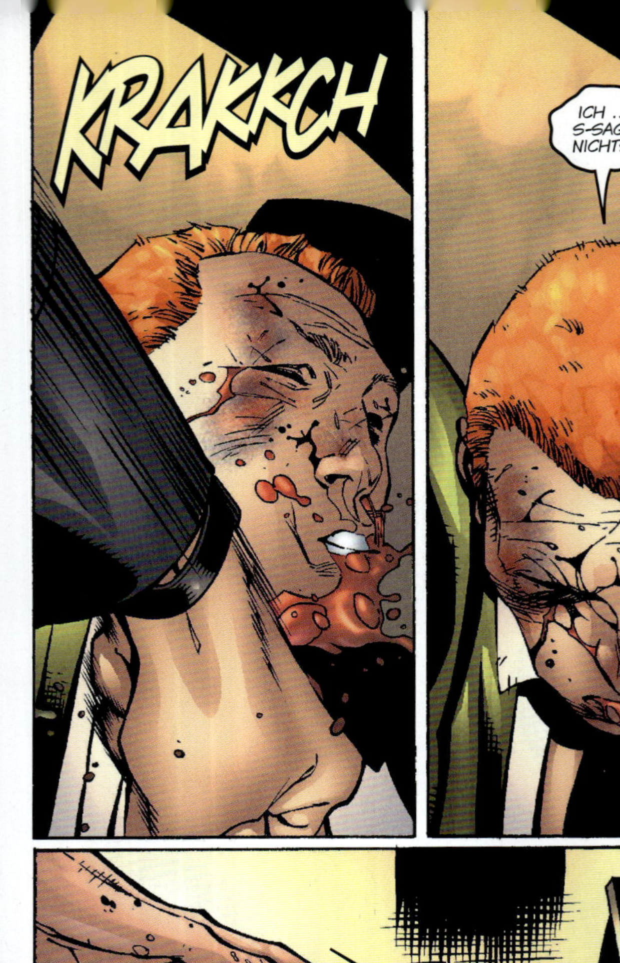
KRAKKCH

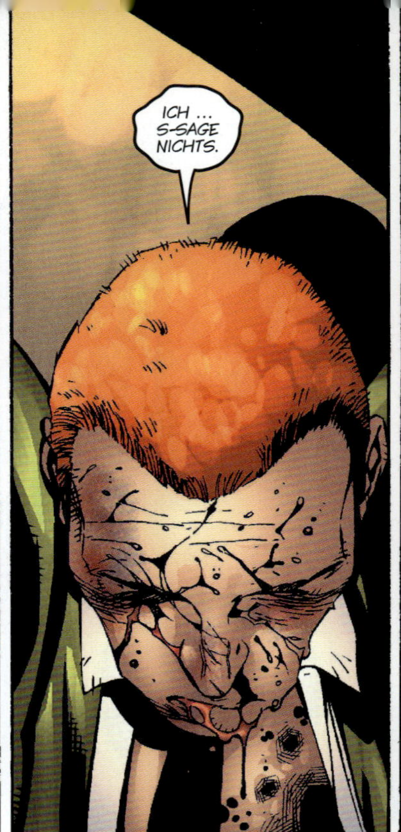
ICH ...
S-SAGE
NICHTS.

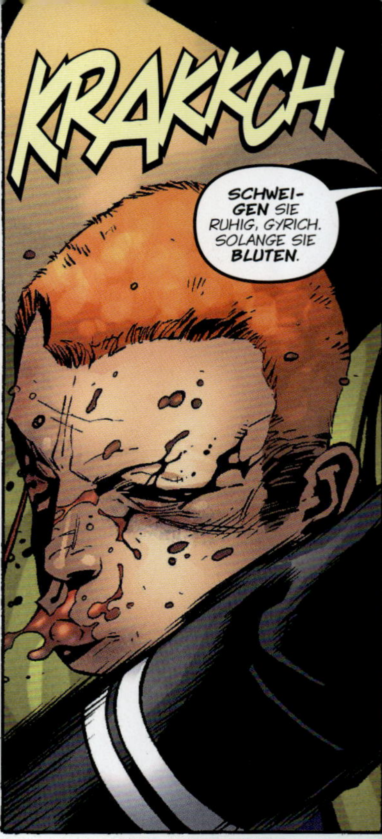
KRAKKCH
SCHWEIGEN SIE
RUHIG, GYRICH.
SOLANGE SIE
BLUTEN.

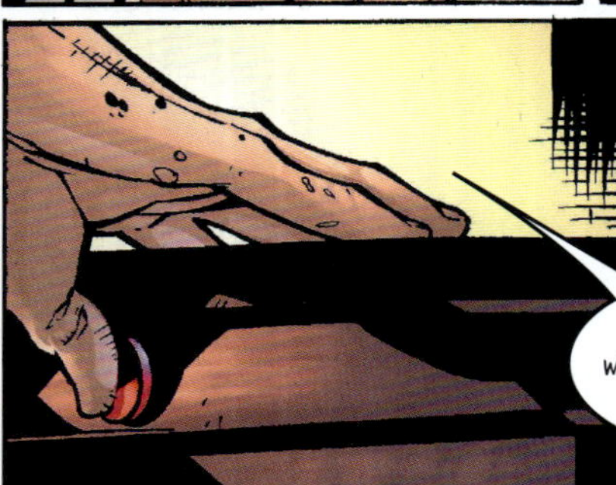
DELL RUSK
SECRETARY OF DEFENS
UND JETZT
BITTE KEINE
WEITEREN UNTERBRECHUNGEN
MEHR.
ES IST
ZEIT FÜR DEN
NÄCHSTEN „TERRORAKT" ...

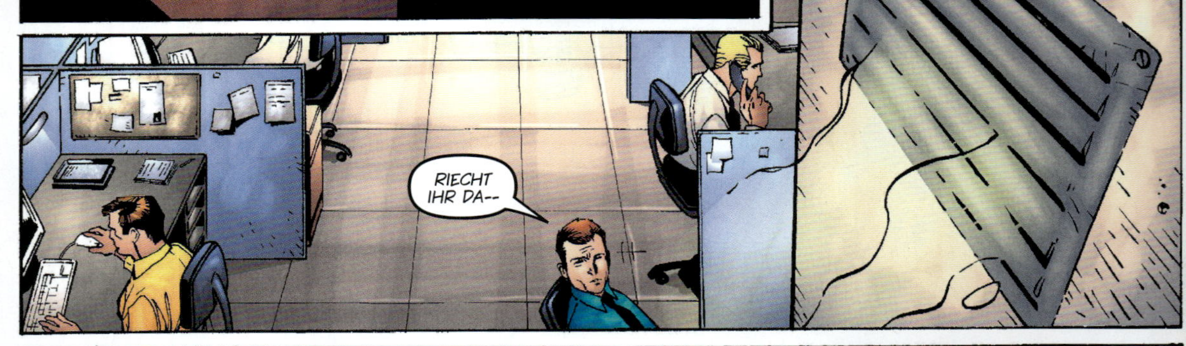
RIECHT
IHR DA--

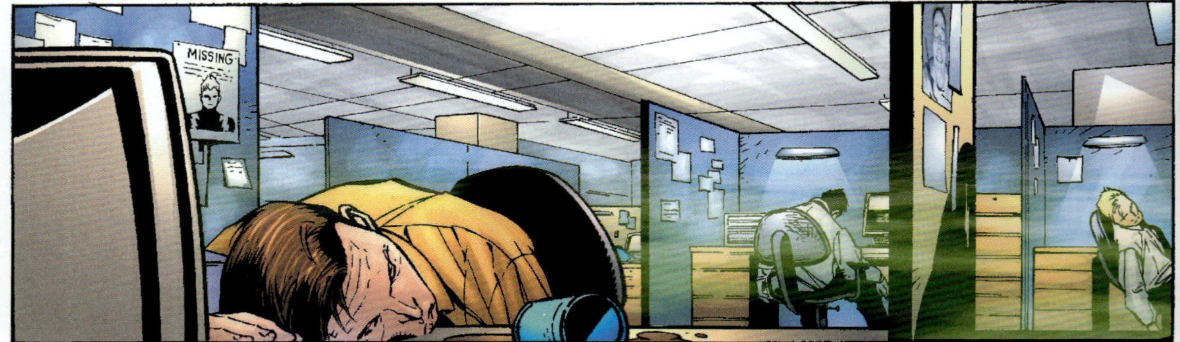
MISSING

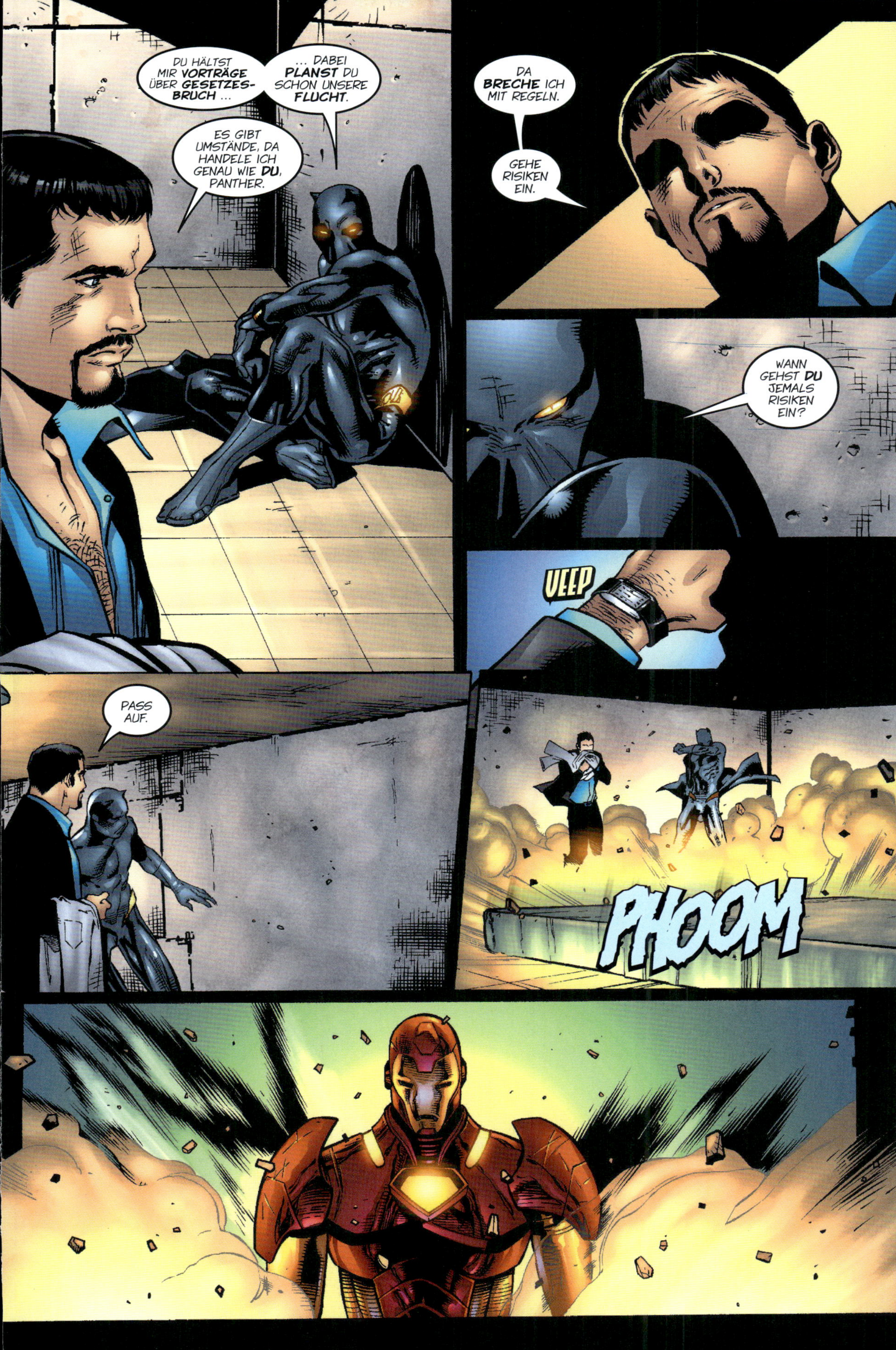

DU HÄLTST MIR VORTRÄGE ÜBER GESETZES-BRUCH ...
... DABEI PLANST DU SCHON UNSERE FLUCHT.
ES GIBT UMSTÄNDE, DA HANDELE ICH GENAU WIE DU, PANTHER.
DA BRECHE ICH MIT REGELN.
GEHE RISIKEN EIN.
WANN GEHST DU JEMALS RISIKEN EIN?
VEEP
PASS AUF.
PHOOM

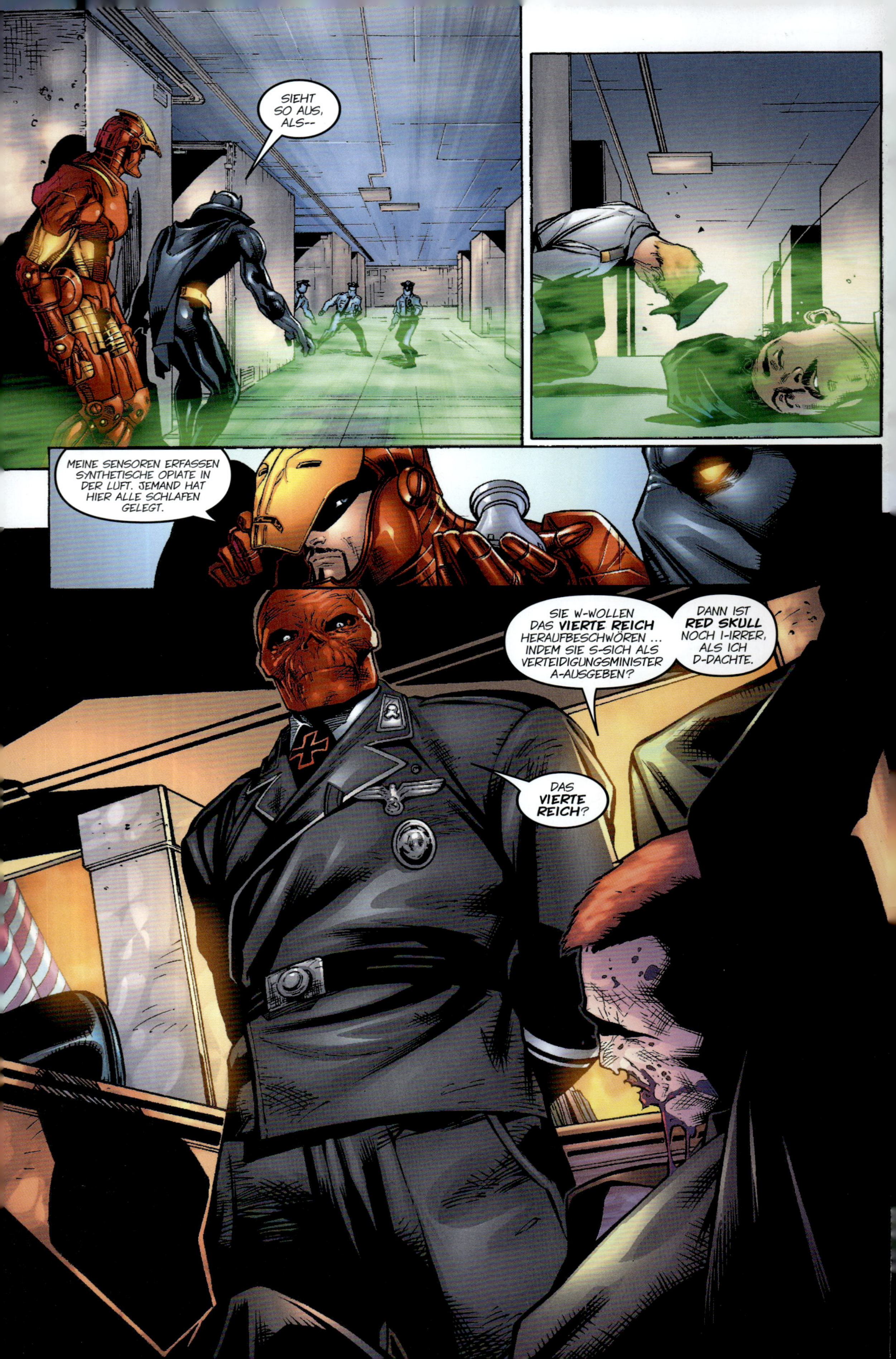
SIEHT SO AUS, ALS--
MEINE SENSOREN ERFASSEN SYNTHETISCHE OPIATE IN DER LUFT. JEMAND HAT HIER ALLE SCHLAFEN GELEGT.
SIE W-WOLLEN DAS **VIERTE REICH** HERAUFBESCHWÖREN ... INDEM SIE S-SICH ALS VERTEIDIGUNGSMINISTER A-AUSGEBEN?
DANN IST **RED SKULL** NOCH I-IRRER, ALS ICH D-DACHTE.
DAS **VIERTE REICH**?

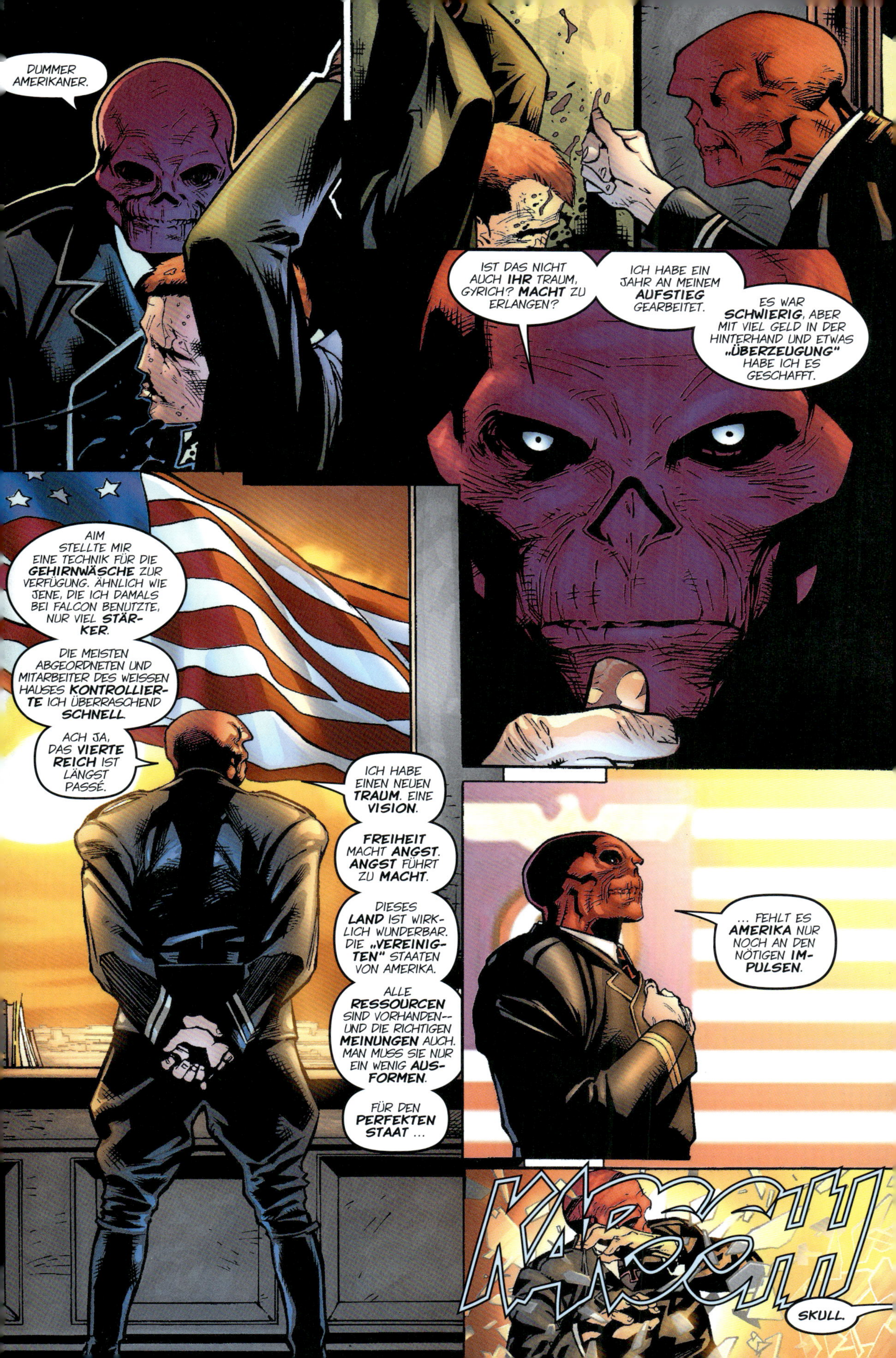

DUMMER AMERIKANER.
IST DAS NICHT AUCH IHR TRAUM, GYRICH? MACHT ZU ERLANGEN?
ICH HABE EIN JAHR AN MEINEM AUFSTIEG GEARBEITET.
ES WAR SCHWIERIG, ABER MIT VIEL GELD IN DER HINTERHAND UND ETWAS „ÜBERZEUGUNG" HABE ICH ES GESCHAFFT.
AIM STELLTE MIR EINE TECHNIK FÜR DIE GEHIRNWÄSCHE ZUR VERFÜGUNG. ÄHNLICH WIE JENE, DIE ICH DAMALS BEI FALCON BENUTZTE, NUR VIEL STÄR-KER.
DIE MEISTEN ABGEORDNETEN UND MITARBEITER DES WEISSEN HAUSES KONTROLLIER-TE ICH ÜBERRASCHEND SCHNELL.
ACH JA, DAS VIERTE REICH IST LÄNGST PASSÉ.
ICH HABE EINEN NEUEN TRAUM. EINE VISION.
FREIHEIT MACHT ANGST. ANGST FÜHRT ZU MACHT.
DIESES LAND IST WIRK-LICH WUNDERBAR. DIE „VEREINIG-TEN" STAATEN VON AMERIKA.
ALLE RESSOURCEN SIND VORHANDEN-- UND DIE RICHTIGEN MEINUNGEN AUCH. MAN MUSS SIE NUR EIN WENIG AUS-FORMEN.
FÜR DEN PERFEKTEN STAAT ...
... FEHLT ES AMERIKA NUR NOCH AN DEN NÖTIGEN IM-PULSEN.
KRSCH KRSCH
SKULL.

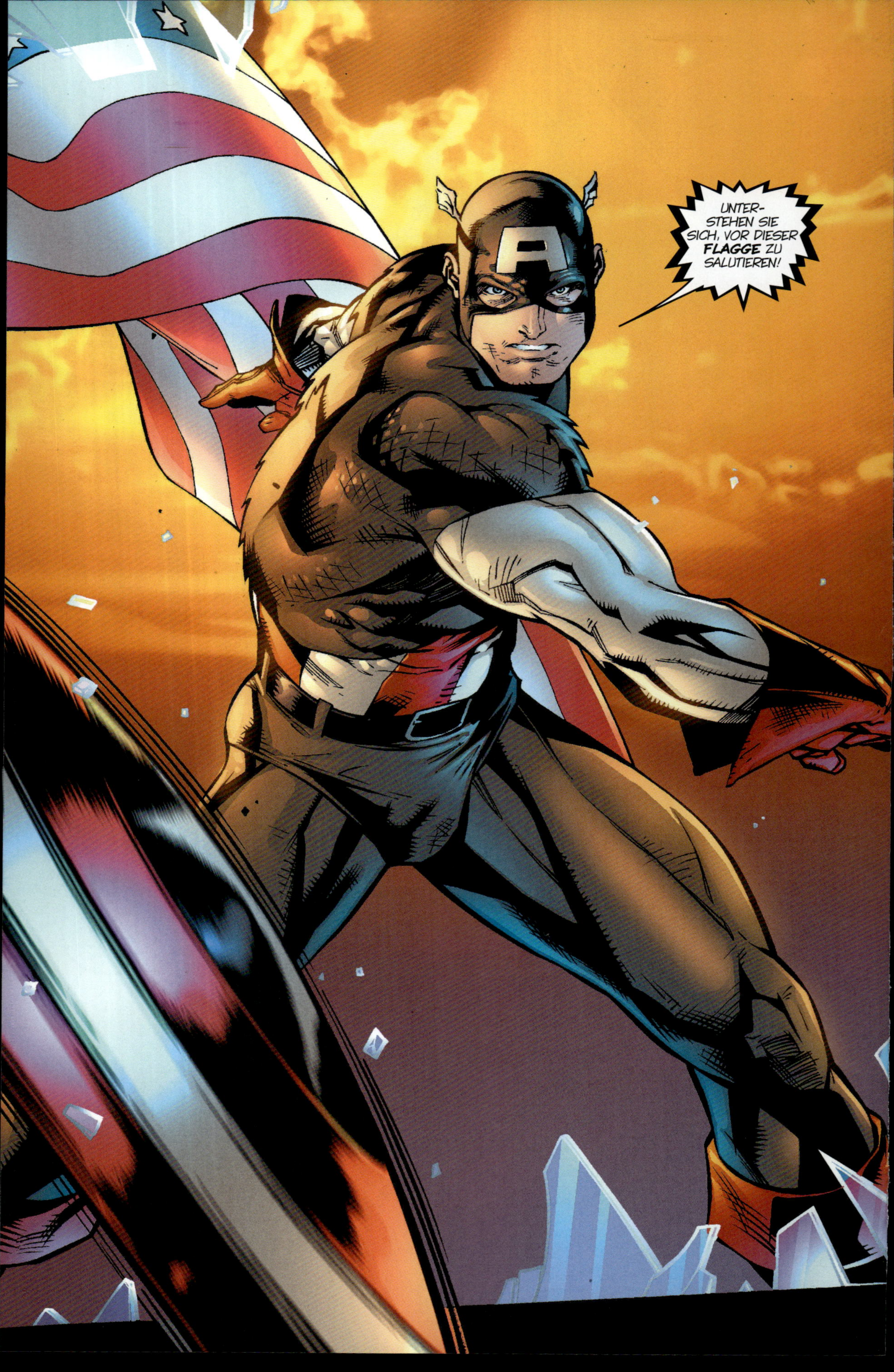
UNTER-
STEHEN SIE
SICH, VOR DIESER
FLAGGE ZU
SALUTIEREN!

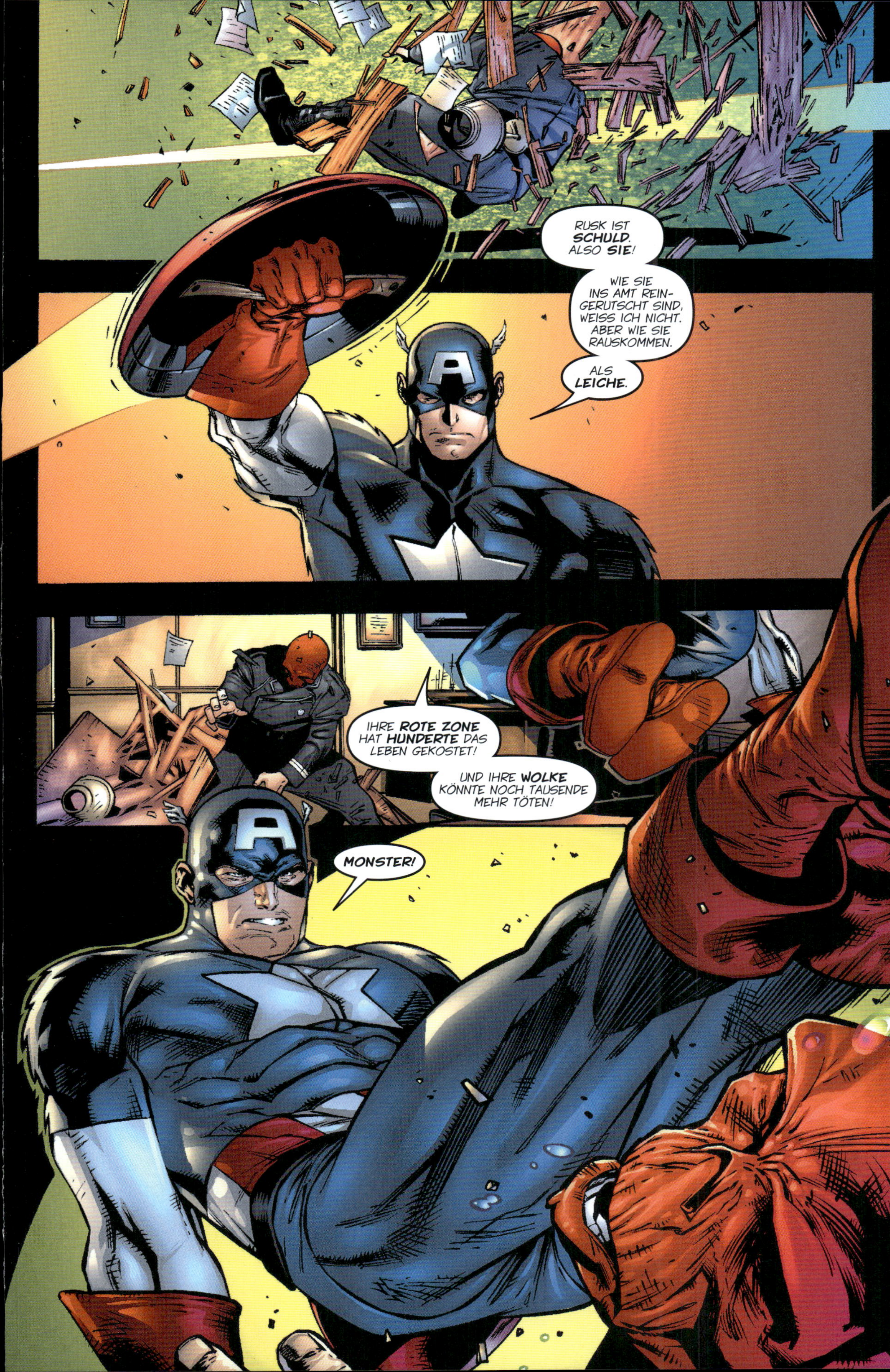

RUSK IST SCHULD. ALSO SIE!
WIE SIE INS AMT REIN-GERUTSCHT SIND, WEISS ICH NICHT. ABER WIE SIE RAUSKOMMEN.
ALS LEICHE.
IHRE ROTE ZONE HAT HUNDERTE DAS LEBEN GEKOSTET!
UND IHRE WOLKE KÖNNTE NOCH TAUSENDE MEHR TÖTEN!
MONSTER!

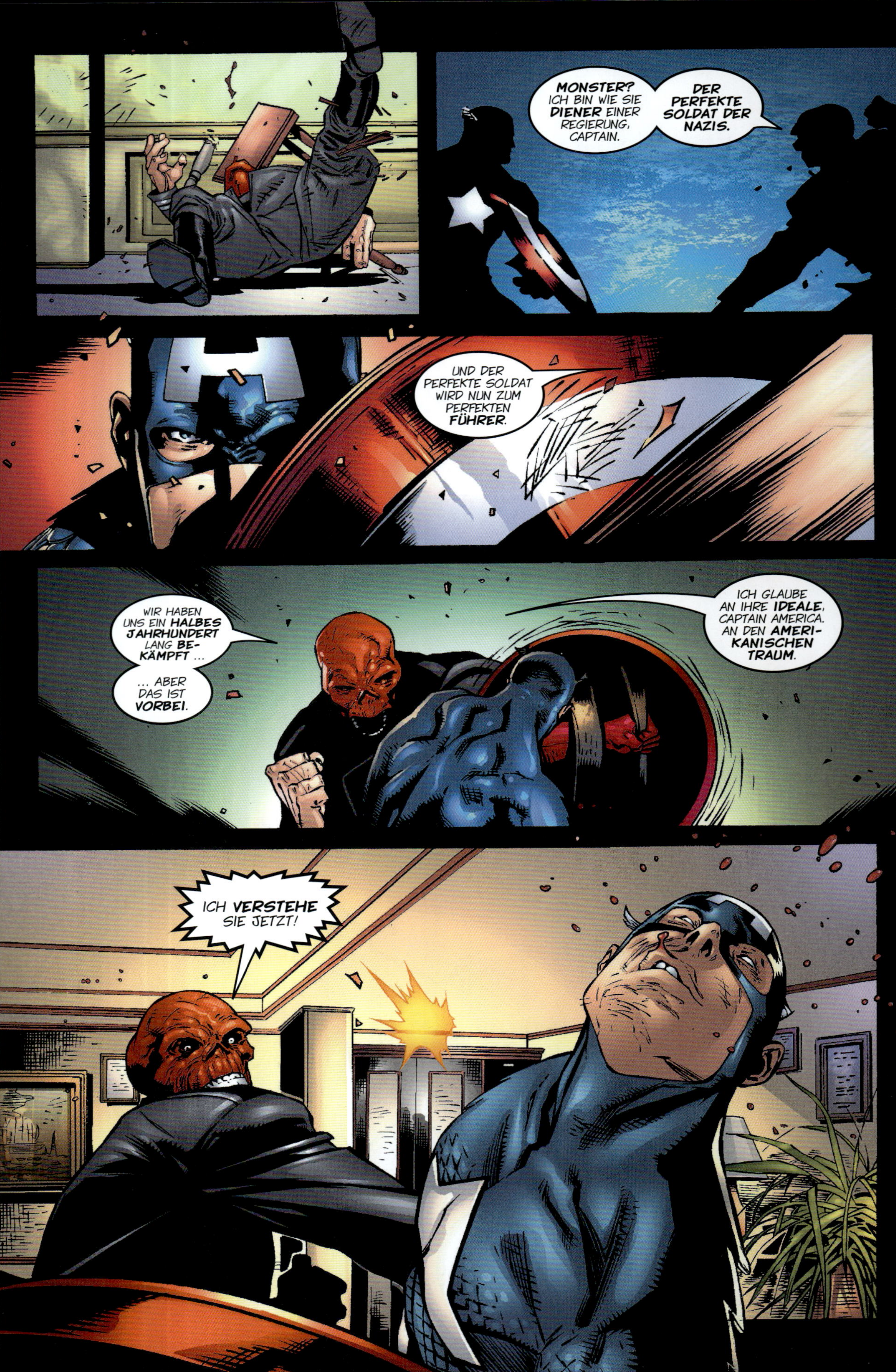
MONSTER? ICH BIN WIE SIE DIENER EINER REGIERUNG, CAPTAIN.
DER PERFEKTE SOLDAT DER NAZIS.
UND DER PERFEKTE SOLDAT WIRD NUN ZUM PERFEKTEN FÜHRER.
WIR HABEN UNS EIN HALBES JAHRHUNDERT LANG BEKÄMPFT ...
... ABER DAS IST VORBEI.
ICH GLAUBE AN IHRE IDEALE, CAPTAIN AMERICA. AN DEN AMERIKANISCHEN TRAUM.
ICH VERSTEHE SIE JETZT!

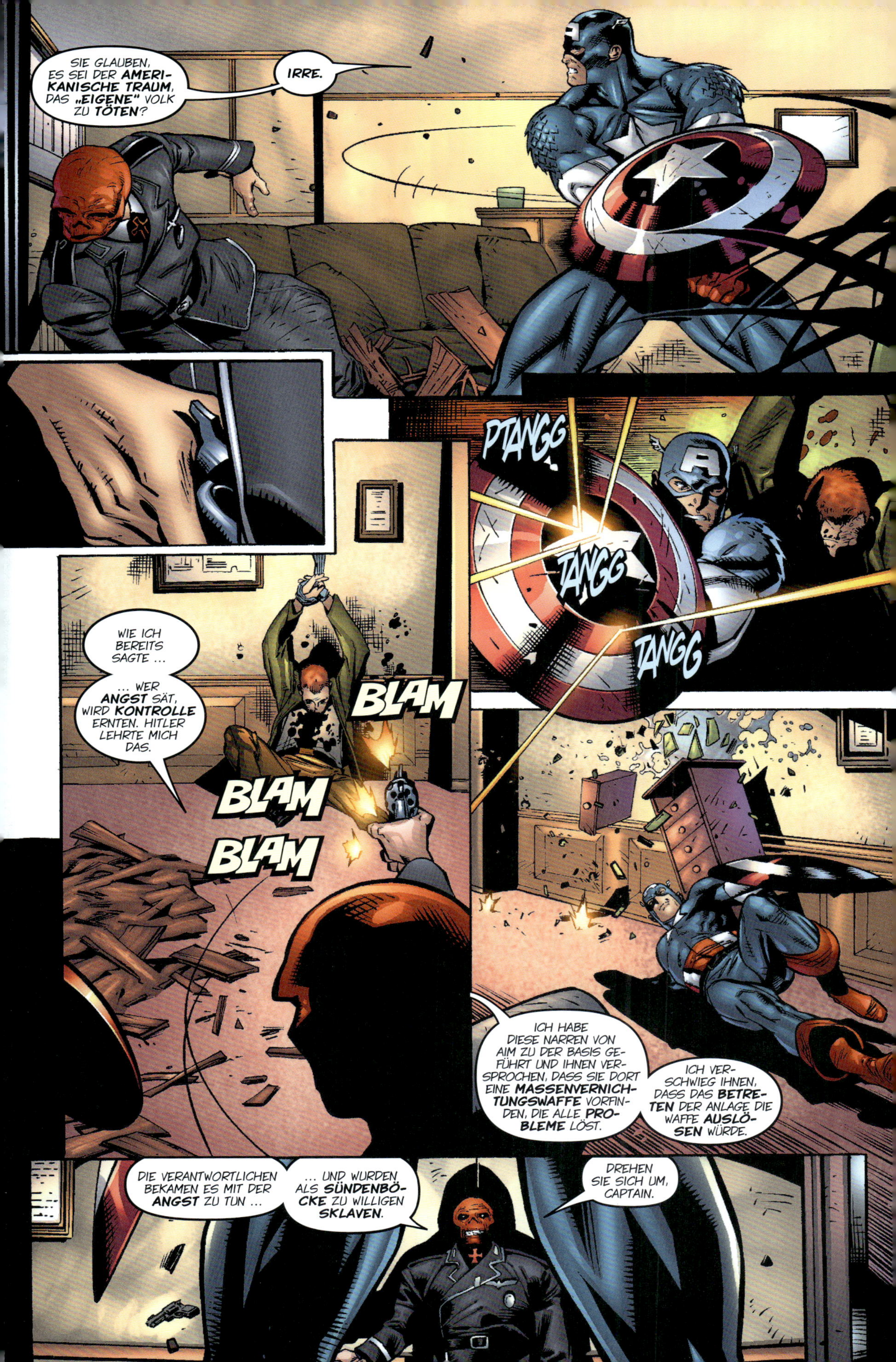
SIE GLAUBEN, ES SEI DER AMERIKANISCHE TRAUM, DAS „EIGENE" VOLK ZU TÖTEN?
IRRE.
PTANGG
TANGG
TANGG
WIE ICH BEREITS SAGTE ...
... WER ANGST SÄT, WIRD KONTROLLE ERNTEN. HITLER LEHRTE MICH DAS.
BLAM
BLAM
BLAM
ICH HABE DIESE NARREN VON AIM ZU DER BASIS GEFÜHRT UND IHNEN VERSPROCHEN, DASS SIE DORT EINE MASSENVERNICHTUNGSWAFFE VORFINDEN, DIE ALLE PROBLEME LÖST.
ICH VERSCHWIEG IHNEN, DASS DAS BETRETEN DER ANLAGE DIE WAFFE AUSLÖSEN WÜRDE.
DIE VERANTWORTLICHEN BEKAMEN ES MIT DER ANGST ZU TUN ...
... UND WURDEN ALS SÜNDENBÖCKE ZU WILLIGEN SKLAVEN.
DREHEN SIE SICH UM, CAPTAIN.

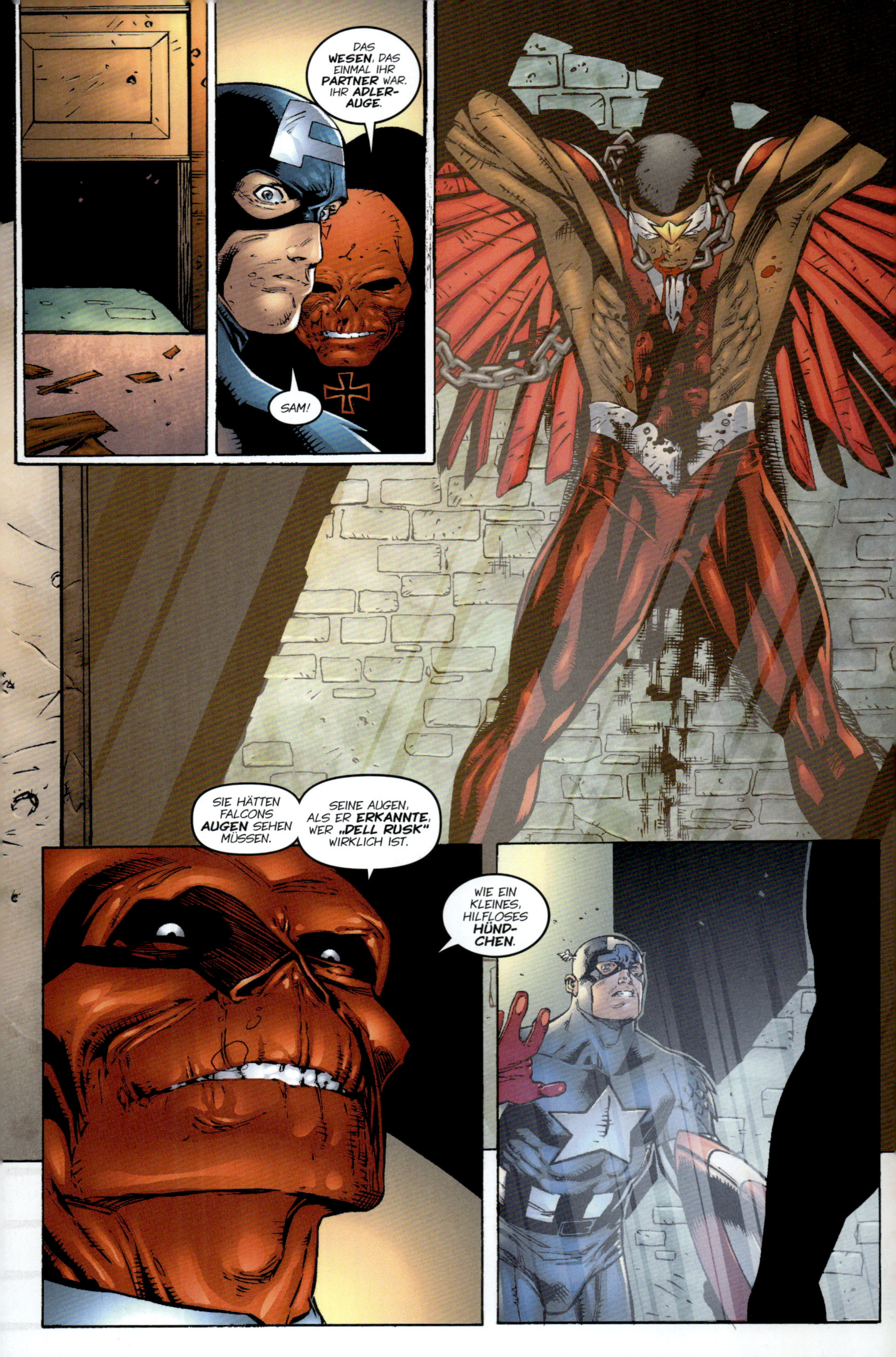

DAS WESEN, DAS EINMAL IHR PARTNER WAR. IHR ADLER-AUGE.
SAM!
SIE HÄTTEN FALCONS AUGEN SEHEN MÜSSEN.
SEINE AUGEN, ALS ER ERKANNTE, WER „DELL RUSK" WIRKLICH IST.
WIE EIN KLEINES, HILFLOSES HÜNDCHEN.

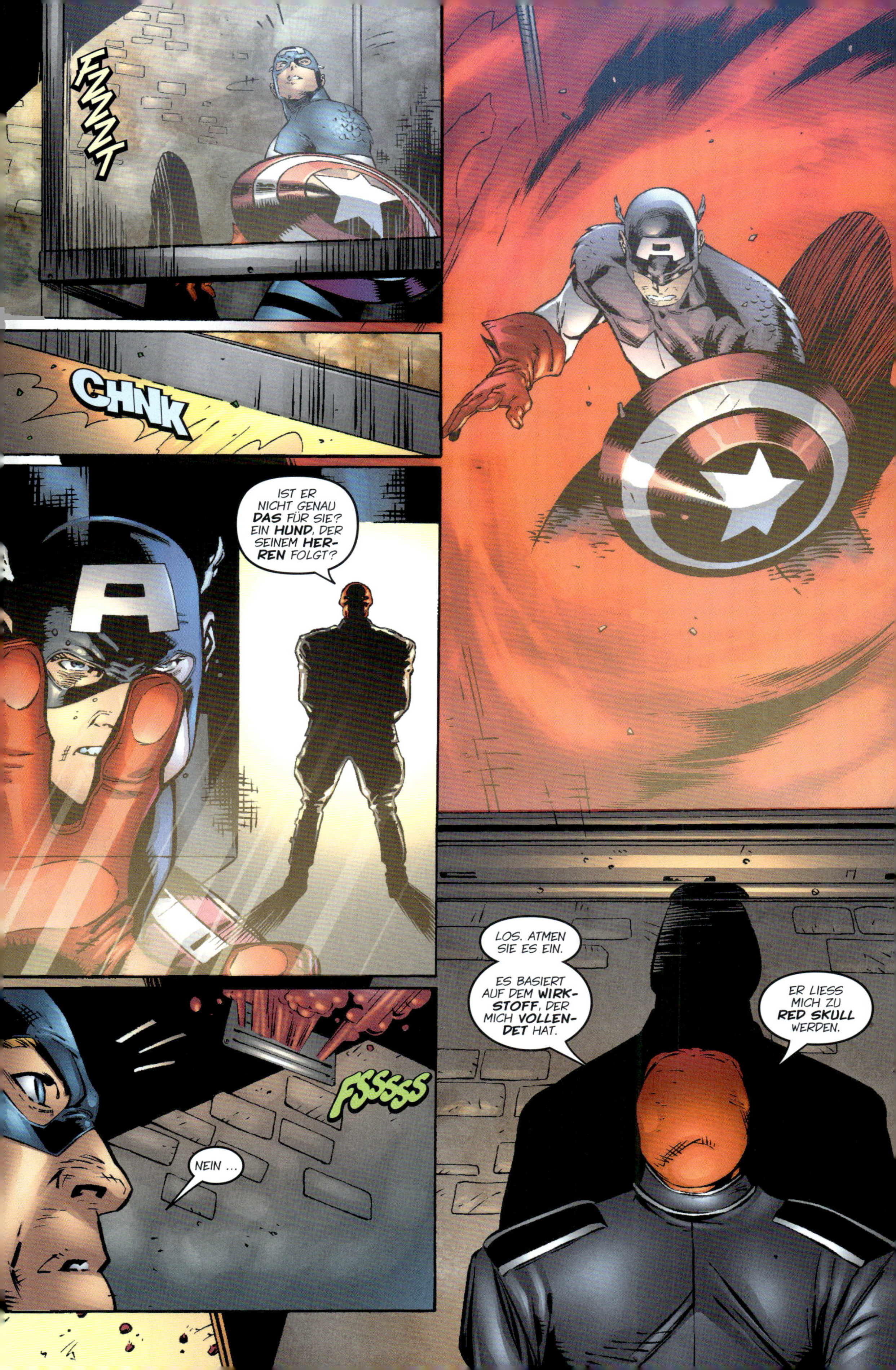
FZZZT
CHNK
IST ER NICHT GENAU DAS FÜR SIE? EIN HUND, DER SEINEM HERREN FOLGT?
FSSSSS
NEIN ...
LOS. ATMEN SIE ES EIN.
ES BASIERT AUF DEM WIRKSTOFF, DER MICH VOLLENDET HAT.
ER LIESS MICH ZU RED SKULL WERDEN.

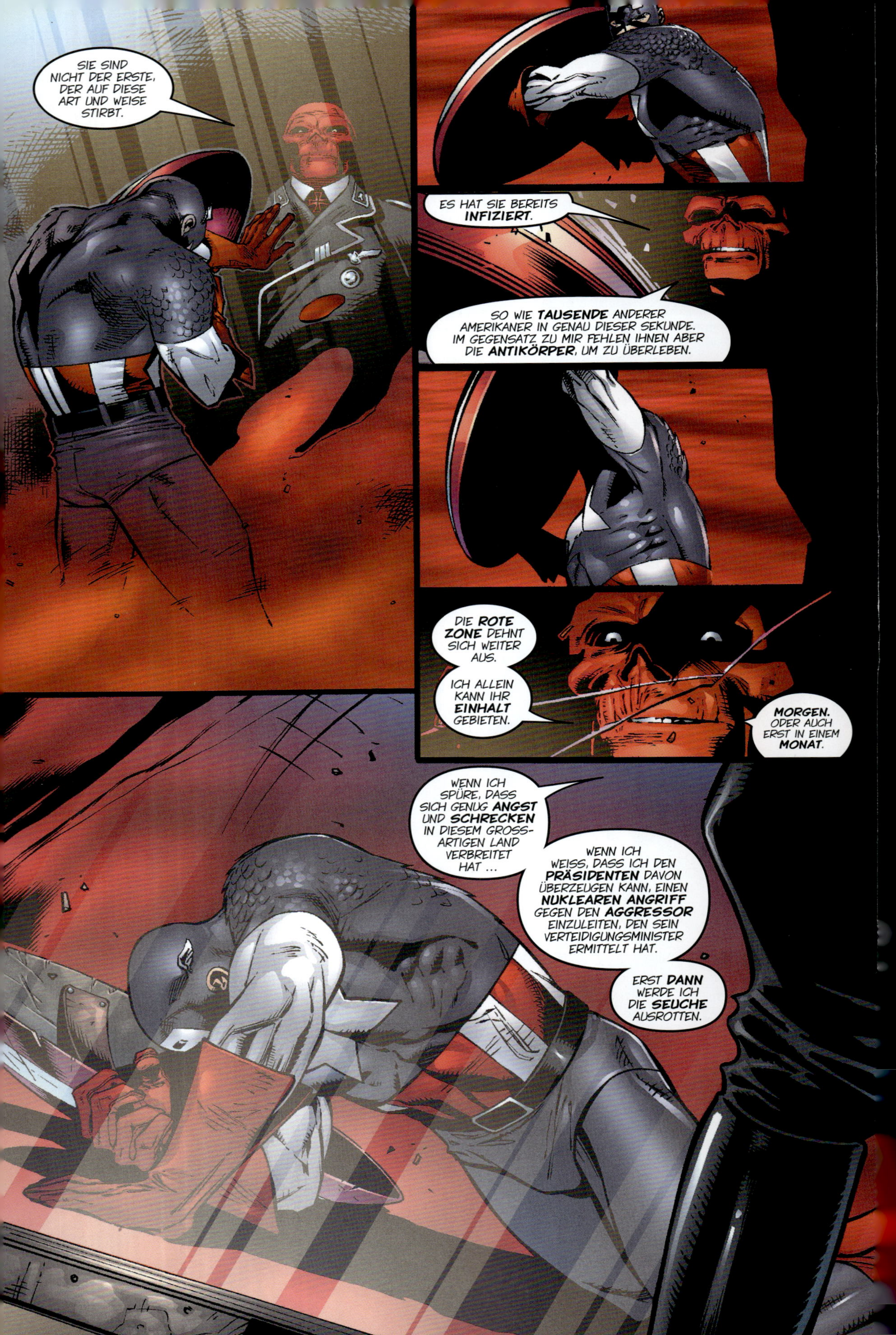
SIE SIND NICHT DER ERSTE, DER AUF DIESE ART UND WEISE STIRBT.
ES HAT SIE BEREITS INFIZIERT.
SO WIE TAUSENDE ANDERER AMERIKANER IN GENAU DIESER SEKUNDE. IM GEGENSATZ ZU MIR FEHLEN IHNEN ABER DIE ANTIKÖRPER, UM ZU ÜBERLEBEN.
DIE ROTE ZONE DEHNT SICH WEITER AUS.
ICH ALLEIN KANN IHR EINHALT GEBIETEN.
MORGEN. ODER AUCH ERST IN EINEM MONAT.
WENN ICH SPÜRE, DASS SICH GENUG ANGST UND SCHRECKEN IN DIESEM GROSS-ARTIGEN LAND VERBREITET HAT ...
WENN ICH WEISS, DASS ICH DEN PRÄSIDENTEN DAVON ÜBERZEUGEN KANN, EINEN NUKLEAREN ANGRIFF GEGEN DEN AGGRESSOR EINZULEITEN, DEN SEIN VERTEIDIGUNGSMINISTER ERMITTELT HAT.
ERST DANN WERDE ICH DIE SEUCHE AUSROTTEN.

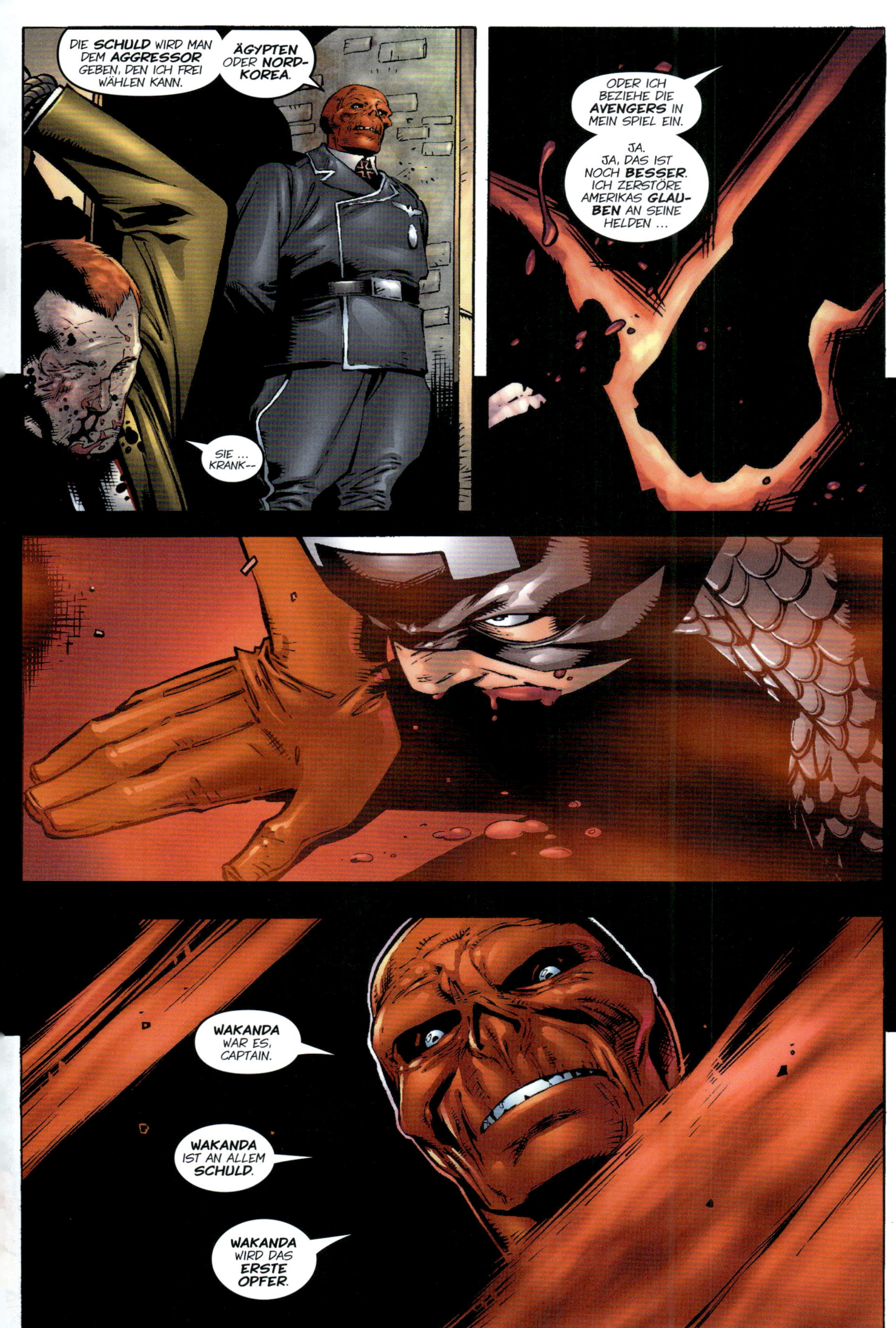
DIE SCHULD WIRD MAN DEM AGGRESSOR GEBEN, DEN ICH FREI WÄHLEN KANN.
ÄGYPTEN ODER NORD-KOREA.
SIE ... KRANK--
ODER ICH BEZIEHE DIE AVENGERS IN MEIN SPIEL EIN.
JA. JA, DAS IST NOCH BESSER. ICH ZERSTÖRE AMERIKAS GLAUBEN AN SEINE HELDEN ...
WAKANDA WAR ES, CAPTAIN.
WAKANDA IST AN ALLEM SCHULD.
WAKANDA WIRD DAS ERSTE OPFER.

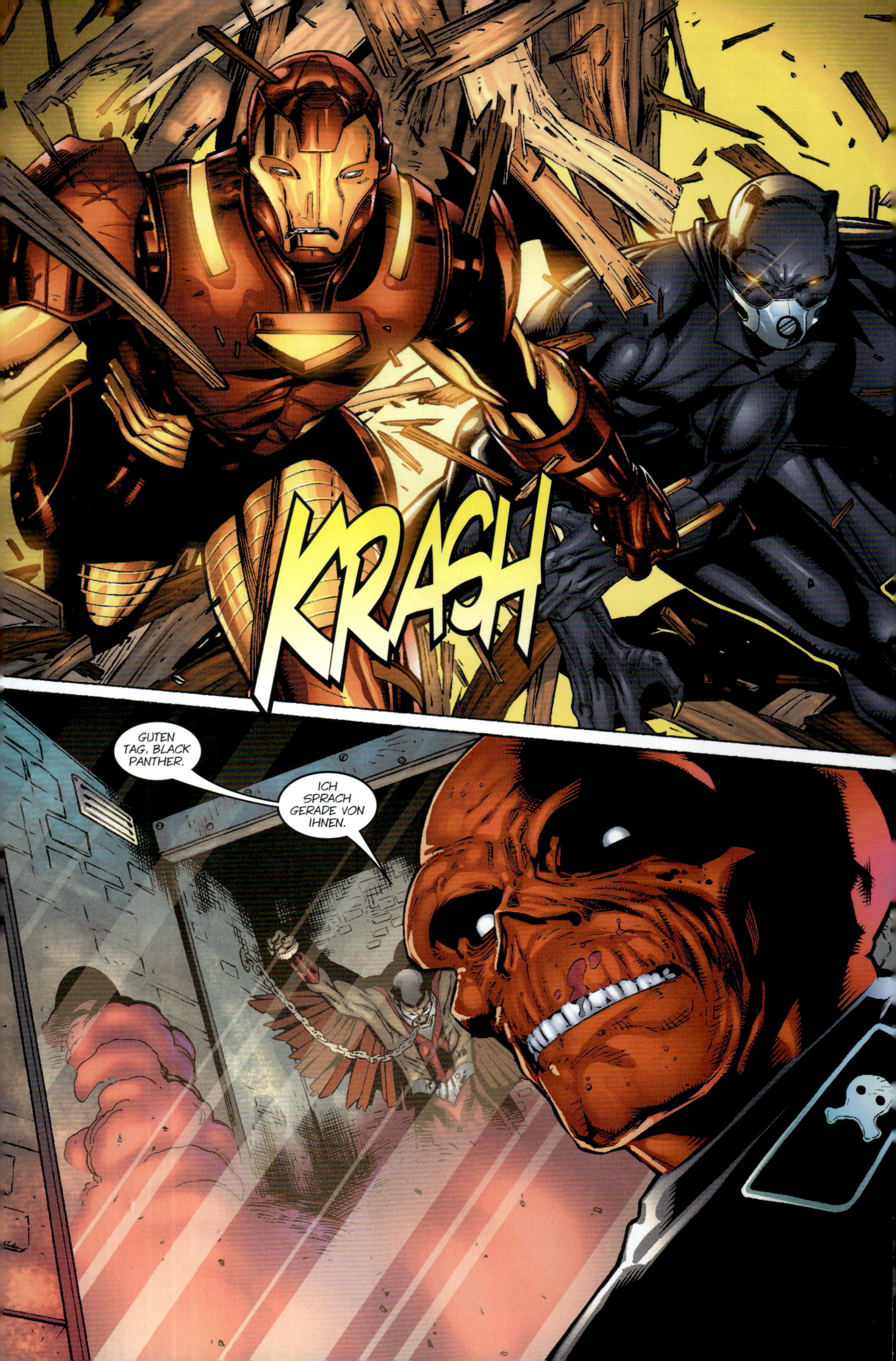
KRASH
GUTEN TAG, BLACK PANTHER.
ICH SPRACH GERADE VON IHNEN.

ROTE ZONE, TEIL 6: DER LETZTE AUSWEG

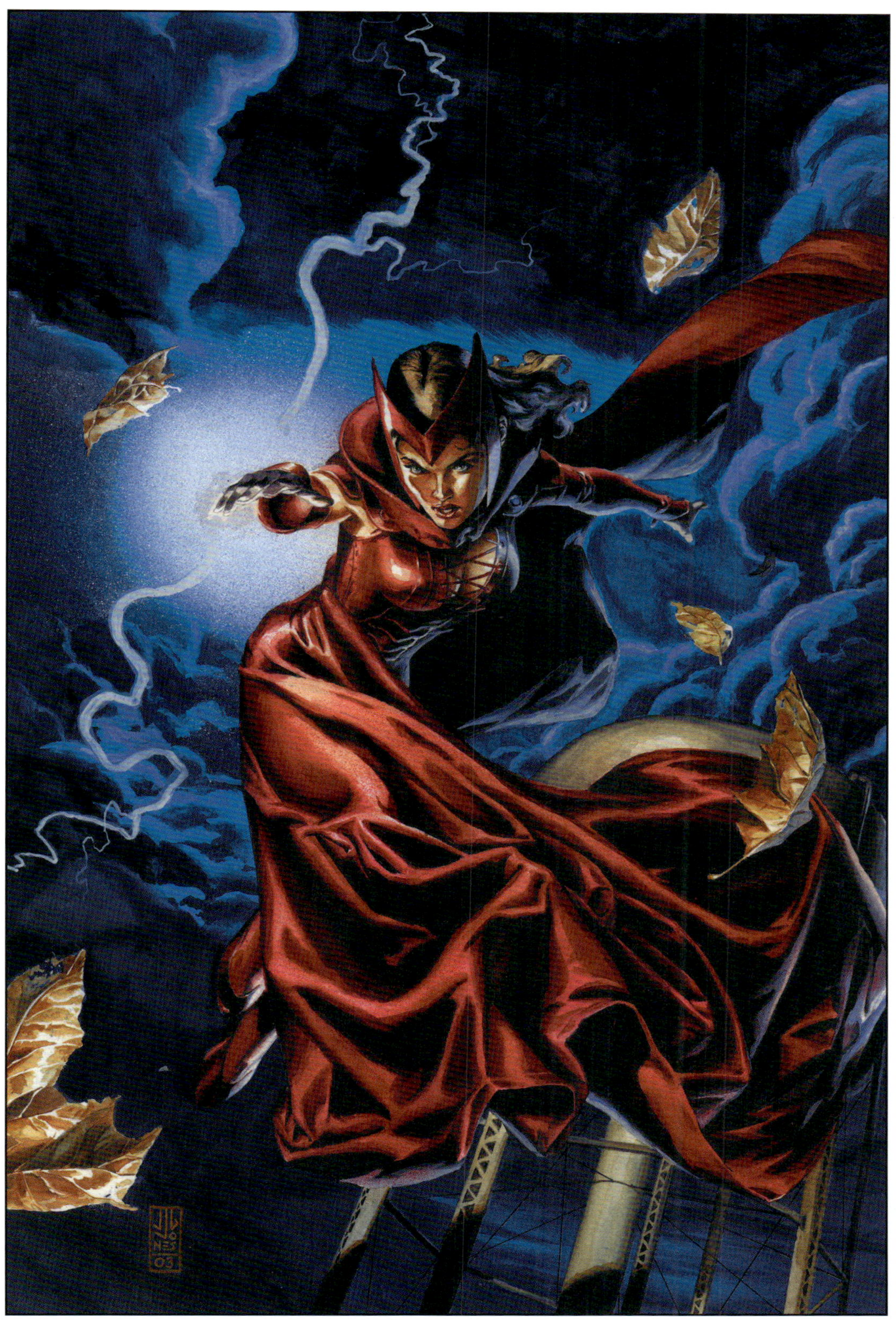

Avengers (1998) 70
Cover von **J. G. JONES**

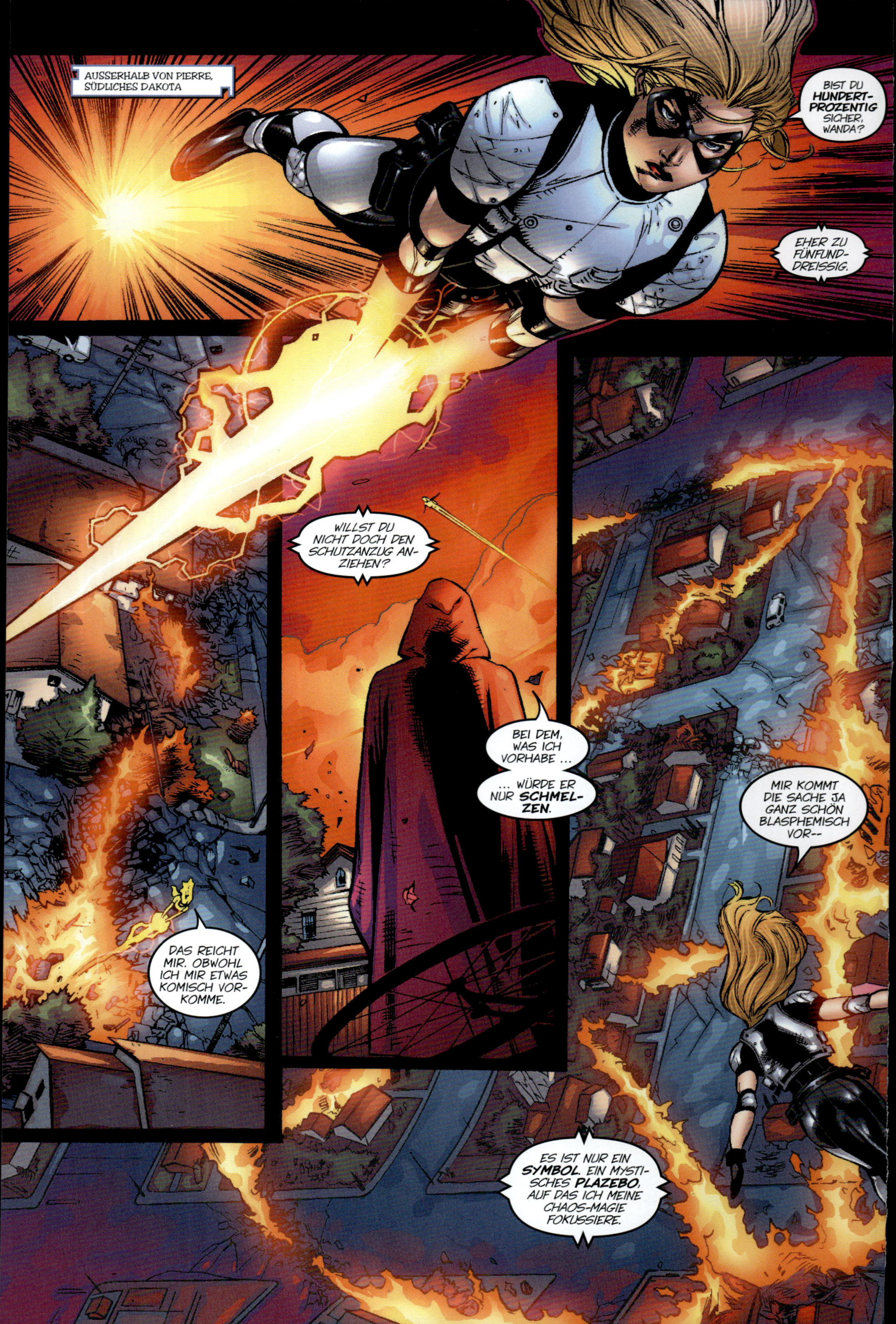
AUSSERHALB VON PIERRE, SÜDLICHES DAKOTA
BIST DU HUNDERT-PROZENTIG SICHER, WANDA?
EHER ZU FÜNFUND-DREISSIG.
WILLST DU NICHT DOCH DEN SCHUTZANZUG AN-ZIEHEN?
BEI DEM, WAS ICH VORHABE ...
... WÜRDE ER NUR SCHMEL-ZEN.
DAS REICHT MIR. OBWOHL ICH MIR ETWAS KOMISCH VOR-KOMME.
MIR KOMMT DIE SACHE JA GANZ SCHÖN BLASPHEMISCH VOR--
ES IST NUR EIN SYMBOL. EIN MYSTI-SCHES PLAZEBO, AUF DAS ICH MEINE CHAOS-MAGIE FOKUSSIERE.

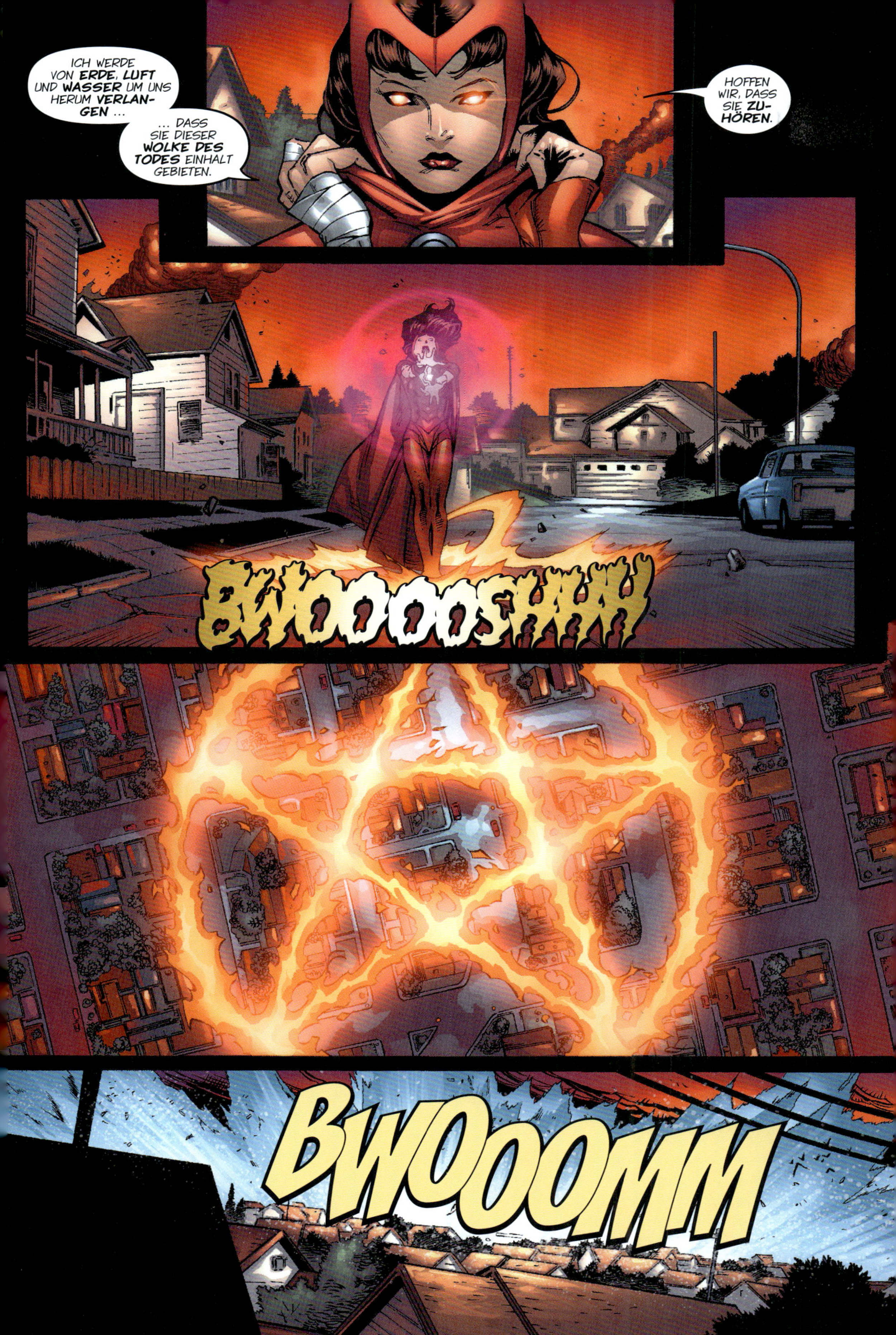
ICH WERDE VON ERDE, LUFT UND WASSER UM UNS HERUM VERLANGEN ...
... DASS SIE DIESER WOLKE DES TODES EINHALT GEBIETEN.
HOFFEN WIR, DASS SIE ZUHÖREN.
BWOOOOSHHH
BWOOOMM

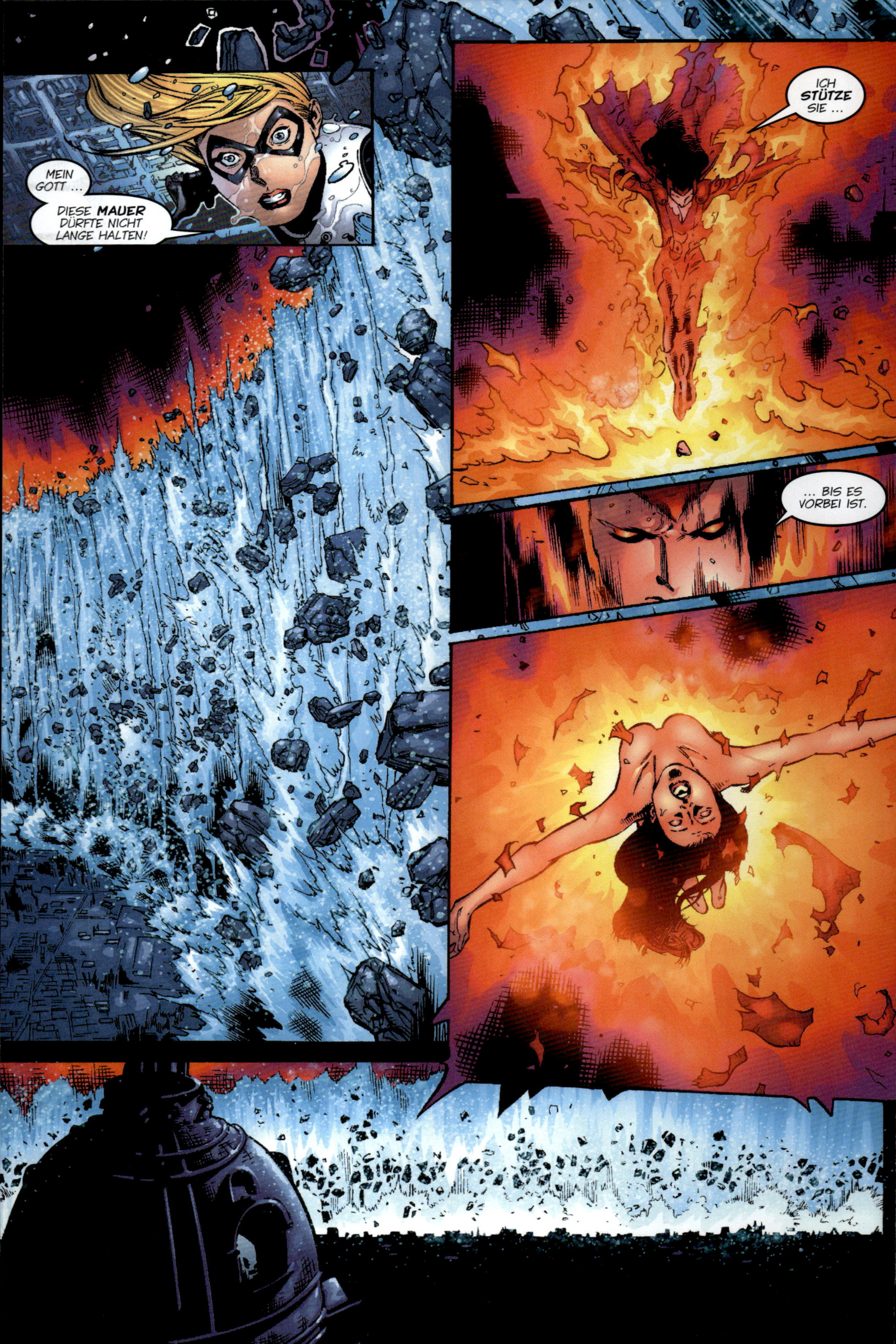
MEIN GOTT ...
DIESE MAUER DÜRFTE NICHT LANGE HALTEN!
ICH STÜTZE SIE ...
... BIS ES VORBEI IST.

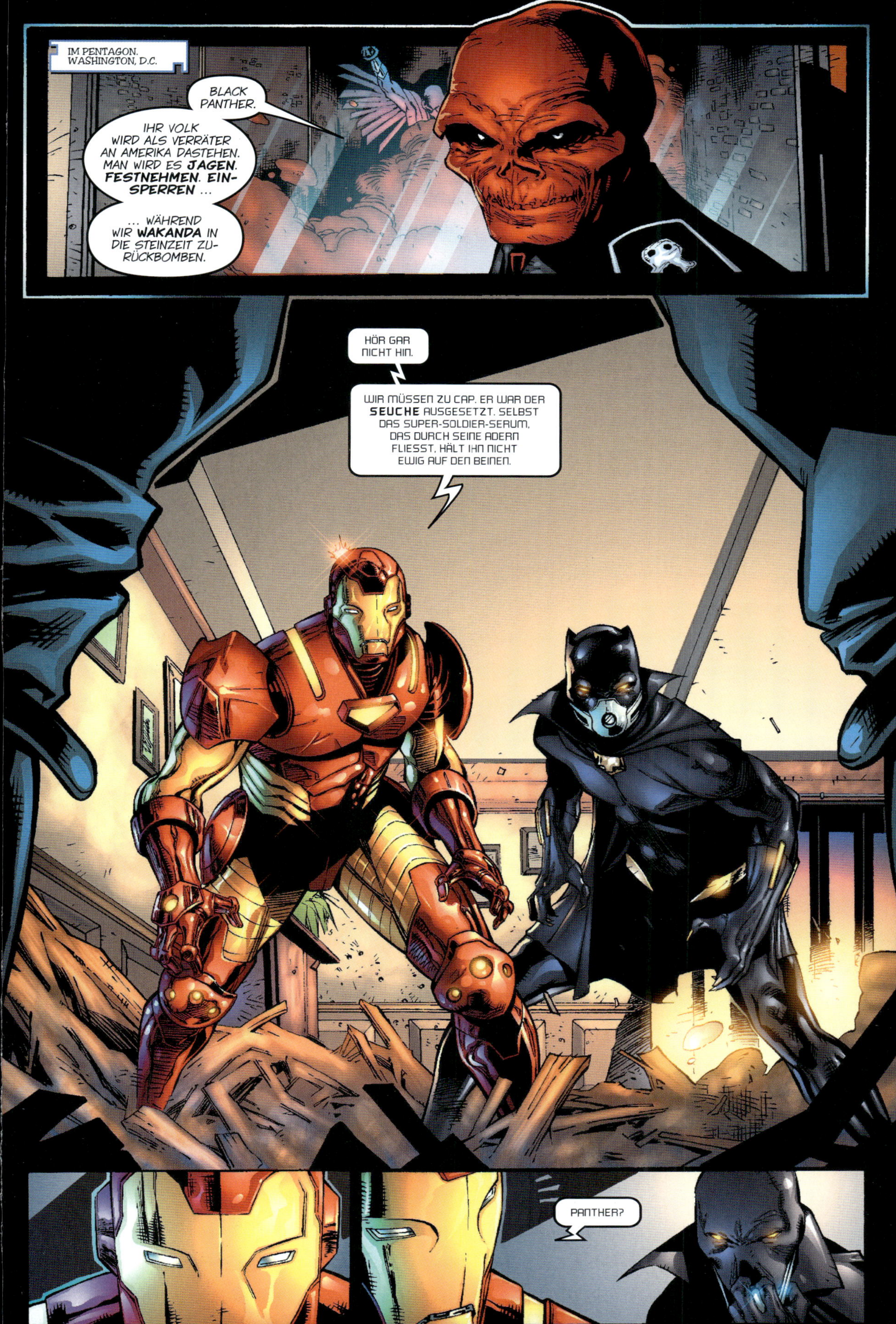
IM PENTAGON.
WASHINGTON, D.C.
BLACK PANTHER.
IHR VOLK WIRD ALS VERRÄTER AN AMERIKA DASTEHEN. MAN WIRD ES JAGEN. FESTNEHMEN. EIN-SPERREN ...
... WÄHREND WIR WAKANDA IN DIE STEINZEIT ZU-RÜCKBOMBEN.
HÖR GAR NICHT HIN.
WIR MÜSSEN ZU CAP. ER WAR DER SEUCHE AUSGESETZT. SELBST DAS SUPER-SOLDIER-SERUM, DAS DURCH SEINE ADERN FLIESST, HÄLT IHN NICHT EWIG AUF DEN BEINEN.
PANTHER?

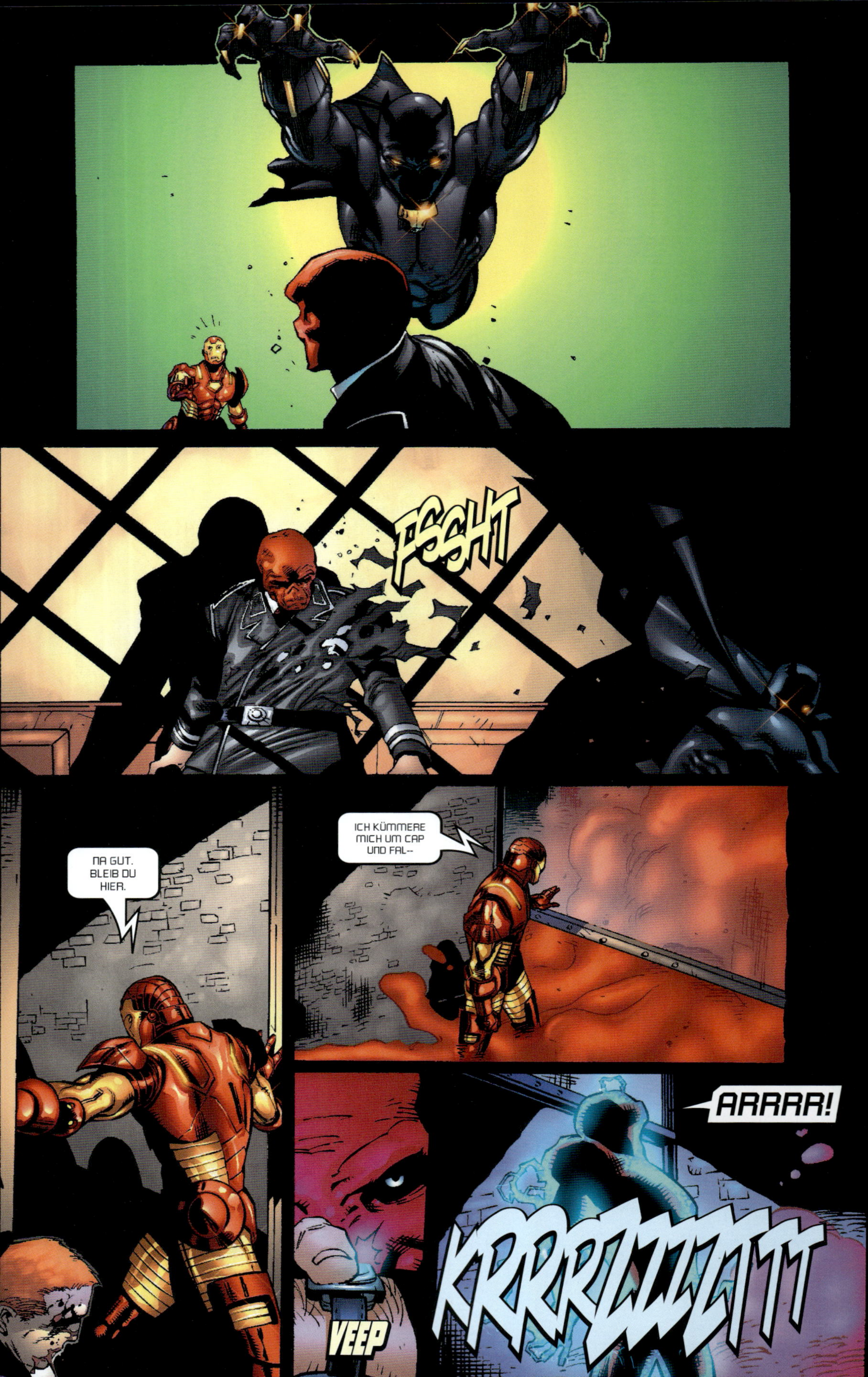

PSSHT

NA GUT. BLEIB DU HIER.

ICH KÜMMERE MICH UM CAP UND FAL--

ARRRR!

KRRRZZZZTTT

VEEP

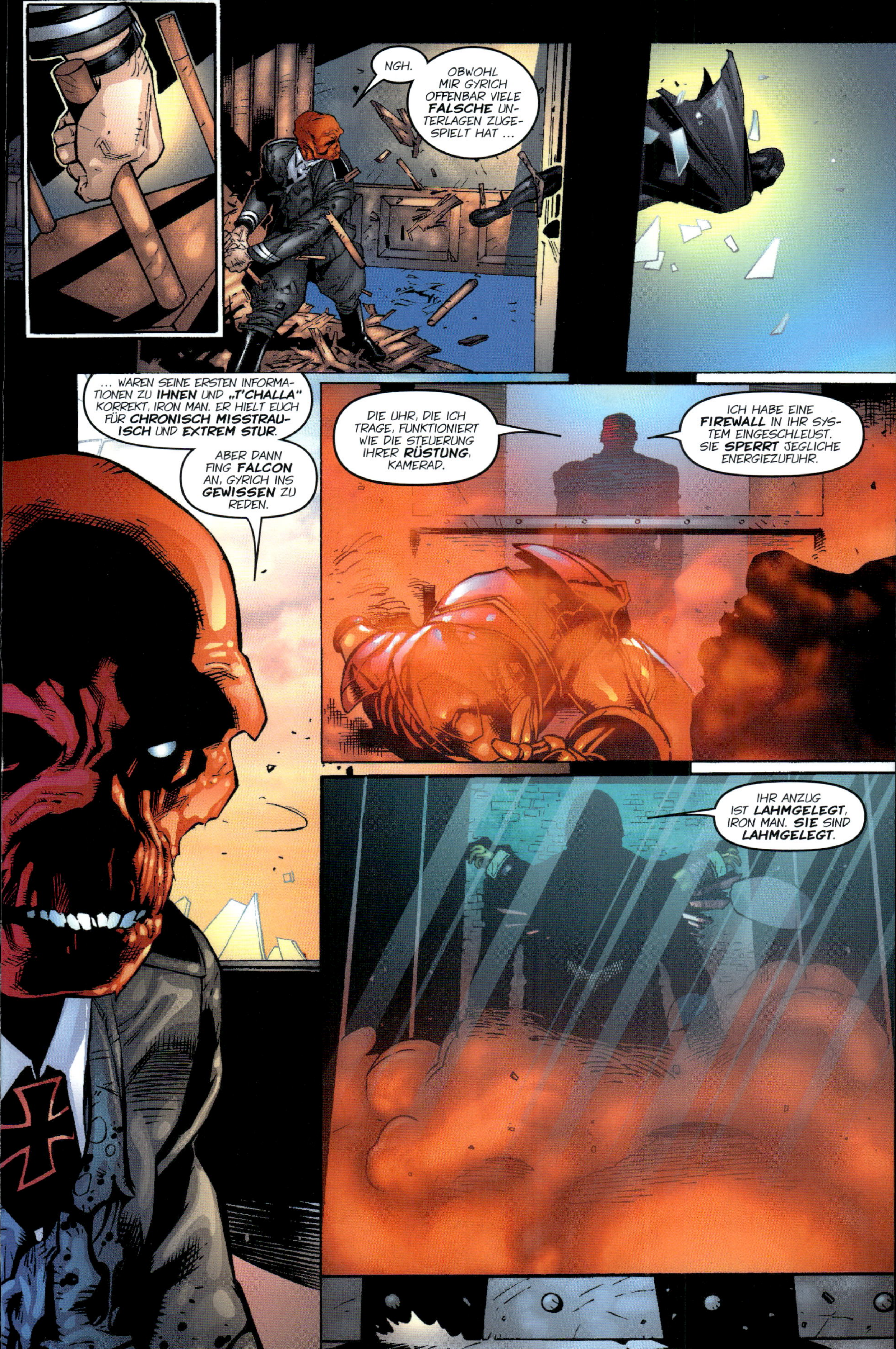
NGH.
OBWOHL MIR GYRICH OFFENBAR VIELE FALSCHE UNTERLAGEN ZUGESPIELT HAT ...
... WAREN SEINE ERSTEN INFORMATIONEN ZU IHNEN UND „T'CHALLA" KORREKT, IRON MAN. ER HIELT EUCH FÜR CHRONISCH MISSTRAUISCH UND EXTREM STUR.
ABER DANN FING FALCON AN, GYRICH INS GEWISSEN ZU REDEN.
DIE UHR, DIE ICH TRAGE, FUNKTIONIERT WIE DIE STEUERUNG IHRER RÜSTUNG, KAMERAD.
ICH HABE EINE FIREWALL IN IHR SYSTEM EINGESCHLEUST. SIE SPERRT JEGLICHE ENERGIEZUFUHR.
IHR ANZUG IST LAHMGELEGT, IRON MAN. SIE SIND LAHMGELEGT.

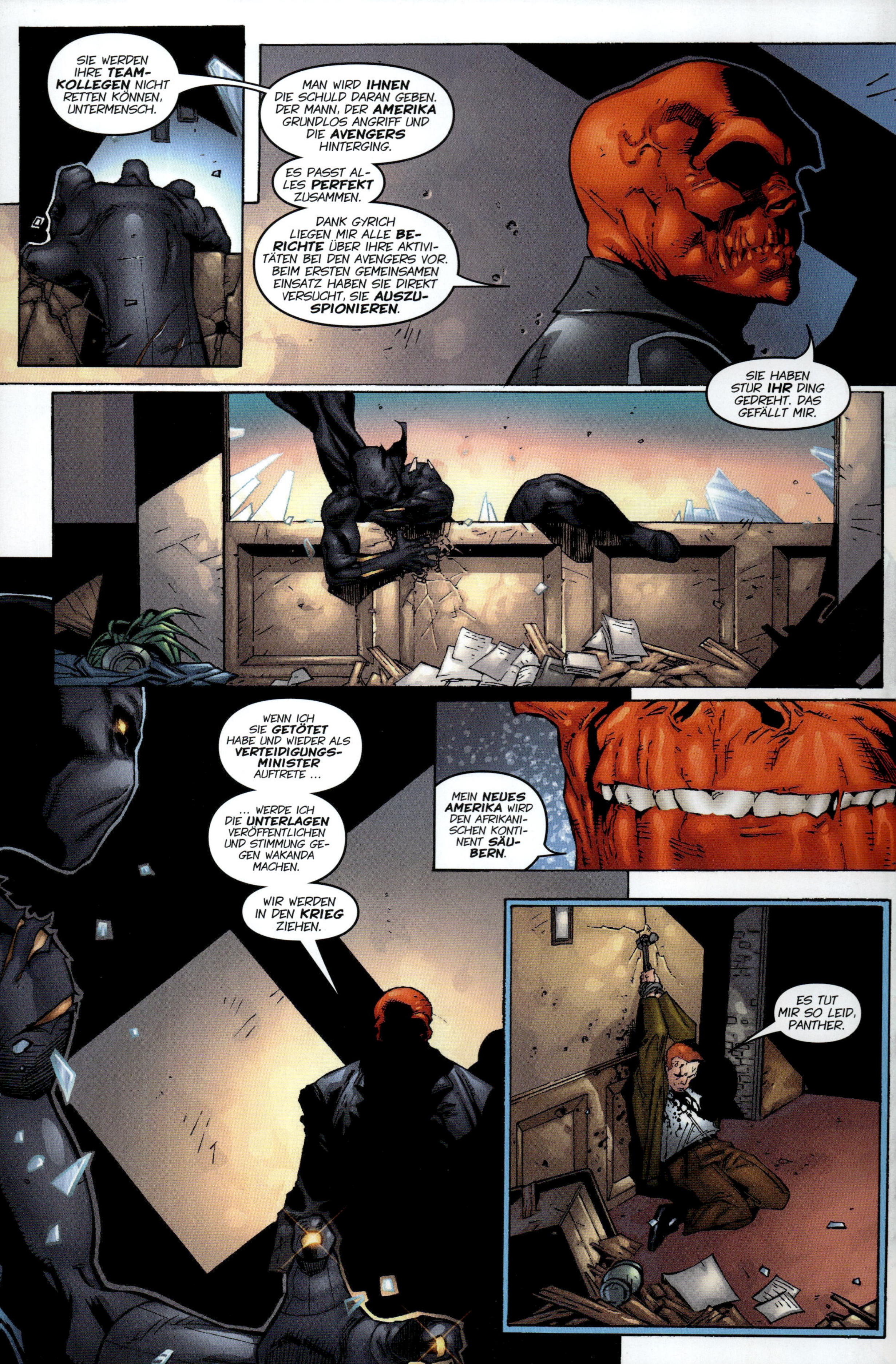
SIE WERDEN IHRE TEAM-KOLLEGEN NICHT RETTEN KÖNNEN, UNTERMENSCH.
MAN WIRD IHNEN DIE SCHULD DARAN GEBEN. DER MANN, DER AMERIKA GRUNDLOS ANGRIFF UND DIE AVENGERS HINTERGING.
ES PASST AL-LES PERFEKT ZUSAMMEN.
DANK GYRICH LIEGEN MIR ALLE BE-RICHTE ÜBER IHRE AKTIVI-TÄTEN BEI DEN AVENGERS VOR. BEIM ERSTEN GEMEINSAMEN EINSATZ HABEN SIE DIREKT VERSUCHT, SIE AUSZU-SPIONIEREN.
SIE HABEN STUR IHR DING GEDREHT. DAS GEFÄLLT MIR.
MEIN NEUES AMERIKA WIRD DEN AFRIKANI-SCHEN KONTI-NENT SÄU-BERN.
WENN ICH SIE GETÖTET HABE UND WIEDER ALS VERTEIDIGUNGS-MINISTER AUFTRETE ...
... WERDE ICH DIE UNTERLAGEN VERÖFFENTLICHEN UND STIMMUNG GE-GEN WAKANDA MACHEN.
WIR WERDEN IN DEN KRIEG ZIEHEN.
ES TUT MIR SO LEID, PANTHER.

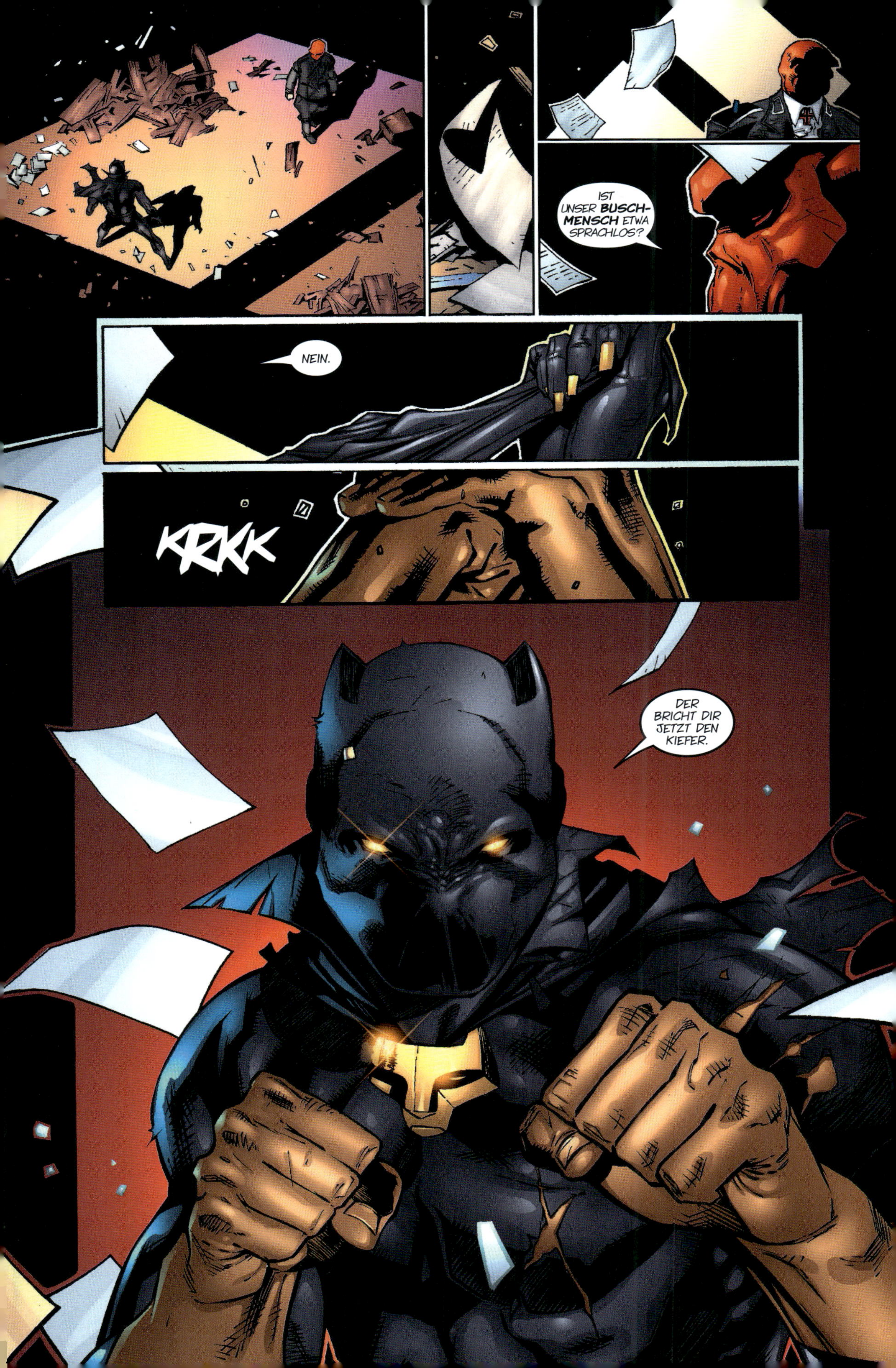
IST UNSER BUSCHMENSCH ETWA SPRACHLOS?
NEIN.
KRKK
DER BRICHT DIR JETZT DEN KIEFER.

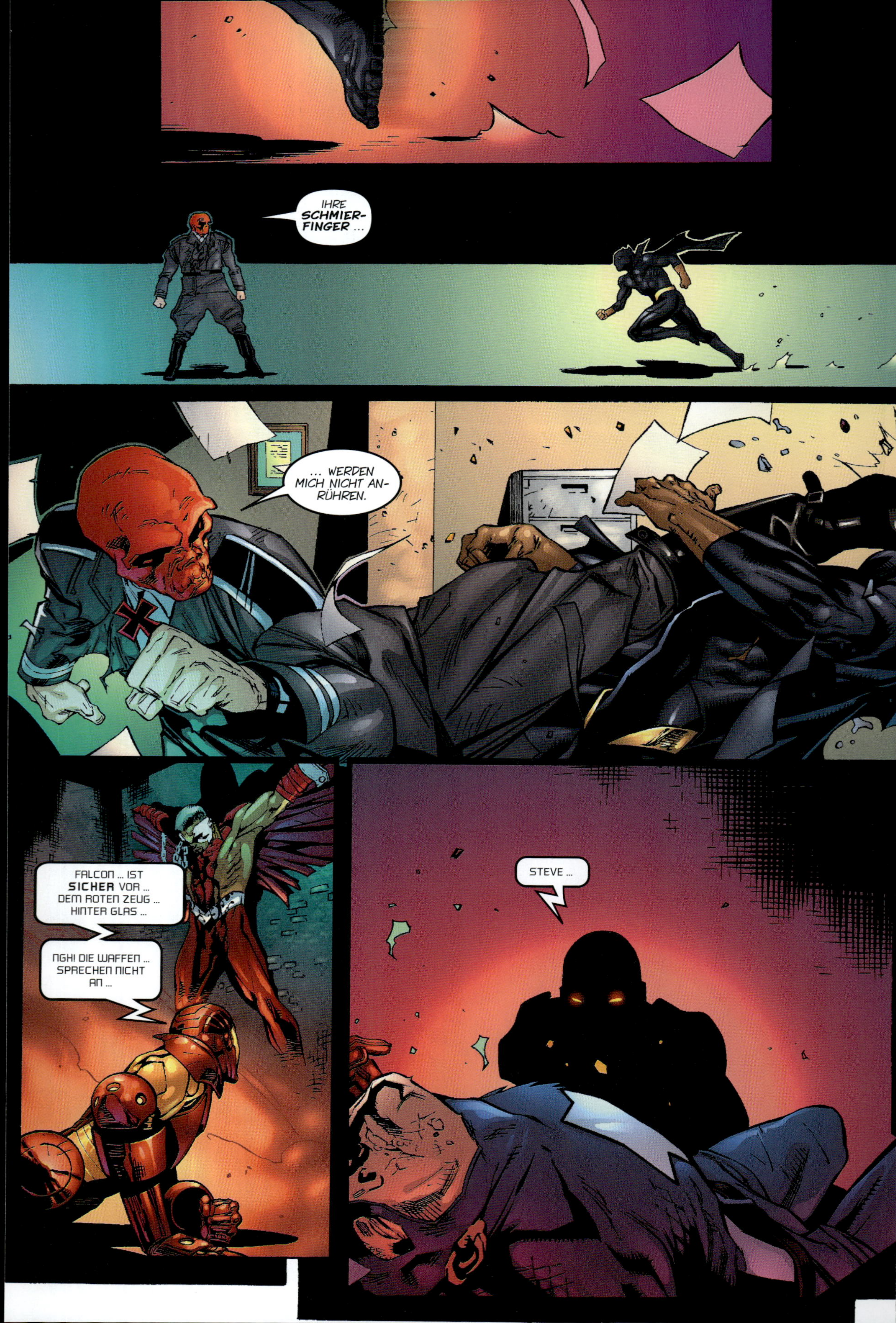
IHRE SCHMIER-FINGER ...
... WERDEN MICH NICHT AN-RÜHREN.
FALCON ... IST SICHER VOR ... DEM ROTEN ZEUG ... HINTER GLAS ...
NGH! DIE WAFFEN ... SPRECHEN NICHT AN ...
STEVE ...

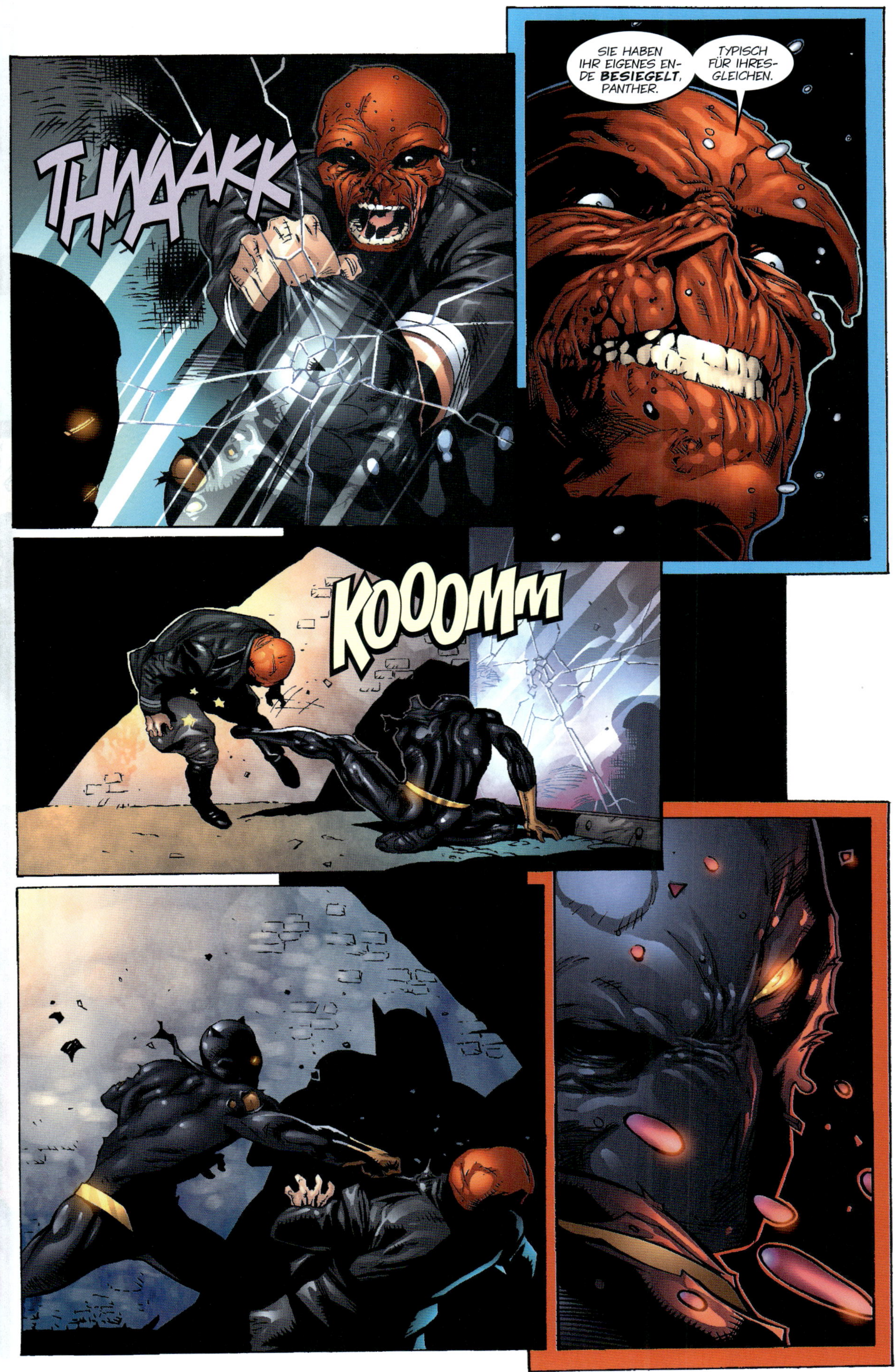
THWAKK
SIE HABEN IHR EIGENES ENDE **BESIEGELT**, PANTHER.
TYPISCH FÜR IHRESGLEICHEN.
KOOOMM

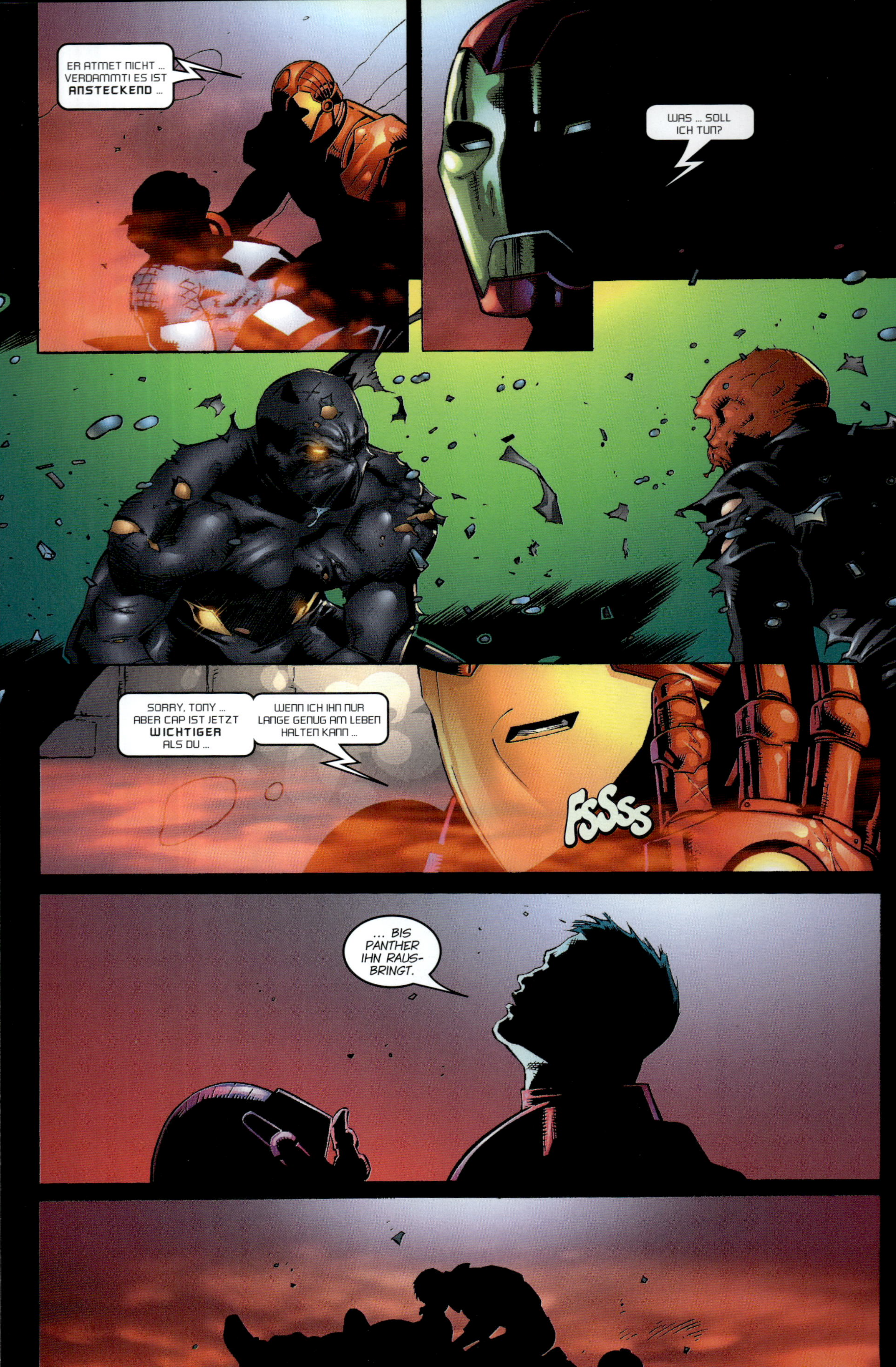
ER ATMET NICHT ... VERDAMMT! ES IST ANSTECKEND ...
WAS ... SOLL ICH TUN?
SORRY, TONY ... ABER CAP IST JETZT WICHTIGER ALS DU ...
WENN ICH IHN NUR LANGE GENUG AM LEBEN HALTEN KANN ...
FSSSS
... BIS PANTHER IHN RAUS-BRINGT.

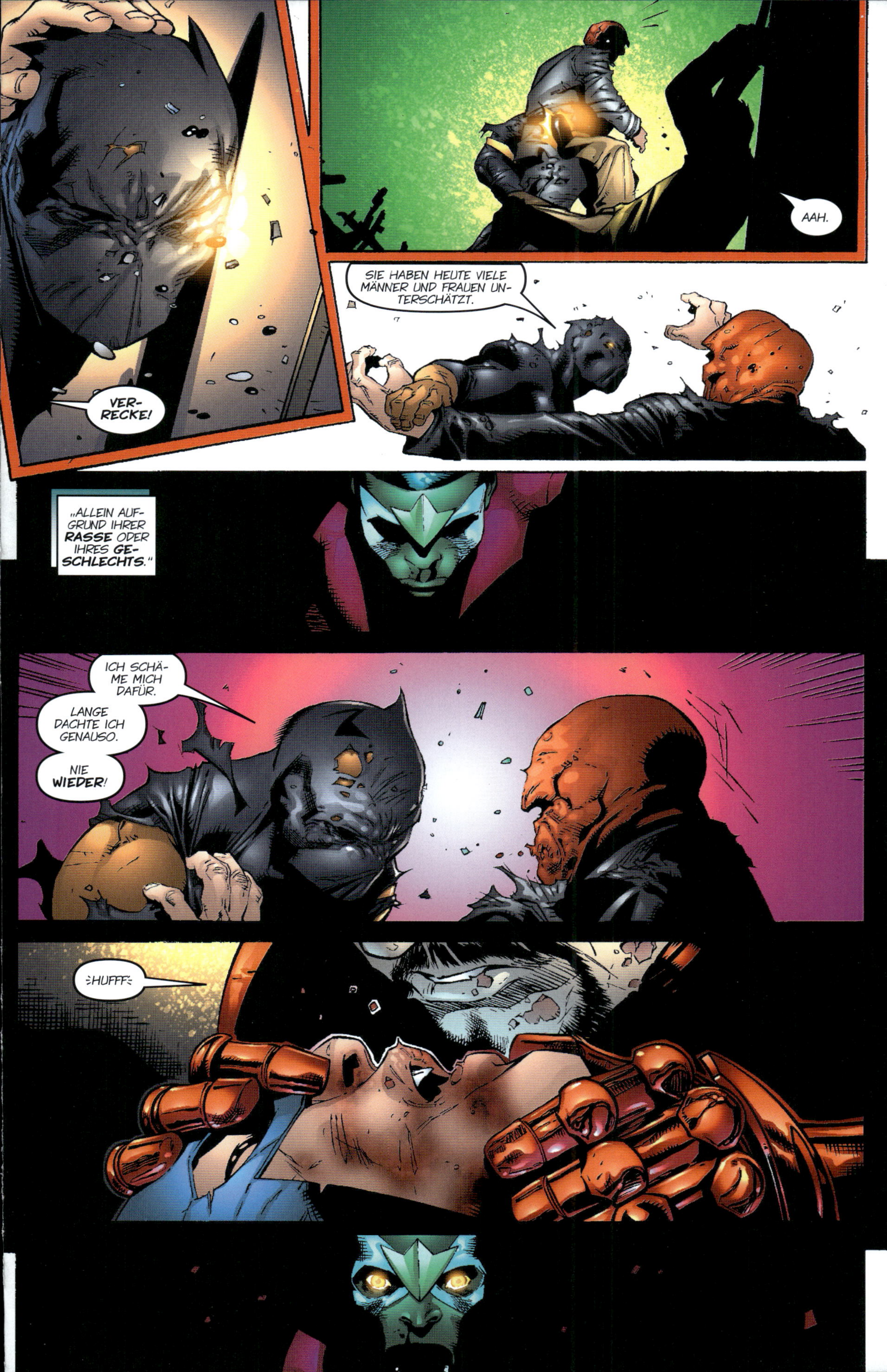
VER-
RECKE!
AAH.
SIE HABEN HEUTE VIELE MÄNNER UND FRAUEN UNTERSCHÄTZT.
„ALLEIN AUFGRUND IHRER **RASSE** ODER IHRES **GESCHLECHTS**."
ICH SCHÄME MICH DAFÜR.
LANGE DACHTE ICH GENAUSO.
NIE **WIEDER**!
HUFFF

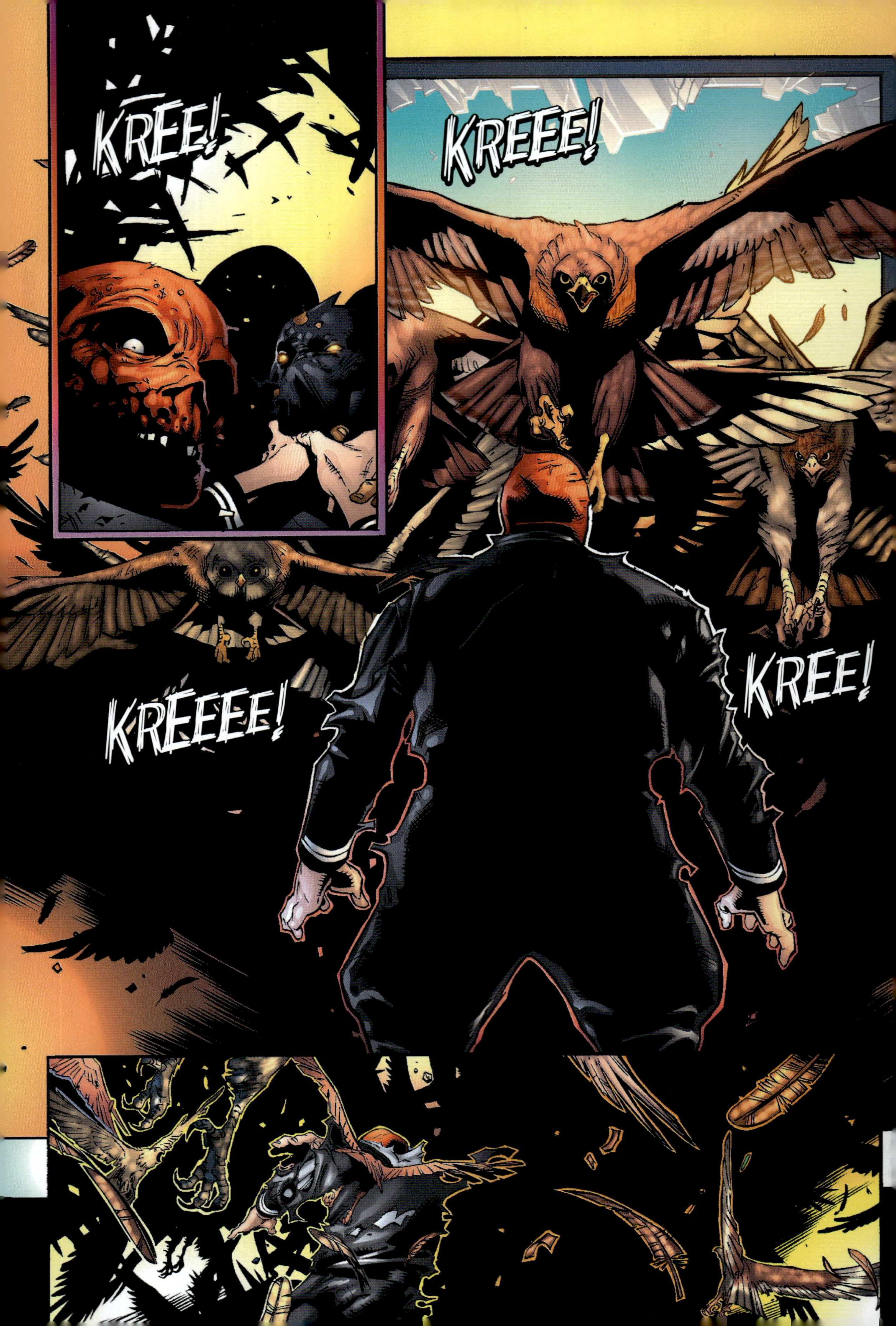
KREE!
KREEE!
KREEEE!
KREE!

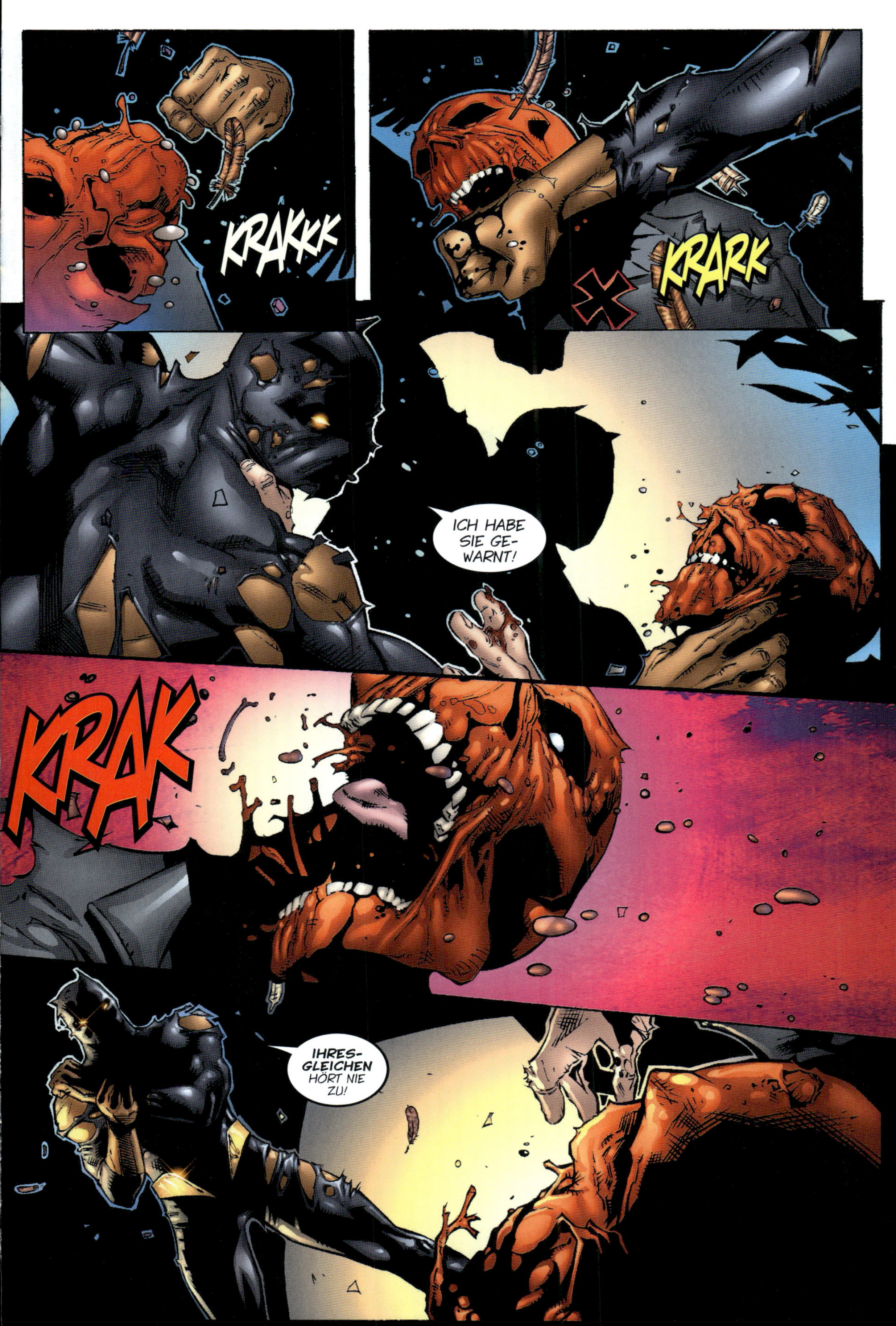
KRAKKK
KRARK
ICH HABE SIE GE-WARNT!
KRAK
IHRES-GLEICHEN HÖRT NIE ZU!

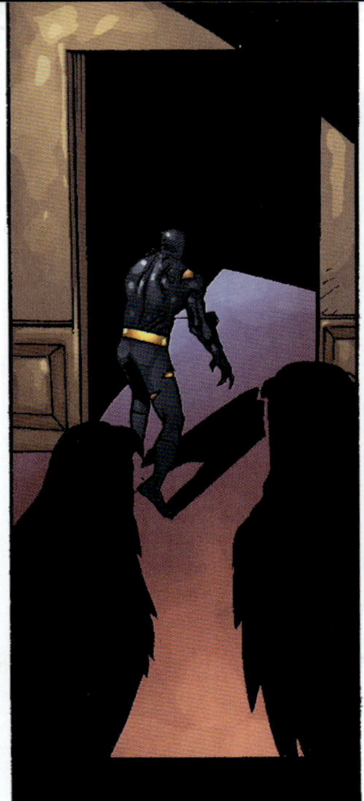
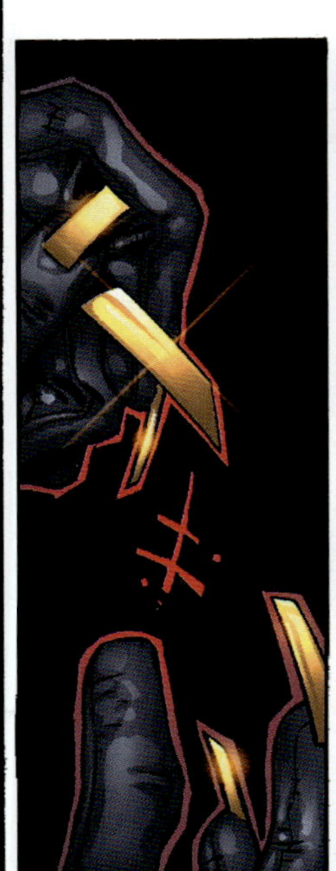
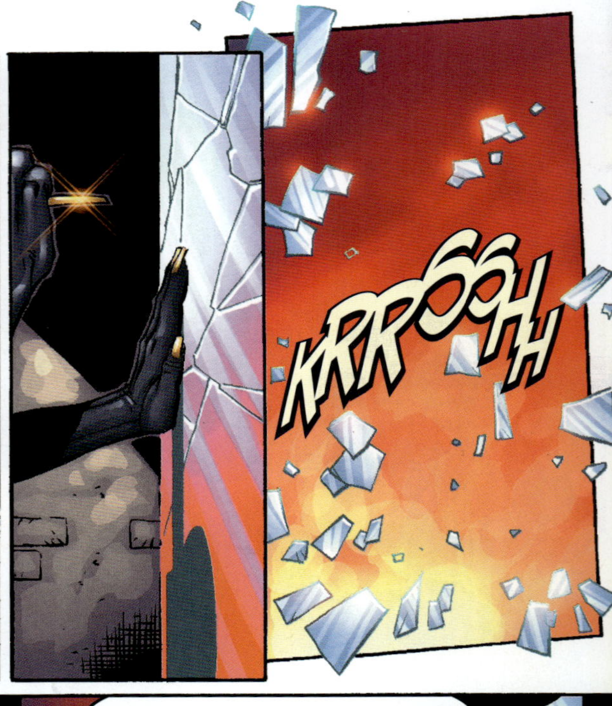
KRRSSHH
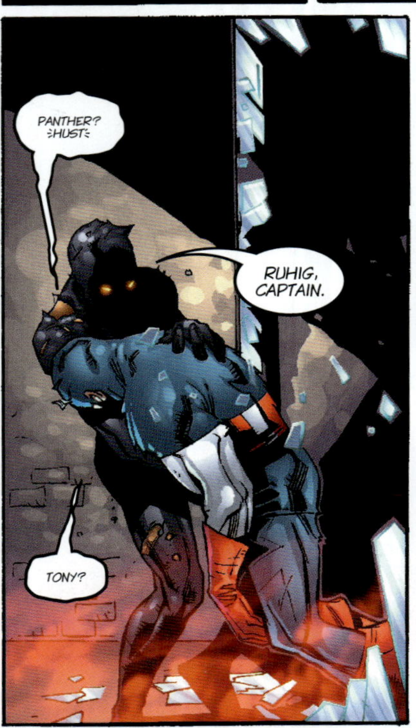
PANTHER? *HUST*
RUHIG, CAPTAIN.
TONY?
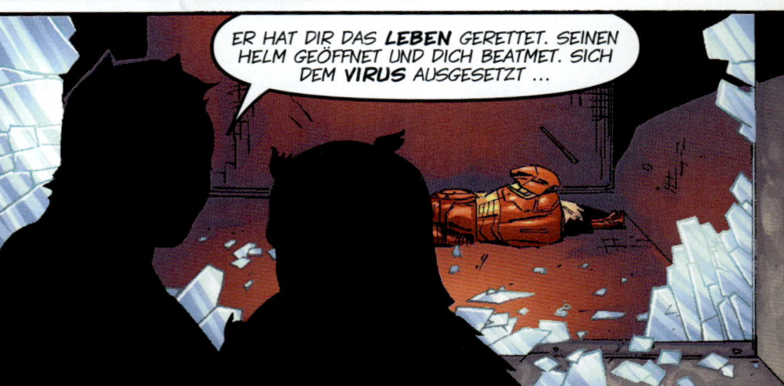
ER HAT DIR DAS **LEBEN** GERETTET. SEINEN HELM GEÖFFNET UND DICH BEATMET. SICH DEM **VIRUS** AUSGESETZT …
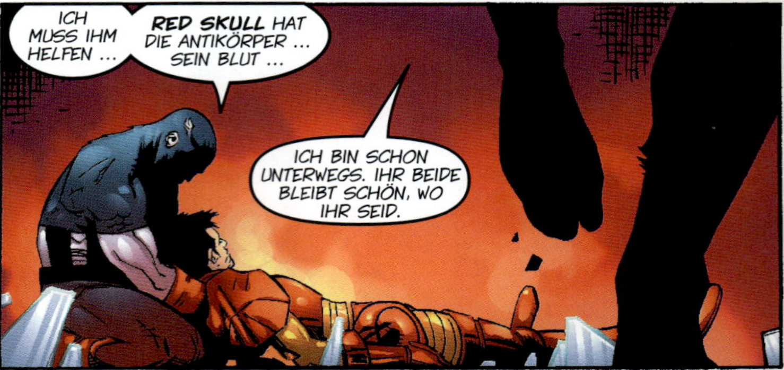
ICH MUSS IHM HELFEN …
RED SKULL HAT DIE ANTIKÖRPER … SEIN BLUT …
ICH BIN SCHON UNTERWEGS. IHR BEIDE BLEIBT SCHÖN, WO IHR SEID.
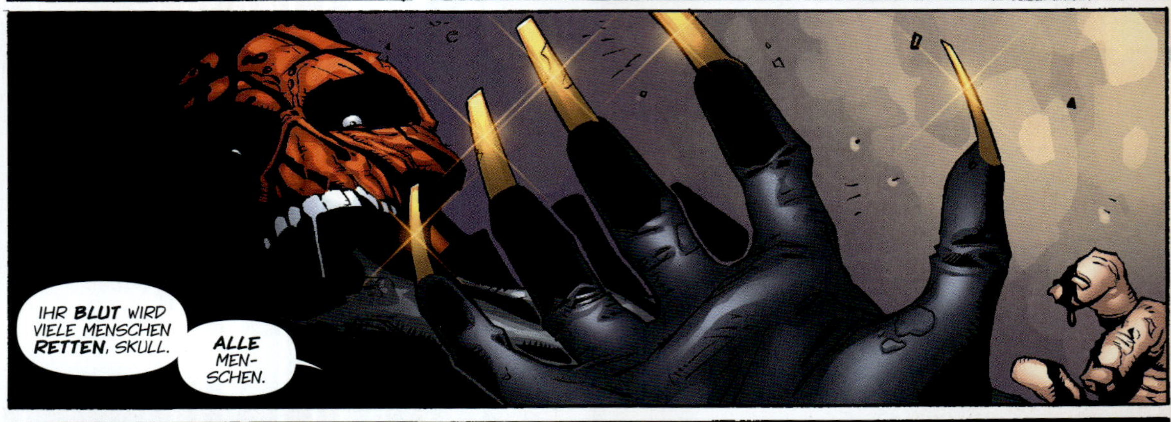
IHR **BLUT** WIRD VIELE MENSCHEN **RETTEN**, SKULL.
ALLE MENSCHEN.

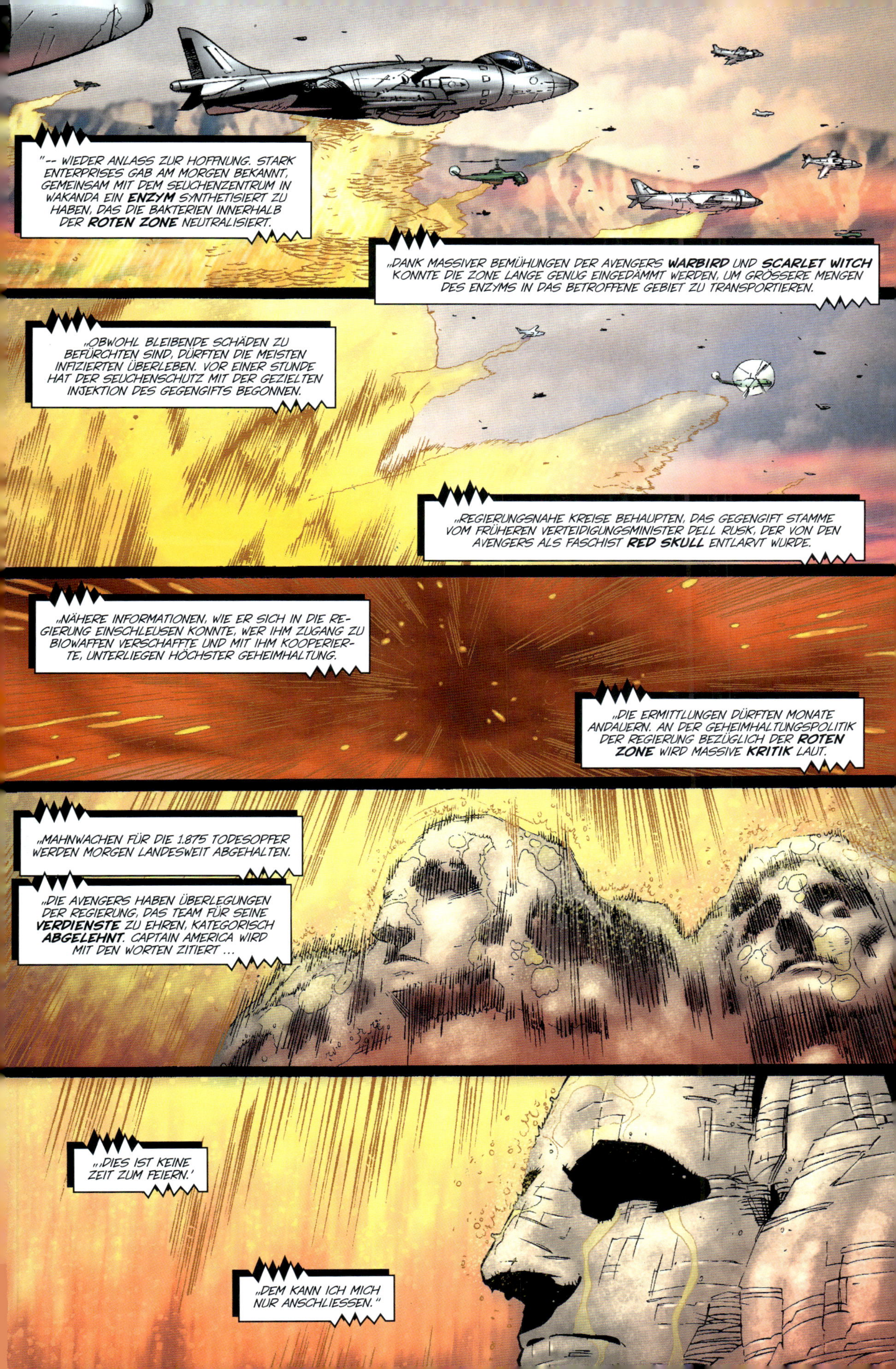
"-- WIEDER ANLASS ZUR HOFFNUNG. STARK ENTERPRISES GAB AM MORGEN BEKANNT, GEMEINSAM MIT DEM SEUCHENZENTRUM IN WAKANDA EIN ENZYM SYNTHETISIERT ZU HABEN, DAS DIE BAKTERIEN INNERHALB DER ROTEN ZONE NEUTRALISIERT.
„DANK MASSIVER BEMÜHUNGEN DER AVENGERS WARBIRD UND SCARLET WITCH KONNTE DIE ZONE LANGE GENUG EINGEDÄMMT WERDEN, UM GRÖSSERE MENGEN DES ENZYMS IN DAS BETROFFENE GEBIET ZU TRANSPORTIEREN.
„OBWOHL BLEIBENDE SCHÄDEN ZU BEFÜRCHTEN SIND, DÜRFTEN DIE MEISTEN INFIZIERTEN ÜBERLEBEN. VOR EINER STUNDE HAT DER SEUCHENSCHUTZ MIT DER GEZIELTEN INJEKTION DES GEGENGIFTS BEGONNEN.
„REGIERUNGSNAHE KREISE BEHAUPTEN, DAS GEGENGIFT STAMME VOM FRÜHEREN VERTEIDIGUNGSMINISTER DELL RUSK, DER VON DEN AVENGERS ALS FASCHIST RED SKULL ENTLARVT WURDE.
„NÄHERE INFORMATIONEN, WIE ER SICH IN DIE REGIERUNG EINSCHLEUSEN KONNTE, WER IHM ZUGANG ZU BIOWAFFEN VERSCHAFFTE UND MIT IHM KOOPERIERTE, UNTERLIEGEN HÖCHSTER GEHEIMHALTUNG.
„DIE ERMITTLUNGEN DÜRFTEN MONATE ANDAUERN. AN DER GEHEIMHALTUNGSPOLITIK DER REGIERUNG BEZÜGLICH DER ROTEN ZONE WIRD MASSIVE KRITIK LAUT.
„MAHNWACHEN FÜR DIE 1.875 TODESOPFER WERDEN MORGEN LANDESWEIT ABGEHALTEN.
„DIE AVENGERS HABEN ÜBERLEGUNGEN DER REGIERUNG, DAS TEAM FÜR SEINE VERDIENSTE ZU EHREN, KATEGORISCH ABGELEHNT. CAPTAIN AMERICA WIRD MIT DEN WORTEN ZITIERT ...
„,DIES IST KEINE ZEIT ZUM FEIERN.'
„DEM KANN ICH MICH NUR ANSCHLIESSEN."

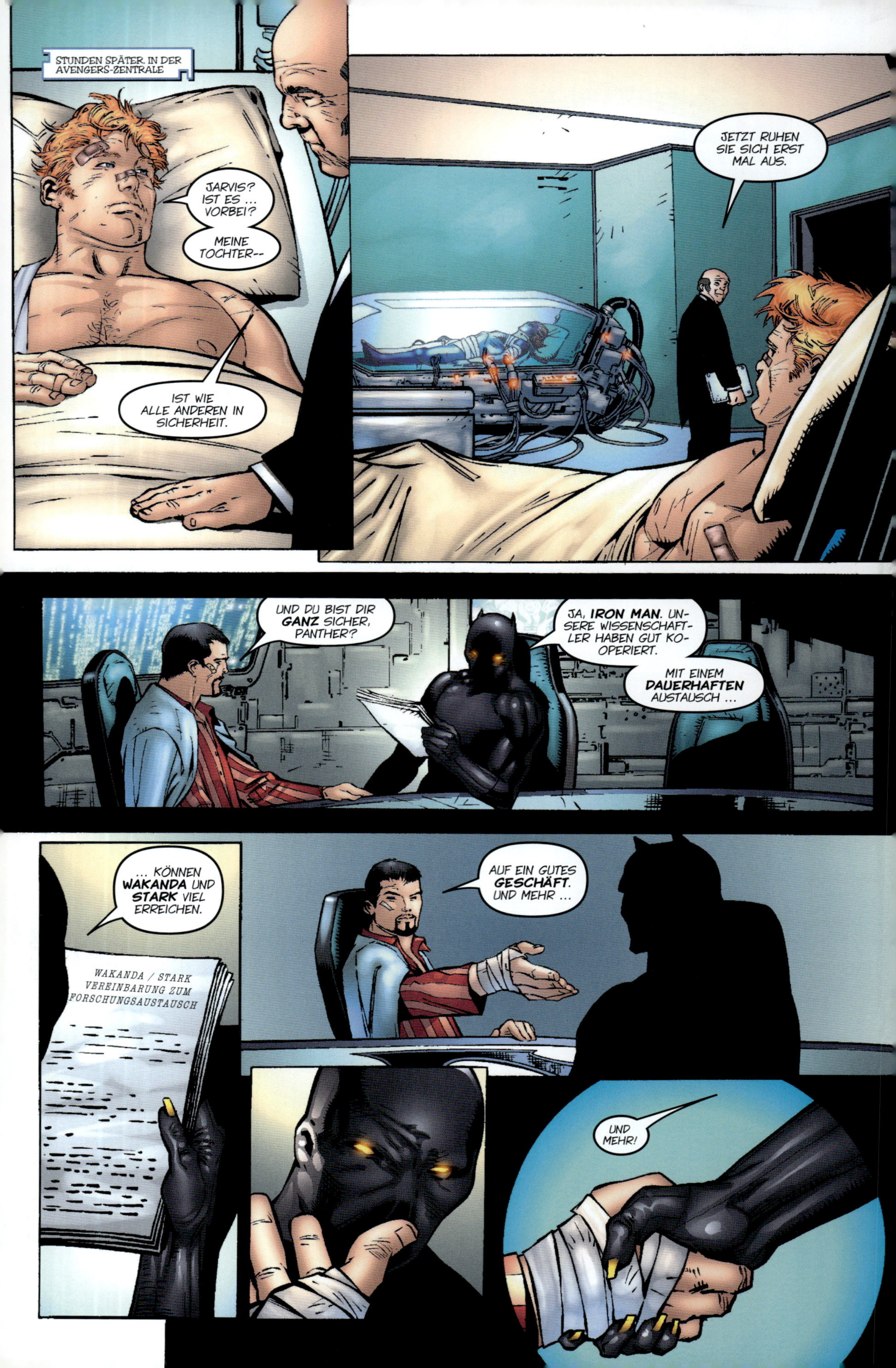

STUNDEN SPÄTER. IN DER AVENGERS-ZENTRALE
JARVIS? IST ES ... VORBEI?
MEINE TOCHTER--
IST WIE ALLE ANDEREN IN SICHERHEIT.
JETZT RUHEN SIE SICH ERST MAL AUS.

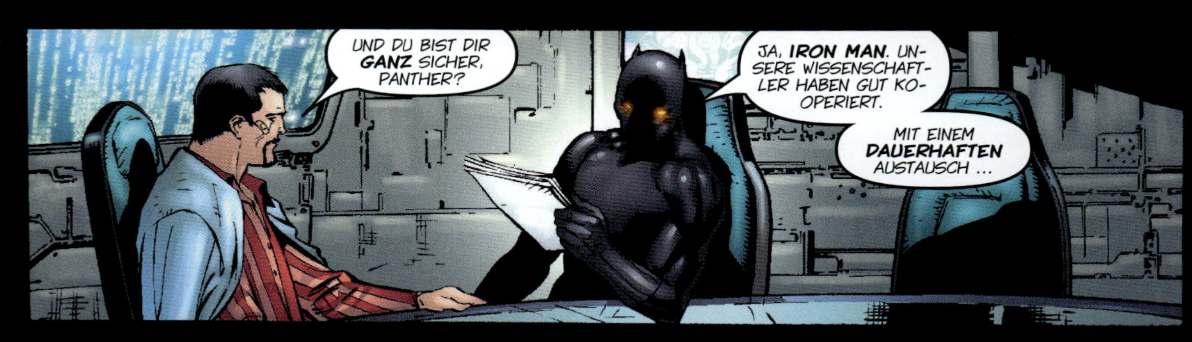

... KÖNNEN **WAKANDA** UND **STARK** VIEL ERREICHEN.
WAKANDA / STARK VEREINBARUNG ZUM FORSCHUNGSAUSTAUSCH
AUF EIN GUTES **GESCHÄFT**. UND MEHR ...
UND MEHR!

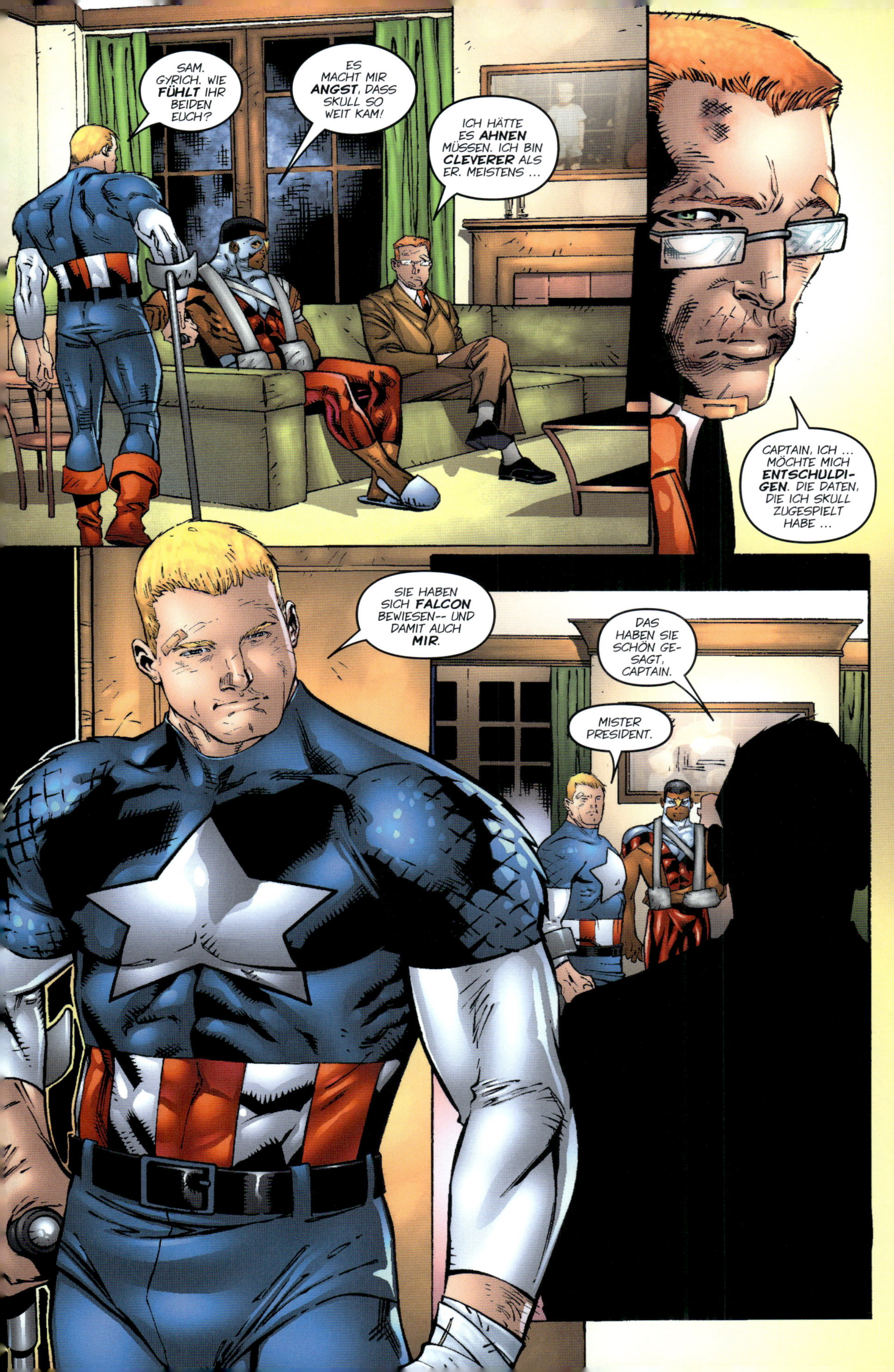
SAM. GYRICH. WIE **FÜHLT** IHR BEIDEN EUCH?
ES MACHT MIR **ANGST**, DASS SKULL SO WEIT KAM!
ICH HÄTTE ES **AHNEN** MÜSSEN. ICH BIN **CLEVERER** ALS ER. MEISTENS ...
CAPTAIN, ICH ... MÖCHTE MICH **ENTSCHULDI-GEN**. DIE DATEN, DIE ICH SKULL ZUGESPIELT HABE ...
SIE HABEN SICH **FALCON** BEWIESEN-- UND DAMIT AUCH **MIR**.
DAS HABEN SIE SCHÖN GE-SAGT, CAPTAIN.
MISTER PRESIDENT.

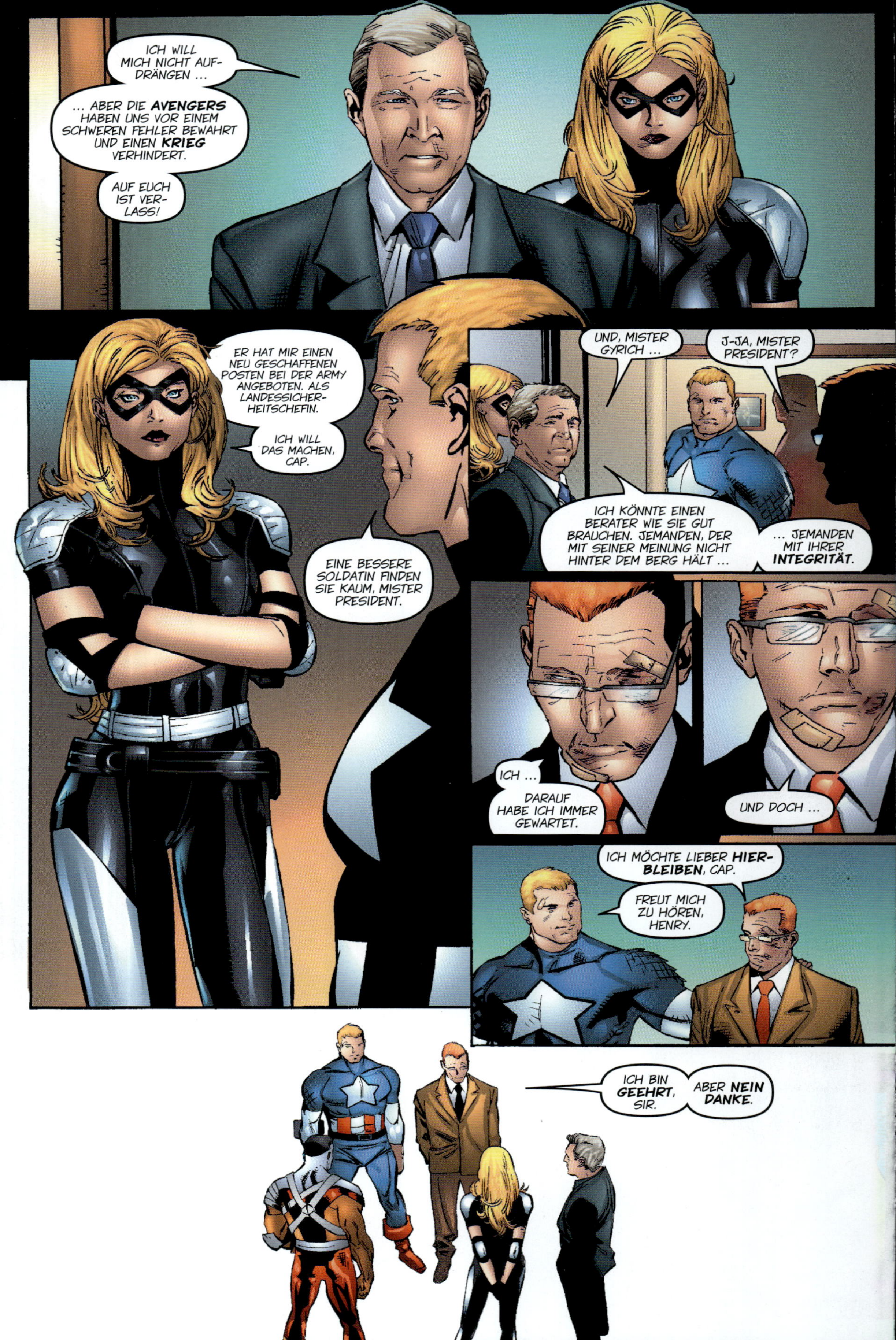
ICH WILL MICH NICHT AUFDRÄNGEN …
… ABER DIE AVENGERS HABEN UNS VOR EINEM SCHWEREN FEHLER BEWAHRT UND EINEN KRIEG VERHINDERT.
AUF EUCH IST VERLASS!
ER HAT MIR EINEN NEU GESCHAFFENEN POSTEN BEI DER ARMY ANGEBOTEN. ALS LANDESSICHERHEITSCHEFIN.
ICH WILL DAS MACHEN, CAP.
EINE BESSERE SOLDATIN FINDEN SIE KAUM, MISTER PRESIDENT.
UND, MISTER GYRICH …
J-JA, MISTER PRESIDENT?
ICH KÖNNTE EINEN BERATER WIE SIE GUT BRAUCHEN. JEMANDEN, DER MIT SEINER MEINUNG NICHT HINTER DEM BERG HÄLT …
… JEMANDEN MIT IHRER INTEGRITÄT.
ICH …
DARAUF HABE ICH IMMER GEWARTET.
UND DOCH …
ICH MÖCHTE LIEBER HIERBLEIBEN, CAP.
FREUT MICH ZU HÖREN, HENRY.
ICH BIN GEEHRT, SIR.
ABER NEIN DANKE.

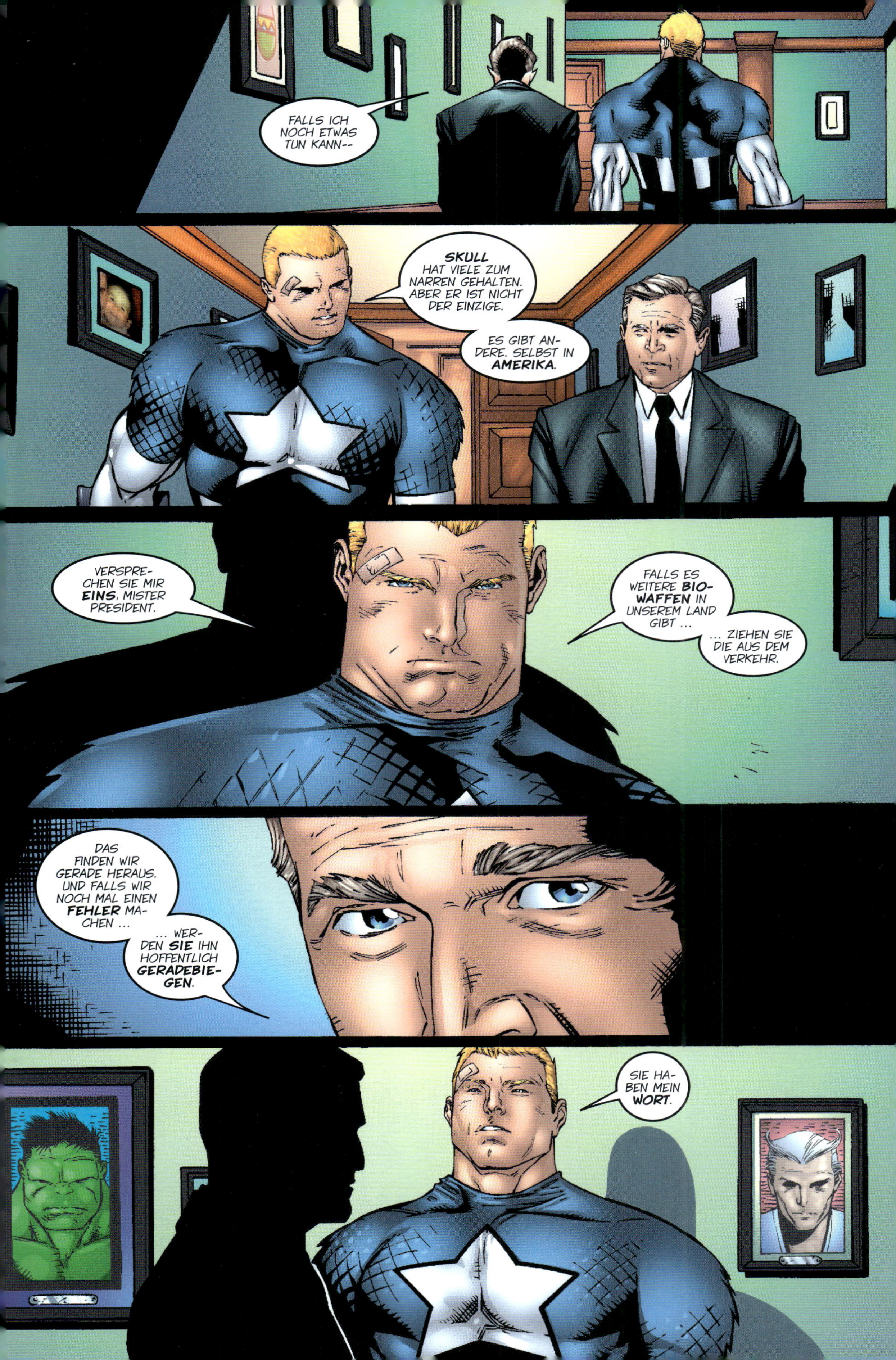
FALLS ICH NOCH ETWAS TUN KANN--
SKULL HAT VIELE ZUM NARREN GEHALTEN. ABER ER IST NICHT DER EINZIGE.
ES GIBT ANDERE. SELBST IN AMERIKA.
VERSPRECHEN SIE MIR EINS, MISTER PRESIDENT.
FALLS ES WEITERE BIO-WAFFEN IN UNSEREM LAND GIBT ...
... ZIEHEN SIE DIE AUS DEM VERKEHR.
DAS FINDEN WIR GERADE HERAUS. UND FALLS WIR NOCH MAL EINEN FEHLER MACHEN ...
... WERDEN SIE IHN HOFFENTLICH GERADEBIEGEN.
SIE HABEN MEIN WORT.

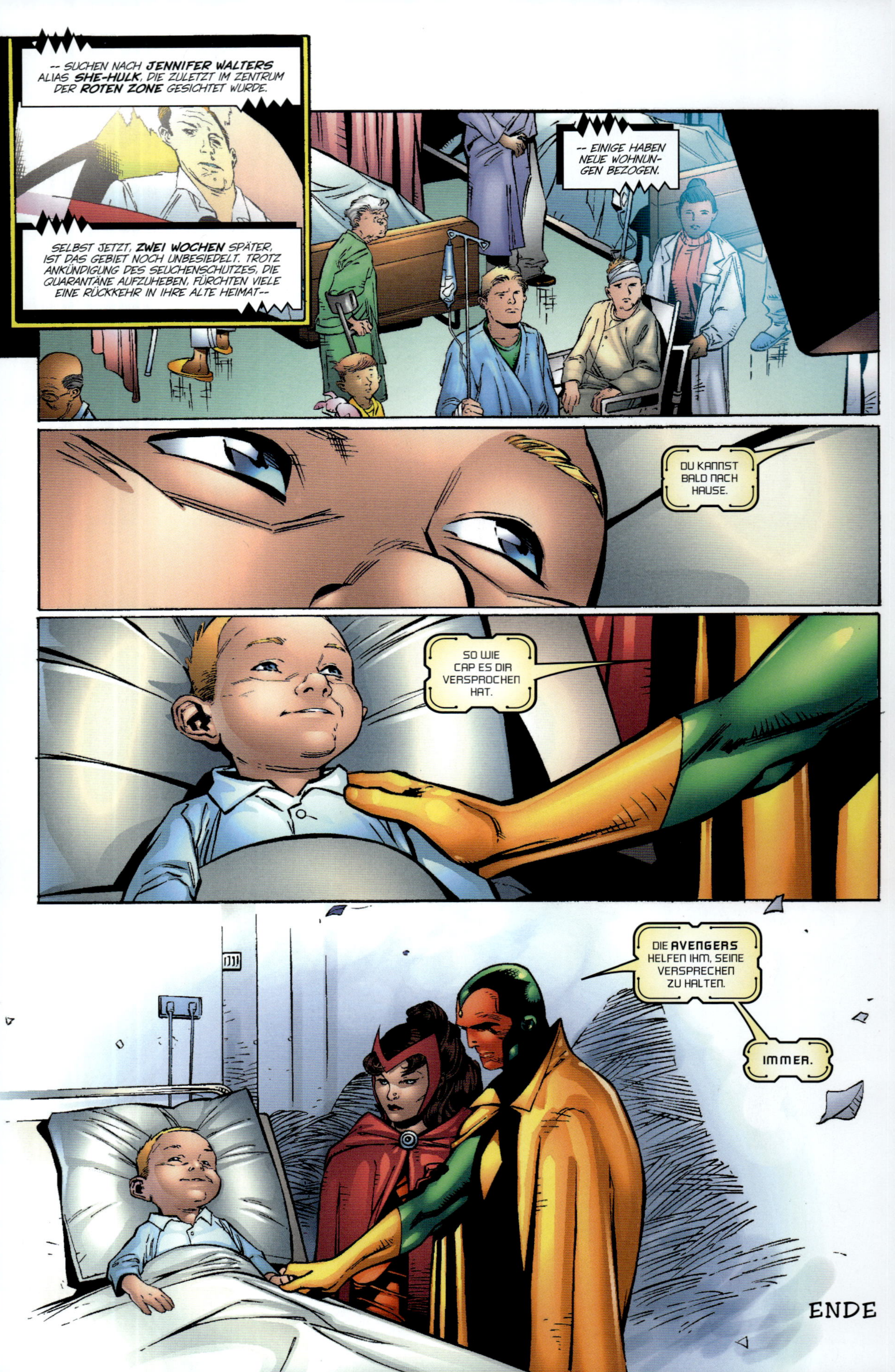
-- SUCHEN NACH JENNIFER WALTERS ALIAS SHE-HULK, DIE ZULETZT IM ZENTRUM DER ROTEN ZONE GESICHTET WURDE.
SELBST JETZT, ZWEI WOCHEN SPÄTER, IST DAS GEBIET NOCH UNBESIEDELT. TROTZ ANKÜNDIGUNG DES SEUCHENSCHUTZES, DIE QUARANTÄNE AUFZUHEBEN, FÜRCHTEN VIELE EINE RÜCKKEHR IN IHRE ALTE HEIMAT--
-- EINIGE HABEN NEUE WOHNUNGEN BEZOGEN.
DU KANNST BALD NACH HAUSE.
SO WIE CAP ES DIR VERSPROCHEN HAT.
DIE AVENGERS HELFEN IHM, SEINE VERSPRECHEN ZU HALTEN.
IMMER.
ENDE

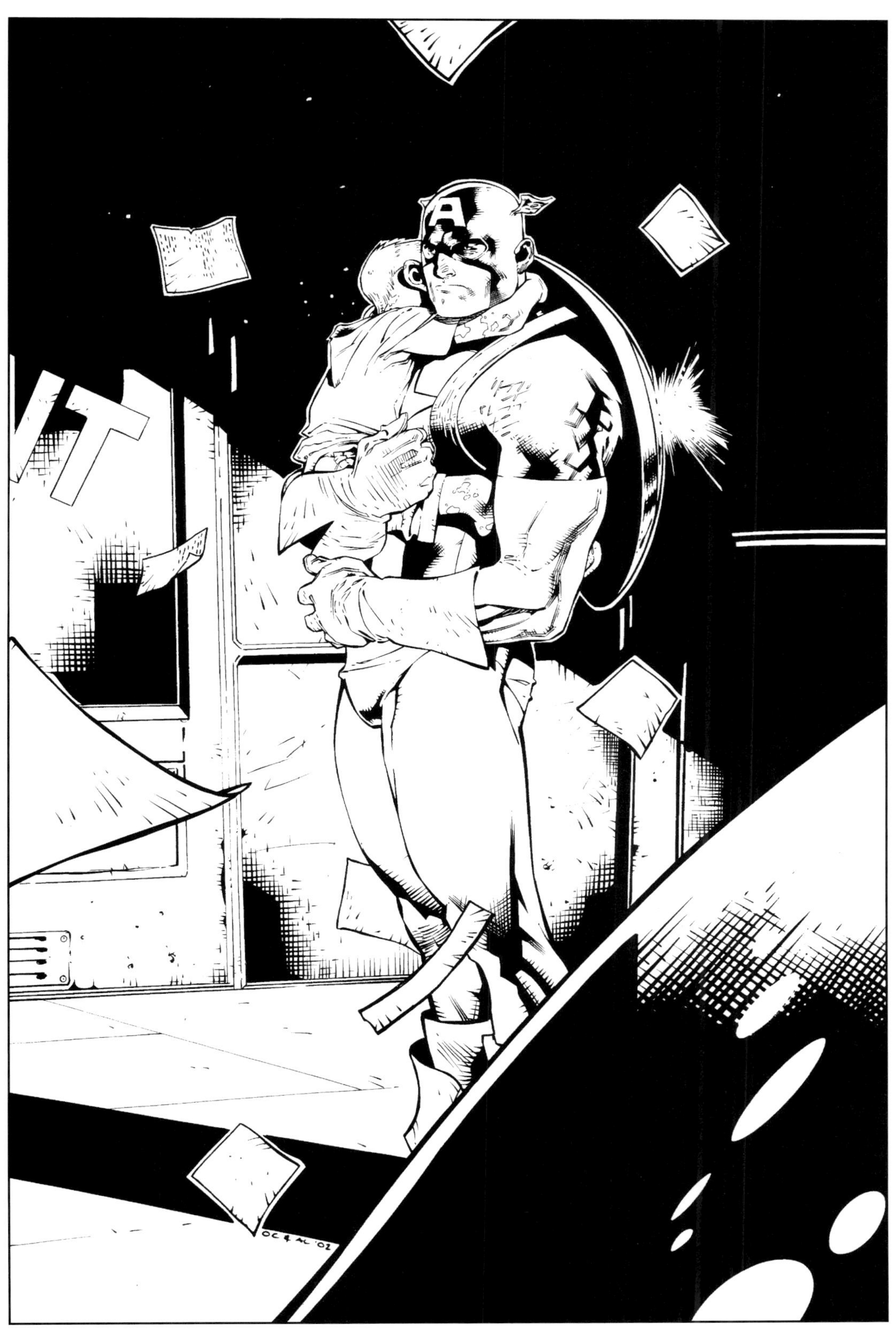

Avengers (1998) 65, Seite 11
Zeichnung von **OLIVIER COIPEL**

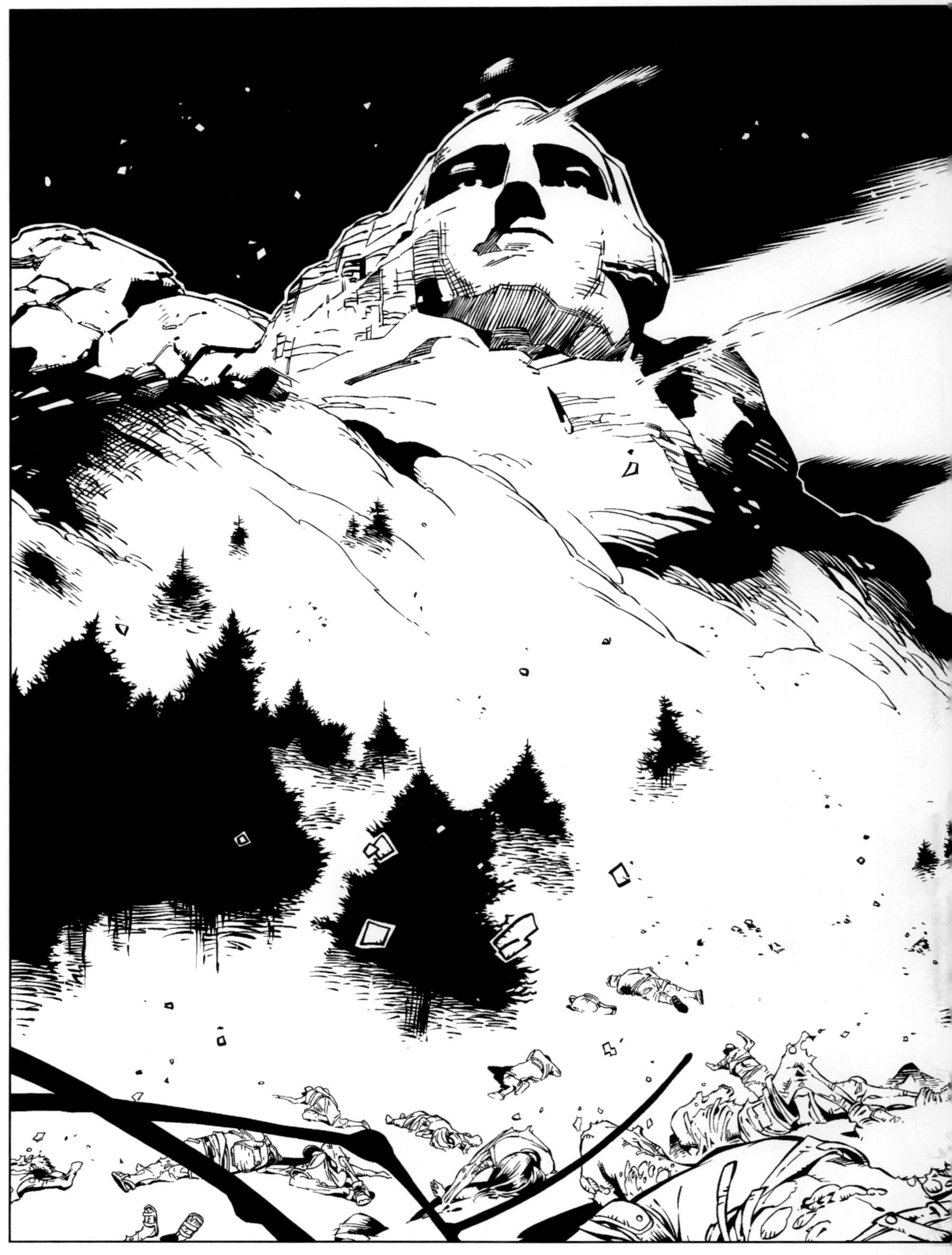

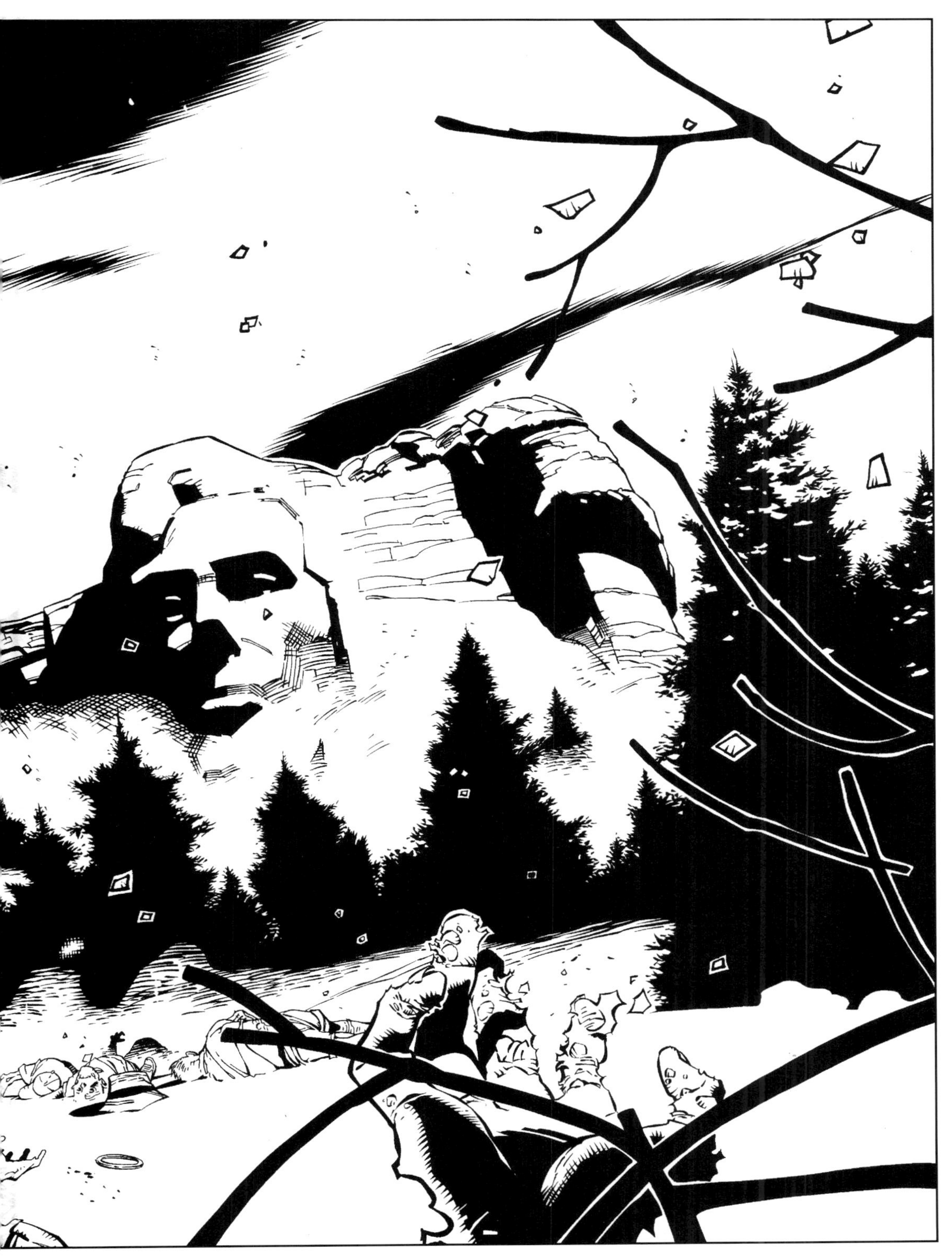

Avengers (1998) 66, Seiten 12-13
Zeichnung von **OLIVIER COIPEL**

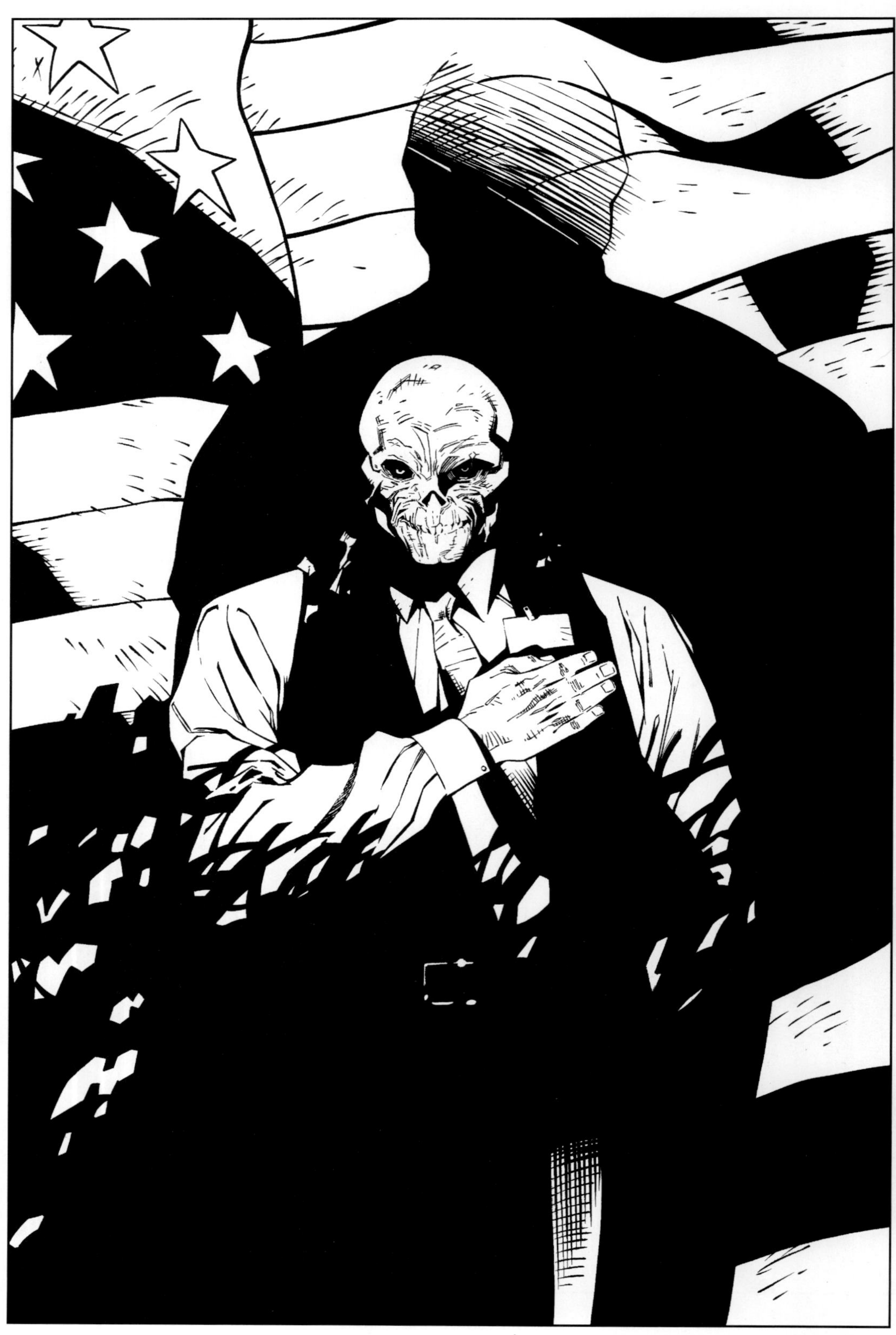

Avengers (1998) 68, Seite 21
Zeichnung von **OLIVIER COIPEL**

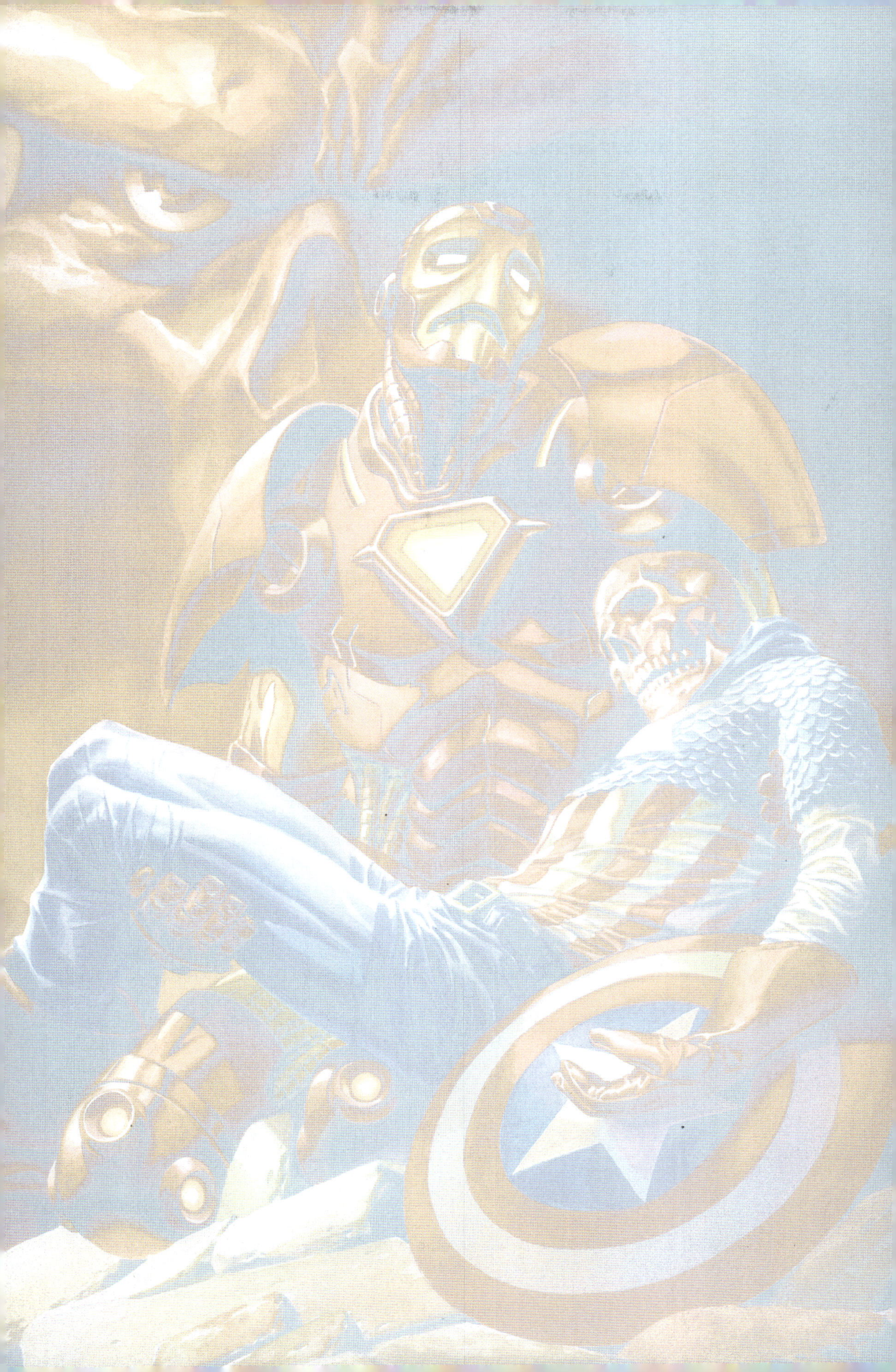

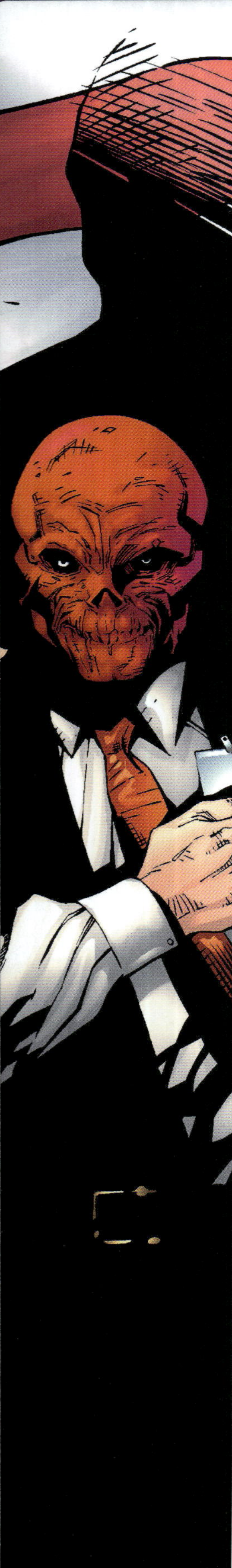

DIE MACHER

GEOFF JOHNS wurde am 25. Januar 1973 geboren und zählt heute zu den ganz großen Superstars der Comic-Branche. Seine Karriere begann 1999 bei DC mit der Serie *Stars and S.T.R.I.P.E.*, zu Ruhm kam er aber erst mit seiner Übernahme der Serien JSA und FLASH sowie dem hochgelobten Relaunch der TEEN TITANS. Anschließend schrieb Johns verschiedene Marvel-Serien, darunter *Avengers* (2002-2003) sowie die Miniserien *Avengers Icons: The Vision* und *The Thing: Freakshow* (2002). Am bekanntesten ist Johns vor allem dafür, dass er die Figur Hal Jordan in die Serie GREEN LANTERN zurückholte, und für seine Federführung bei INFINITE CRISIS, der erfolgreichen Fortsetzung von DCs großem Comic-Event CRISIS ON INFINITE EARTHS. Später bewies er sein Händchen für „ältere" Charaktere auch in FLASH – REBIRTH, wo er Barry Allen zurückbrachte.
In jüngerer Vergangenheit machte er in der Comic-Welt mit den drei Graphic Novels BATMAN: ERDE EINS und dem Dreiteiler BATMAN: DIE DREI JOKER sowie einer Reihe von SHAZAM!-Miniserien von sich reden. Die Karriere von Geoff Johns beschränkt sich aber nicht nur auf das Schreiben von Comics. Darüber hinaus ist er noch für Film und Fernsehen tätig. Als ausführender bzw. Co-Produzent arbeitete er an Filmen wie *Green Lantern* (2011), *Batman v Superman: Dawn of Justice* (2016) und *Justice League* (2017) mit sowie als Autor an *Aquaman* (2018) und *Wonder Woman 1984* (2020).
Und auch im Fernsehen ist Geoff Johns kein Unbekannter: Er schrieb Episoden für Superhelden-Adaptionen wie das Superman-Prequel *Smallville* sowie für die Serie um den Marvel-Vampirjäger *Blade* und die DC-Produktionen *Arrow* und *The Flash*.

OLIVIER COIPEL wurde am 7. November 1969 geboren und zählt heute zu den Meistern seiner Zunft. Begonnen hat der französische Comic-Zeichner seine Karriere allerdings als Trickfilmzeichner, 2000 gehörte er zu den Hauptzeichnern des Animationsfilms *Der Weg nach El Dorado*. In der Comic-Welt verdiente er sich als Zeichner der DC-Serie *Legion of Super-Heroes* (2000) seine ersten Sporen. Den Marvel-Fans fiel er zum ersten Mal durch seine Zusammenarbeit mit Autor Geoff Johns an *Avengers* (2002-2003) auf. 2005 unterzeichnete Coipel einen Exklusiv-Vertrag. Dass er das in ihn gesetzte Vertrauen wert war, stellte er sodann mit seinem ersten großen Marvel-Projekt, dem achtteiligen New Avengers/X-Men-Crossover HOUSE OF M aus der Feder von Brian Michael Bendis, eindrucksvoll unter Beweis.
Ab 2007 war er Stammzeichner einer neuen THOR-Serie, die von J. Michael Straczynski geschrieben und 2009 als beste fortlaufende Serie für einen Eisner Award nominiert wurde. Danach tat Coipel sich wieder mit Bendis zusammen, diesmal für die vierteilige Marvel-Eventserie THE SIEGE – DIE BELAGERUNG. In den Folgejahren kehrte er auch immer wieder einmal zu THOR zurück.
Ein erstes eigenes Comic-Projekt, THE MAGIC ORDER, setzte Coipel im Jahr 2018 zusammen mit Autor Mark Millar um, Netflix arbeitet aktuell an einer Verfilmung der Serie. Coipel hat nach eigenem Bekunden weitere Ideen für eigene Projekte im Kopf, die noch nicht spruchreif seien. Als Zeichner beschränkt er sich momentan weitgehend darauf, Titelbilder für verschiedene Serien zu liefern.

AVENGERS

ROTE ZONE

Seit dem Neustart im Jahr 1998 war *Avengers* eine unverzichtbare Reihe für Marvel-Fans geworden. Im Jahr 2003 taten sich Autor **Geoff Johns** und Zeichner **Olivier Coipel** zusammen, um die größten Helden der Erde auf ihre bisher düsterste Mission zu schicken – eine Konfrontation mit dem ältesten Superschurken des Marvel-Universums ...

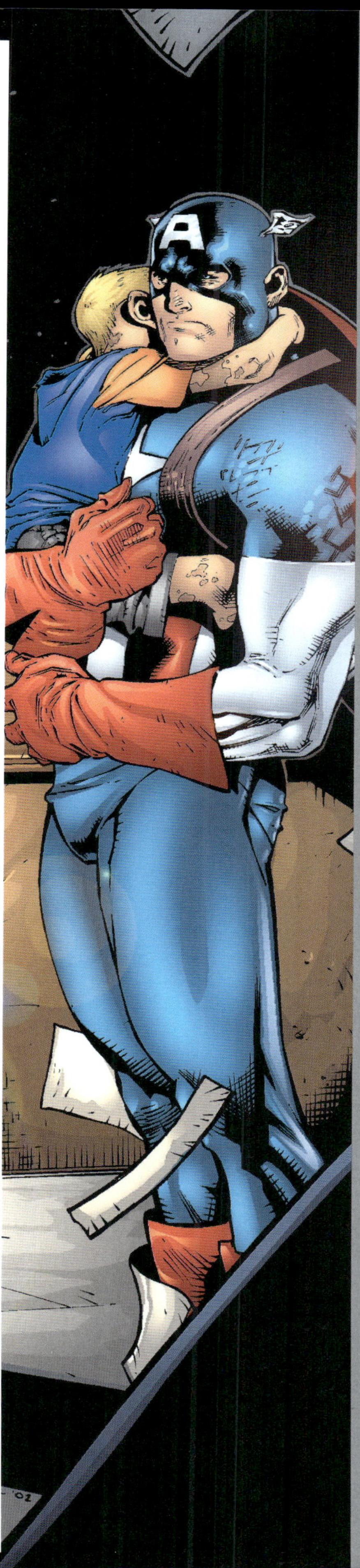

BONUSTEIL

Die rote Gefahr

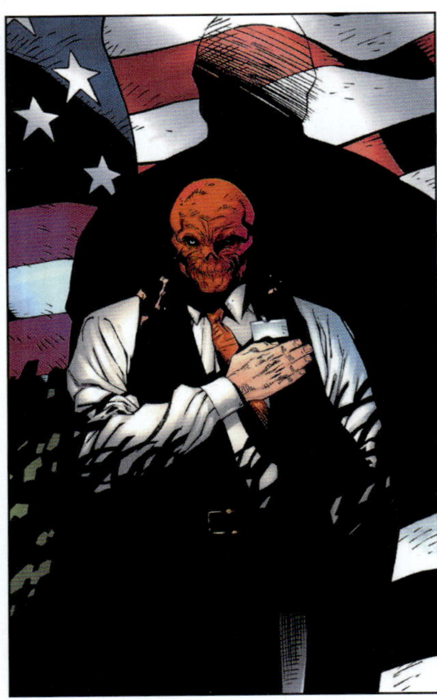

Red Skull hat sich in die Reihen der US-Regierung gemogelt. Zeichnung von Olivier Coipel, **Andy Lanning** und **Chris Sotomayor**.

Geoff Johns beschrieb seine Vorstellung von den **Avengers** kurz vor der Veröffentlichung von *Red Zone*: „Sie sind die Helden, die jeder ruft, wenn etwas schiefläuft, die Helden, die bei jeder Katastrophe oder jedem Konflikt, der ausbricht und das Leben von Menschen auf der ganzen Welt bedroht, an vorderster Front stehen. Nach den jüngsten Ereignissen bekam die Avengers Mansion einen souveränen Status, und ihr US-Verbindungsmann ist jetzt ein UN-Verbindungsmann. Auf den ersten Blick sieht das so aus, als hätte es jenseits der Politik keine Auswirkungen, doch es hat die Beziehungen zwischen der US-Regierung und den Avengers stark belastet, und das wird in der anstehenden Story ein wichtiges Thema sein.

„Die Avengers sind in vielerlei Hinsicht das Gegenteil der **X-Men**", erklärte Johns. „Die Menschen wollen ihnen vertrauen und sich auf sie verlassen. Den Avengers geht es nicht um politische Macht. Sie wollen nicht in Politik verwickelt werden. Doch politische Macht verschafft ihnen mehr Zugang und mehr Informationen – und deshalb wollen sie sie. Es geht nicht um Loyalität – ihre Loyalität gilt der Welt, und das möchte ich hervorheben. Es geht nicht darum, die Politik zu ändern. Sie können nicht in den Irak gehen und einen Krieg beginnen, das können sie einfach nicht – und offen gesagt möchte ich in *Avengers* auch nicht darüber schreiben. Aber man kann eine Geschichte wie *Red Zone* schreiben. Diese Geschichte wird ein Sinnbild für das, was ich mir unter der *Avengers*-Reihe vorstelle."

Der Regierungsagent **Henry Gyrich** war ein langjähriger Feind der Avengers, aber Johns sah mehr in der Figur. „Ich glaube nicht, dass wir ihn gleich zu einem Helden machen, aber wir zeigen eine andere Seite von ihm, die schon immer da war", erklärt Johns. „**Peter David** hat es auf den Punkt gebracht, auch **Steve Englehart** hatte es im Blick: Gyrich ist kein einseitiger Charakter. Er ist ein Typ, der eine Menge Fehler gemacht hat. Und seine Methoden zeigen, dass es ihm an

▶ **Olivier Coipel** ist ein französischer Künstler, der seine Karriere als Animationszeichner begann und an Filmen wie *Der Prinz von Ägypten* und *Der Weg nach El Dorado* mitarbeitete. Seine erste Comic-Arbeit, *Legion of Super-Heroes,* illustrierte er 1999 für DC. *Red Zone* war seine erste größere Arbeit für Marvel. Zu seinen weiteren Marvel-Projekten gehören *House of M* und *Siege* mit Autor **Brian Michael Bendis** und *Thor* mit **J. Michael Straczynski**.

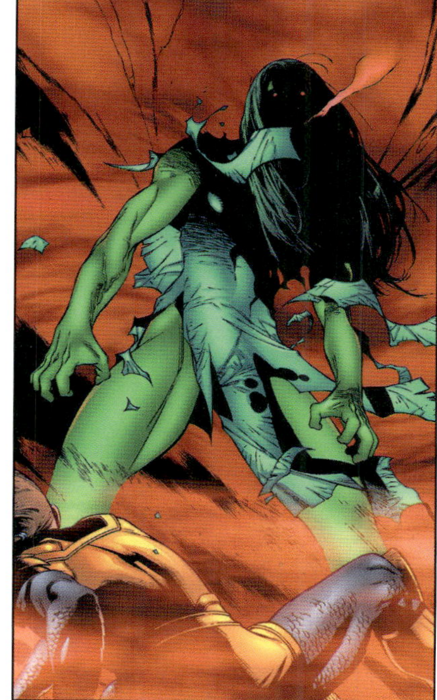

She-Hulks Regression führte in die nächste *Avengers*-Story. Zeichnung von Olivier Coipel, Andy Lanning und Chris Sotomayor.

Selbstvertrauen mangelt. Ihm sind viele schlimme Dinge widerfahren, weil er nicht so direkt oder so streng war, wie er es hätte sein können und vielleicht sogar hätte sein sollen. Das ist etwas, das wir unter die Lupe nehmen. Es geht darum, ob er die richtige oder die falsche Entscheidung trifft. Letzteres hat er schon viel zu oft getan. Er ist keine böse Figur – **Jack of Hearts** ist genauso ein Mistkerl wie Gyrich, er ist nur noch nicht so lange dabei wie er."

Johns hatte klare Vorstellungen von allen Hauptfiguren der Avengers: „**Captain America** ist einfach idealistisch, er ist der Typ, der immer Antworten hat, und selbst wenn er herausfindet, dass eine seiner Antworten falsch ist, hat er keine Angst, das zuzugeben. Dann gibt es **Iron Man** Tony Stark, der unnahbar und ein bisschen hochnäsig zu sein scheint, sich für etwas Besseres hält, oder zumindest denken die anderen, dass er sich für etwas Besseres hält. Aber wenn man sich anschaut, wie viele Helden er unter seine Fittiche genommen hat – er hat **Hawkeye** geholfen, er hat Jack of Hearts geholfen, **Warbird**, **Ant-Man** –, dann gibt Iron Man mehr zurück, als man ihm zutraut, einschließlich **Black Panther**. Und dann ist da noch Black Panther, ein Mann, der extrem kompetent und selbstbewusst ist, aber auch lernen muss, dass es bei den Avengers nicht nur darum geht, kompetent und selbstbewusst zu sein. Seine Konflikte mit Iron Man werden in der nächsten Geschichte in den Vordergrund rücken.

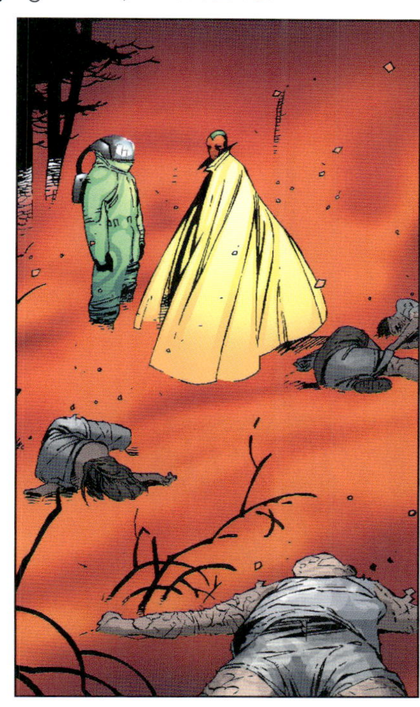

Red Zone schilderte ungewöhnlich detailliert das Leid der Opfer des Angriffs. Zeichnung von Olivier Coipel, Andy Lanning und Chris Sotomayor.

„**Scarlet Witch** ist eine Frau, deren Leben ironischerweise immer chaotisch war und die mit den Avengers und **Vision** endlich etwas Ordnung in ihrem Leben gefunden hat, sodass sie verzweifelt versucht, an dieser Ordnung festzuhalten und etwas Gleichgewicht zu schätzen weiß. Und Vision ist in meinen Augen eine der faszinierendsten Figuren der Comic-Geschichte, weil er weder ein Roboter noch ein Mensch ist. Stellen Sie sich vor, man könnte keine Mimik zeigen – das ist Vision. Er ist ein Mensch, der keine Mimik zeigen kann, er kann sich nicht ausdrücken, und er kann der Welt nicht zeigen, was er fühlt, so gerne er es auch tun würde. Aber er fühlt alles, was der Rest von uns innerlich ebenfalls empfindet. Das muss extrem frustrierend sein und macht die Interaktion mit der Welt wirklich schwierig."

TIMELINE

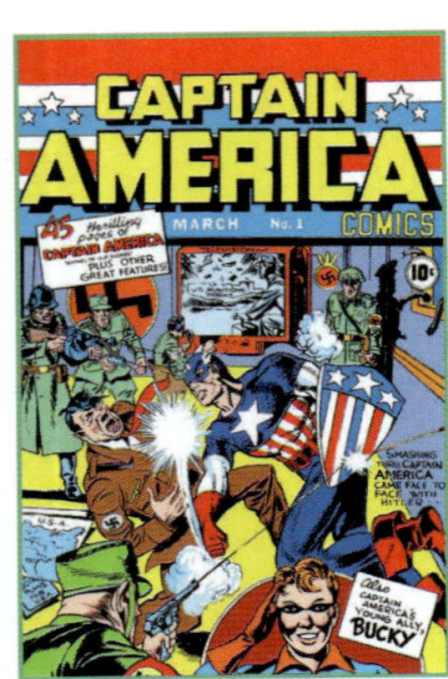

***Captain America Comics* 1 (1941)**
JOE SIMON
JACK KIRBY
*Der schwächliche **Steve Rogers** meldet sich freiwillig für ein streng geheimes Experiment und wird zum Supersoldaten **Captain America**.*

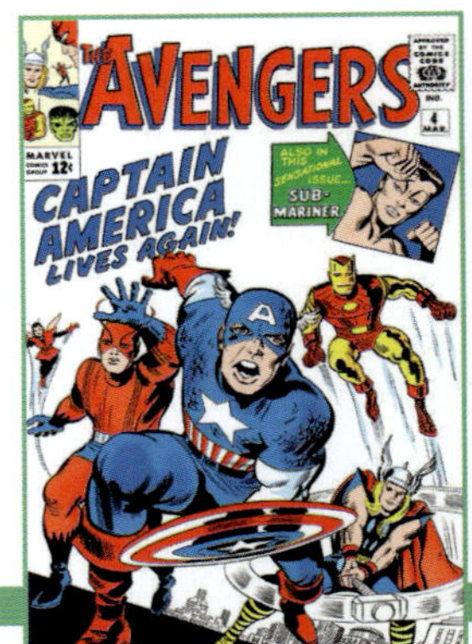

***Avengers* 4 (1964)**
STAN LEE
JACK KIRBY
*Die **Avengers** entdecken den Körper von Captain America, der seit Jahrzehnten im Eis eingefroren ist. Cap wird in einer neuen Ära wiedergeboren und schließt sich den Avengers an.*

AVENGERS
ROTE ZONE

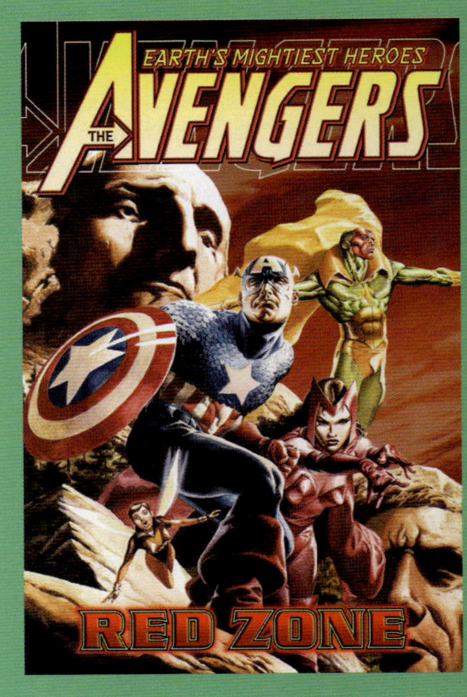

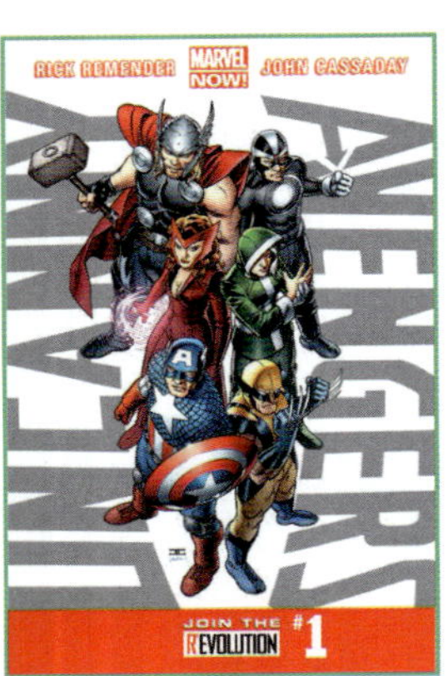

***Uncanny Avengers* 1 (2012)**
RICK REMENDER
JOHN CASSADAY
Ein neues Avengers-Team aus Menschen und Mutanten wird gebildet. Red Skull kehrt zurück, jetzt mit telepathischen Kräften ausgestattet.

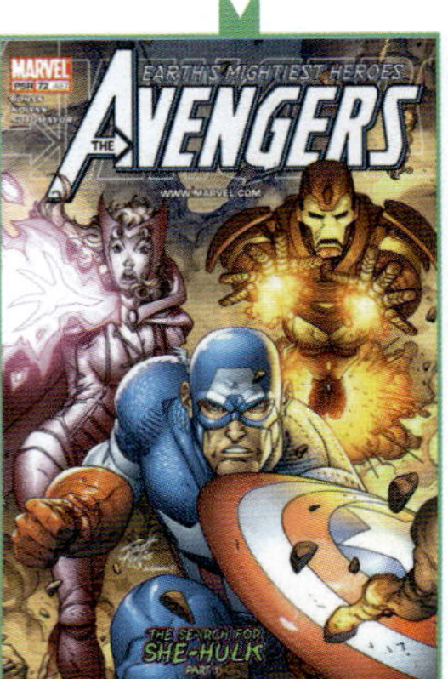

***Avengers* 72 (2003)**
GEOFF JOHNS
SCOTT KOLINS
*Die Avengers machen sich nach ihrem plötzlichen Amoklauf auf die Suche nach **She-Hulk**. Sie finden sie in Idaho bei ihrem Cousin, dem **Hulk**.*

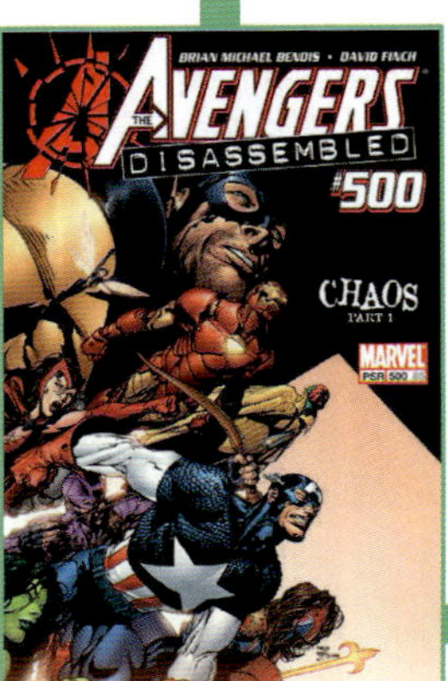

***Avengers* 500 (2004)**
BRIAN MICHAEL BENDIS
DAVID FINCH
*Die Avengers werden aufgrund der Chaosmagie von **Scarlet Witch** von verschiedenen Mächten angegriffen.*

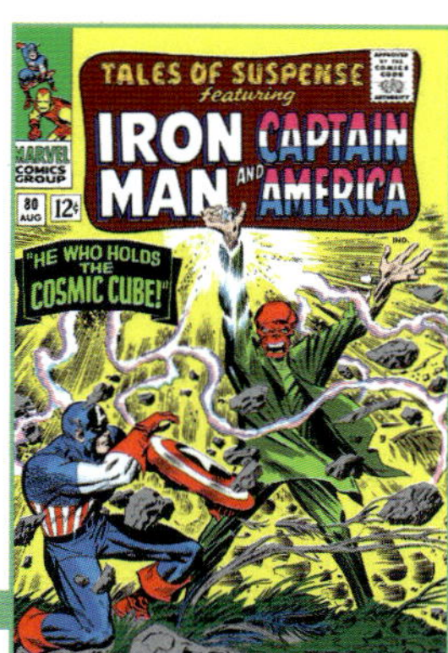

***Tales of Suspense* 80 (1966)**
STAN LEE
GENE COLAN
*Captain America und **Red Skull** kämpfen in der Gegenwart, als Skull den Kosmischen Würfel erhält.*

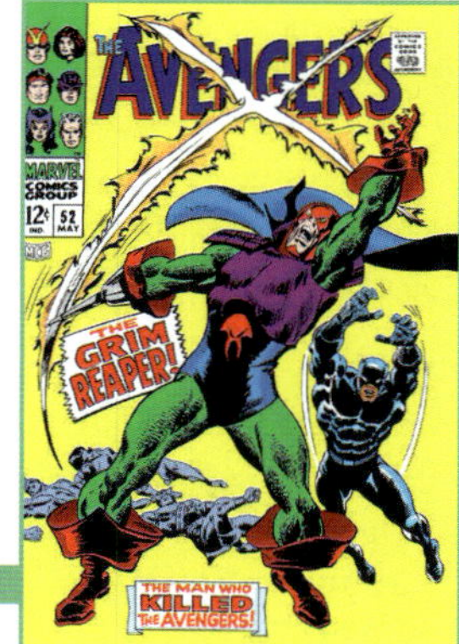

***Avengers* 52 (1968)**
ROY THOMAS
JOHN BUSCEMA
***Grim Reaper** greift die Avengers an. Er wird von **Black Panther** besiegt, der sich daraufhin dem Team anschließt.*

Red Zone ist eine Geschichte, die ganz im Zeichen ihrer Zeit steht. Geschrieben und illustriert im Jahr 2003, kaum zwei Jahre nach den Anschlägen auf das World Trade Center und das Pentagon am 11. September 2001, wirkt sie wie ein Kommentar zu der allgegenwärtigen Atmosphäre von Angst, Verwirrung und Wut, die damals in den USA herrschte. Der Tod von Zivilisten wurde in Marvel-Comics nur selten gezeigt, aber diese Geschichte scheut sich nicht, die tragischen Folgen eines Terroranschlags zu schildern. Es ist eine verstörende und denkwürdige Geschichte.

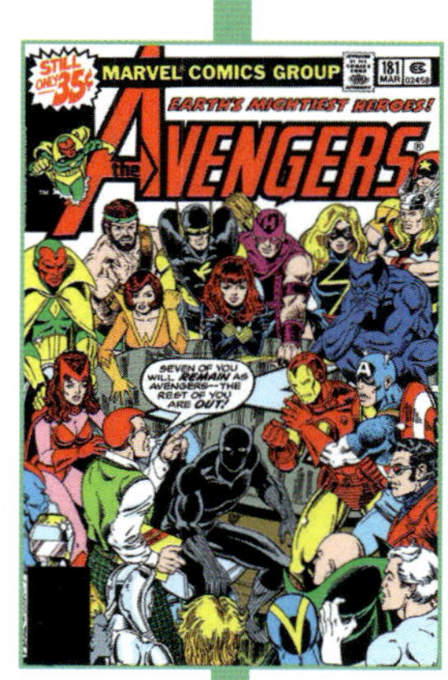

***Avengers* 181 (1979)**
DAVID MICHELINIE
JOHN BYRNE
***Henry Gyrich**, der Kontaktmann der Avengers zur Regierung, spielt seine Macht aus und beschränkt das Team auf sieben Mitglieder.*

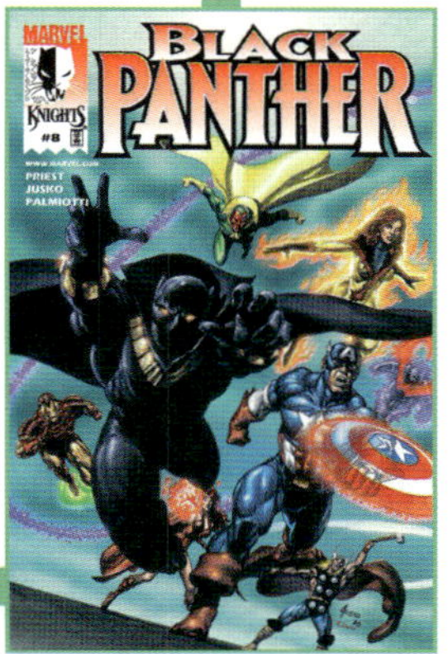

***Black Panther* 8 (1999)**
CHRISTOPHER PRIEST
JOE JUSKO
AMANDA CONNER
Die Avengers entdecken, dass Black Panther den Avengers nur beigetreten ist, um sie auszuspionieren, was zu Misstrauen in ihren Reihen führt.

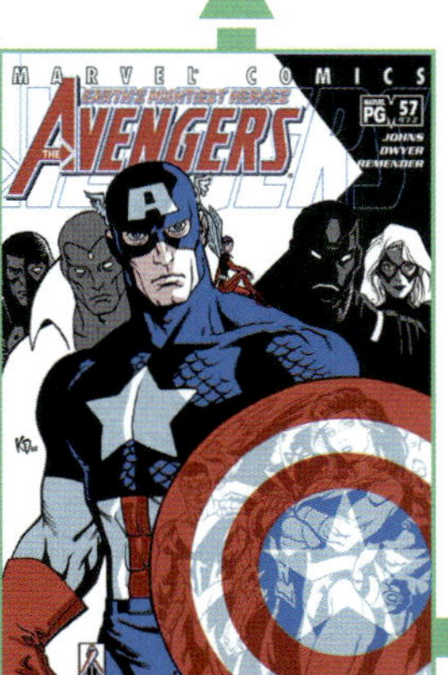

***Avengers* 57 (2002)**
GEOFF JOHNS
KIERON DWYER
Die Hauptstädte der Erde werden gestohlen. Die Vereinten Nationen wenden sich an die Avengers und bitten sie, die Welt zu führen.

Wenn Hulks kollidieren

Direkt nach den Ereignissen in *Red Zone* nahmen die **Avengers** die Suche nach **She-Hulk** auf. In *Avengers* 72-75 (2003) von **Geoff Johns** und **Scott Kolins** spüren sie **Jennifer Walters** in der Kleinstadt Bone, Idaho, auf. Jennifer ist auf der Suche nach ihrem Cousin **Bruce Banner**, der ihr helfen soll, mit ihrem nunmehr unberechenbaren Alter Ego fertigzuwerden. Die Avengers treffen ein und **Scarlet Witch** versucht, Jennifer zur Vernunft zu bringen. Leider weiß sie nicht, dass Jennifer sich nicht aus Wut, sondern aus Angst verwandelt, und ihre Chaosmagie löst die Transformation aus. Im Anschluss läuft She-Hulk Amok. **Hawkeye** findet Bruce Banner im Wald, und es gelingt ihm, She-Hulk zu beruhigen. Doch als die Armee eintrifft, wird sie erneut wütend. Hawkeye erkennt, dass nur der **Hulk** in der Lage ist, She-Hulk daran zu hindern, sie zu töten, und trifft Bruce Banner absichtlich mit einem Pfeil, was seine Verwandlung in den Hulk auslöst. Die beiden Hulks kämpfen. **Jack of Hearts** zündet die in seinem Körper gespeicherte Null-Energie, wodurch She-Hulk ihre überschüssige Gammastrahlung entzogen wird. Sie erlangt ihren Verstand zurück. She-Hulk ist entsetzt über die Zerstörung, die sie in der Stadt angerichtet hat.

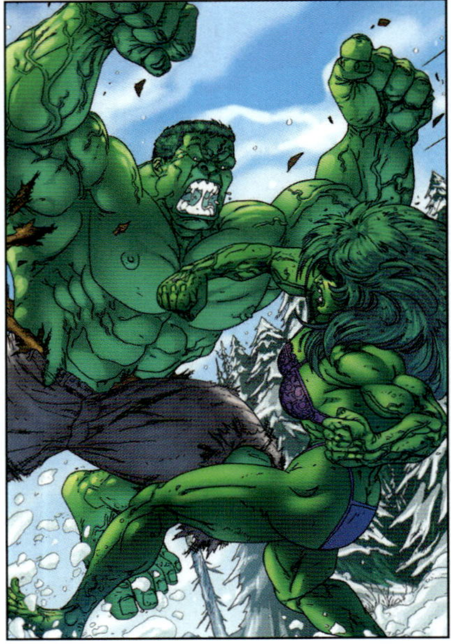

Die beiden Hulks kämpfen in Idaho, während die Avengers und die Armee zusehen. Zeichnung von Scott Kolins und **Chris Sotomayor**.

Red Skull kehrte zurück, um in *Uncanny Avengers* 1-4 (2012) von **Rick Remender** und **John Cassaday** ein weiteres Avengers-Team zu bedrohen. Nach dem Tod von **Charles Xavier** stiehlt Skull dessen Leichnam und transplantiert Teile von Xaviers Gehirn in sein eigenes, wodurch er sich selbst telepathische Kräfte verleiht. Er nutzt sie, um die Angst und den Hass der Öffentlichkeit auf Mutanten zu verstärken, was in Aufständen gipfelt. Skull bringt auch Scarlet Witch und **Thor** unter seine mentale Kontrolle, was zu einem heftigen Kampf führt. **Captain America** gerät in den Bann von Skull, bis **Rogue** eingreift. Scarlet Witch befreit sich aus dem Einfluss des Schurken, und die vereinte Kraft der Avengers zwingt Skull zum Rückzug.

▶ In der *Avengers Disassembled*-Story in *Avengers* 500-503 (2004) von **Brian Michael Bendis** und **David Finch** scheinen sich einige der Ereignisse aus *Red Zone* zu wiederholen. Jack of Hearts erscheint vor der Avengers Mansion und explodiert. She-Hulk rastet erneut aus, greift **Vision** an und reißt ihn abermals in Stücke. Später stellt sich heraus, dass Scarlet Witch den Versuchungen der Chaosmagie erlegen war und die Avengers ungewollt angegriffen hat.

Red Skull

Johann Shmidt wurde in einem namenlosen Dorf in Deutschland geboren. Seine Mutter starb bei der Entbindung. Sein betrunkener Vater versuchte, Shmidt als Baby zu ertränken, aber der Arzt, der ihn entband, konnte ihn retten. Shmidt wuchs in einem Waisenhaus auf, lief aber im Alter von sieben Jahren fort und lebte als Bettler und Dieb auf der Straße. Viele Jahre seines frühen Lebens verbrachte er im Gefängnis.

In den 1930er-Jahren begann Shmidt, als Page in einem Nobelhotel zu arbeiten. Eines Tages kam der Diktator Adolf Hitler zu Besuch. Shmidt war im Zimmer anwesend, als Hitler einen seiner Gestapo-Beamten beschimpfte, weil er einen Spion entkommen ließ. Hitler zeigte auf Shmidt und behauptete, er könne ihn zu einem besseren Nazi machen. Als Hitler Shmidt genauer betrachtete, erkannte er den Hass in seinen Augen und beschloss, sich seiner anzunehmen.

Er machte Shmidt zu einem Symbol des Terrors und gab ihm die Identität des **Red Skull**. Er erhielt eine Expertenausbildung in Kampf-, Spionage- und Propagandatechniken. Skull begann, Sabotageakte in den Vereinigten Staaten zu begehen. Die US-Regierung schuf **Captain America** und dessen patriotischen Look als Gegenstück zu Red Skull. Die beiden Männer kämpften im Verlauf des Zweiten Weltkriegs wiederholt gegeneinander. In den letzten Tagen des Krieges kämpften sie in einem Bunker in Berlin. Ein Bombenangriff zerstörte den Bunker und Red Skull wurde für tot gehalten. Allerdings war ein experimentelles Gas freigesetzt worden, das seine Wunden heilte und ihn in eine Art Scheintod versetzte.

Red Skull wurde Jahrzehnte später von AIM-Leuten gefunden und wiederbelebt. Schon bald schmiedete er einen Plan, um die größte Erfindung der Organisation an sich zu reißen: den Kosmischen Würfel, ein Wundergerät, das die Gedanken seines Besitzers verwirklichen kann. Captain America fand heraus, dass Red Skull wiederauferstanden war, und spürte ihn auf. Es gelang ihm, den Kosmischen Würfel aus dem Griff des Red Skull zu befreien und die Welt zu retten. Seitdem sind die beiden Männer immer wieder aneinandergeraten.

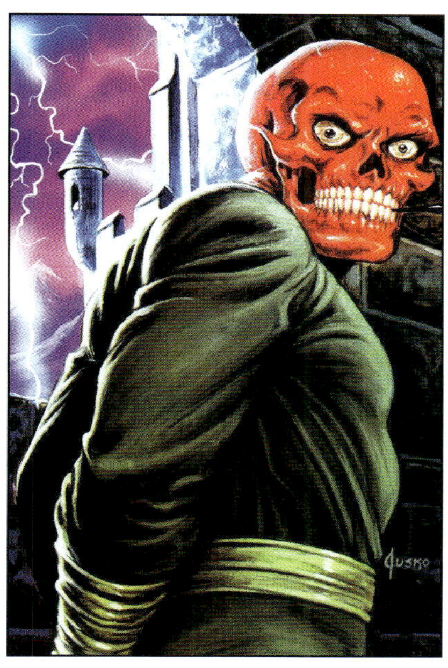

Red Skull ist seit über 80 Jahren ein Symbol für Faschismus und Terror. Zeichnung von **Joe Jusko**.

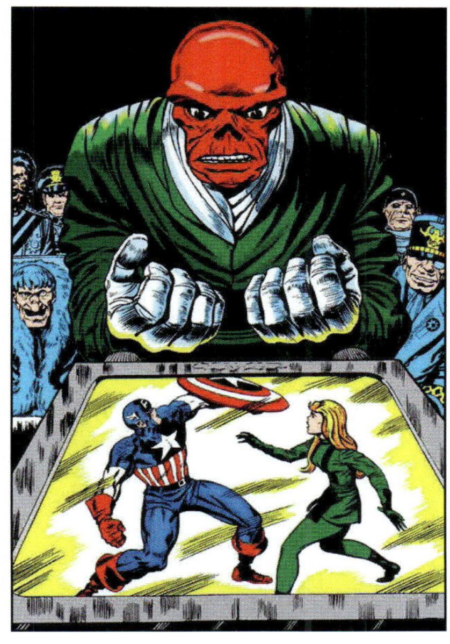

Red Skull und Captain America sind Erzfeinde. Zeichnung von **Jack Kirby** und **Syd Shores**.

WEITERE MUST-HAVE-TITEL

BEREITS ERHÄLTLICH

CIVIL WAR
AVENGERS: HELDENFALL
SPIDER-MAN: SPIDER-VERSE
WOLVERINE: OLD MAN LOGAN
DEADPOOL KILLT DAS MARVEL-UNIVERSUM
THANOS: DIE GEBURT EINES MONSTERS
DAREDEVIL: DER MANN OHNE FURCHT
MILES MORALES: ULTIMATE SPIDER-MAN
MS. MARVEL: META-MORPHOSE
DER TOD VON WOLVERINE
INFINITY GAUNTLET: DIE EWIGE FEHDE
PLANET HULK
X-MEN: DIE DARK PHOENIX SAGA
VENOM: DARK ORIGIN
IRON MAN: EXTREMIS
FANTASTIC FOUR – 4
PUNISHER: FRANK IST ZURÜCK!
MARVEL KNIGHTS SPIDER-MAN
BLACK PANTHER: WER IST BLACK PANTHER?
X-MEN: EIN NEUER ANFANG
FANTASTIC FOUR: ALLES GELÖST?!
SPIDER-MAN: HEIMKEHR
CAPTAIN AMERICA: WINTER SOLDIER
ASTONISHING X-MEN: BEGABT
SPIDER-MAN: KRAVENS LETZTE JAGD
HOUSE OF M
DEADPOOL: WEIBER, WUMMEN UND WADE WILSON
AVENGERS: AUSBRUCH
ULTIMATE SPIDER-MAN: LEKTIONEN FÜRS LEBEN
DER TOD VON CAPTAIN AMERICA
ANNIHILATION
MARVELS
DAREDEVIL: AUFERSTEHUNG
GUARDIANS OF THE GALAXY: SPACE-AVENGERS
AVENGERS PRIME
WOLVERINE: STAATSFEIND
THE SIEGE – DIE BELAGERUNG
SPIDER-MAN/BLACK CAT
DAREDEVIL: IN DEN ARMEN DES TEUFELS
THOR: DIE RÜCKKEHR DES DONNERS
SECRET INVASION
UNCANNY AVENGERS: DER ROTE SCHATTEN
WOLVERINE: WAFFE X
MARVEL ZOMBIES
DOCTOR STRANGE: DER EID
SILVER SURFER: REQUIEM
X-MEN: BEDROHTE SPEZIES
FEAR ITSELF – NACKTE ANGST
THOR: AUF DER SUCHE NACH GÖTTERN
WORLD WAR HULK
SPIDER-MAN: QUALEN
WOLVERINE
NEW AVENGERS: ILLUMINATI
SECRET WAR
THANOS KEHRT ZURÜCK
GHOST RIDER: STRASSE ZUR VERDAMMNIS
AVENGERS: ULTRONS RACHE
DEADPOOL: DREI GLORREICHE HALUNKEN
SPIDER-MAN: ERSTAUNLICHER NEUSTART
AVENGERS FOREVER
X-MEN: SCHISMA – GETRENNTE WEGE
SUB-MARINER: DIE TIEFE
AGE OF ULTRON
SECRET WARS
HULK: GRAU
NEW MUTANTS: HÖLLENBIEST
X-MEN: MAGNETO – TESTAMENT
SILVER SURFER: PARABEL
IRON MAN: DIE FÜNF ALBTRÄUME
CAPTAIN AMERICA: NEUE GEGNER
THOR: GOTT DES DONNERS – GÖTTERSCHLÄCHTER
MARVEL SUPER HEROES SECRET WARS
GUARDIANS OF THE GALAXY: KRIEGER DES ALLS
HULK: DYSTOPIA
SPIDER-MAN NOIR
DEADPOOL: DIE WETTE
DAREDEVIL & ECHO: TEILE DER LEERE
DOCTOR STRANGE: ANFANG UND ENDE
DAREDEVIL: FATHER
SPIDER-MAN: FAMILIENTRADITION

JETZT ERHÄLTLICH

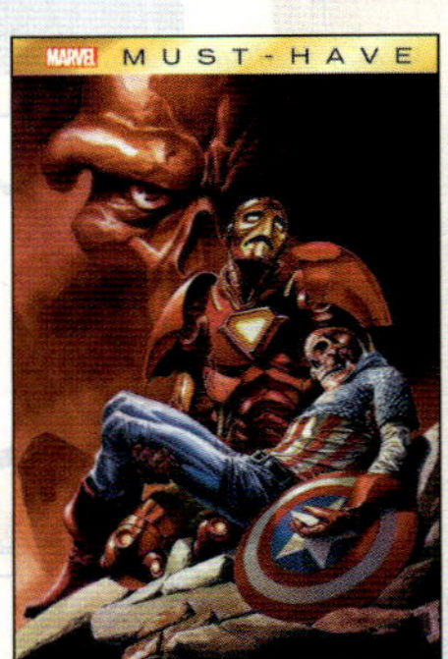

AVENGERS: ROTE ZONE

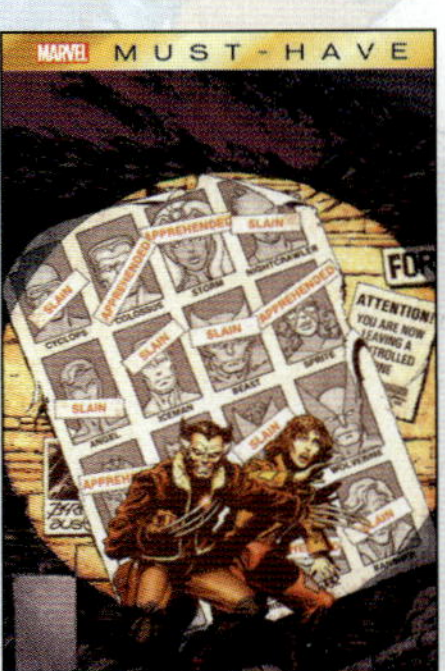

X-MEN: ZUKUNFT IST VERGANGENHEIT

DEMNÄCHST

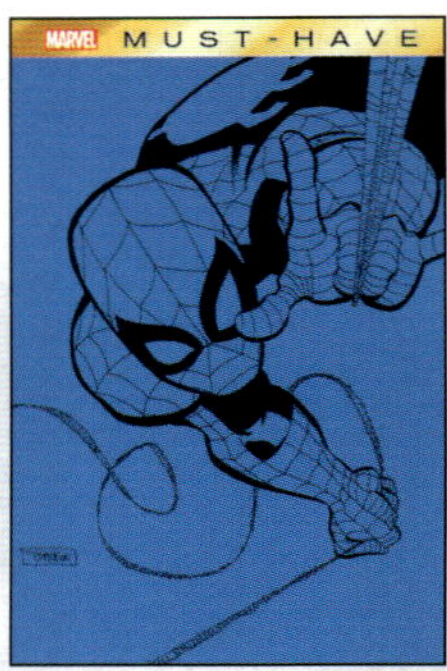

SPIDER-MAN: BLUE

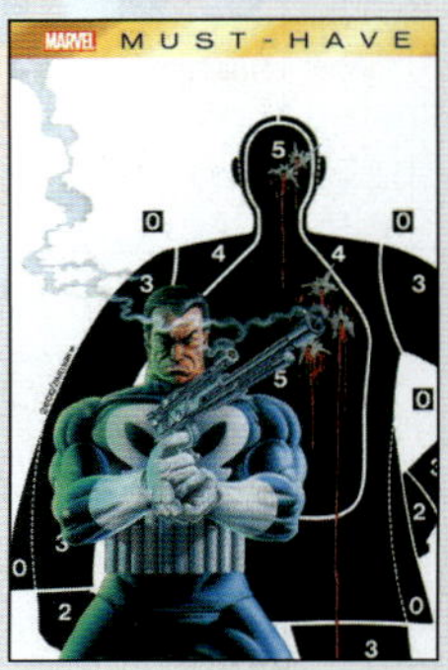

PUNISHER: BLUTSPUR